平凡社新書
916

新海誠の世界を旅する

光と色彩の魔術

津堅信之
TSUGATA NOBUYUKI

HEIBONSHA

新海誠の世界を旅する●目次

写真：筆者撮影

はじめに

本書は、3年前に『君の名は。』を見て新海誠というアニメ監督を知ったファンが、ほかの新海作品を鑑賞し、理解するための参考となるように書いたものです。

それに加えて、新海作品の舞台となった街や地域を私が実際に歩き、主にその地域の歴史や文化に触れながら新海作品を語り、アニメにとどまらない、広く一般のための新しい読み物となることを目指しました。

2016年夏、長編アニメ『君の名は。』の記録的な大ヒットによって、それまでアニメファンに知られるだけだった新海誠監督は、一躍エンターテインメント界のトップランナーとなりました。同時に新海監督は、その緻密な描写力によって実在の街や風景を描き、いわゆる「聖地」を日本中に誕生させました。『君の名は。』で描かれた架空の「糸守町」

の入口のモデルとなった岐阜県・飛騨古川駅にファンが集まったことも話題になりました。

私はそうしたブームを見ながら、新海作品をきっかけにして旅をするなら、「聖地」へ向かう道程や、たどりついた街の歴史や文化などに触れ、より深くその地を知れば、なおいいだろうと思っていました。

もとより他人の楽しみ方にケチをつけるつもりはありませんが、たとえば飛騨古川へ向かう途上の高山本線の車窓からは、JRの中でも随一の絶景が望めますし、古川の人々は皆やさしく、一泊くらいして町を味わったほうが豊かな気持ちになれます。


そんな思いを抱きつつ、私は本書を書きましたが、私はあくまでアニメ史を専門とする研究者です。本書では、新海誠のほぼ全作品を取り上げ、解説しながら、作品の舞台となった地の歴史や文化を紹介しました。『雲のむこう、約束の場所』では津軽、『秒速5センチメートル』では岩舟、『星を追う子ども』では小海、『クロスロード』では尾道、そして『君の名は。』では飛騨古川をあらためて訪問して、少しずつですが旅行記の色味を付け加えました。

ずっとアニメの本ばかり書いてきた私にとっては挑戦で、それを新海誠監督とその作品という強力な存在をお借りする形で実現することとなった次第です。

本書をお読みになる読者の中で、新海作品の新たな楽しみ方を感じてくださる方がいらっしゃれば幸いです。

第1章　幕開けの下北沢――『ほしのこえ』

2002年2月2日

そっと遠慮がちに、でも少しときめきながらアニメを見に行く大人たちが増えてきた。この人たちはアニメファンではない。ファンではないが、大人になるまでのどこかでアニメを見て、喜び、血が騒ぎ、もしかしたら救われたことのある、そんな人たちである。

比較的最近まで、アニメは小学生くらいまでの子ども向け・ファミリー向けか、年齢層高めのマニア向けか、といったような区分けで理解されていた。今でもアニメは、大きく見ればその両極に分けられるが、ジブリアニメを筆頭に観客層が広がって世代間の境界があいまいになり、また2兆円を超えたとされる市場規模や、海外の映画祭での相次ぐ受賞など、アニメを好意的に見る要素が増えてきた。

ただ、「日本を代表する文化として世界に誇る」のがアニメだ、などという言い方をされると、ちょっと戸惑ってしまう。なにしろ私の学生時代であれば、アニメはまだまだ日陰の存在で、いい歳をして「アニメが好き」と言おうものなら、軽蔑の眼差しを向けられても仕方ない状況だった。

それから数十年、とにもかくにも、アニメが日本を代表する文化と言われるようになったのなら、そこには必ず原因があり、仕掛け人がいるはずである。たとえば『ガンダム』は、そしてスタジオジブリと宮崎駿は、どういう役割を果たしたのか。そのあたりの歴史的な経緯は、これから少しずつ話していくとして、本書の主人公・新海誠は、日本のアニメ史の中で、どういう立ち位置なのだろうか。

まずは、東京・新宿から電車で10分弱、下北沢《しもきたざわ》から話を始めたい。

下北沢は、新海誠の出世作である短編アニメ『ほしのこえ』が公開された場所という意味で、彼の系譜を語る上では欠かすことのできない街である。

2002年2月2日、下北沢駅から歩いて数分のミニシアター「トリウッド」で、無名に近いアマチュア作家の短編アニメ『ほしのこえ』は公開された。その直後から、当時メディアとしての力を発揮しはじめたインターネットで評判が拡散し、2ヶ月後に発売されたDVDが売れに売れて、公開1周年記念としてトリウッドで再上映が実現した時に、そのブームは最高潮に達した。

結果的にDVDは、ここに至る1年間で6万本を売り上げ、最終的には10万本を超えた。

同傾向のアニメ作品で、5千本を超えることはまずないという実態でのそれである。あるインタビューに答えた新海の「はっきり言って儲かりました（笑）」[1]という言も当然である。

私はといえば、トリウッドでの公開には行かず、DVDで見て驚いたというクチなので、あまり偉そうには言えないが、その驚きという点では、この『ほしのこえ』は、新海誠がほぼ単独で制作し完成させたということにつきる。今まで見たこともないような高密度の絵、モノローグ（語り）と音楽による独特の語り口、そして短編とはいえ25分というテレビアニメの1エピソードに匹敵する長さ、それをアマチュアが単独で、つまりは究極のインディペンデント（自主制作）として完成させたということへの驚きである。

結果的に、このインディペンデント作品が、下北沢から発信されたということが、きわめて象徴的な事件として記憶されることになった。

ところで、東京に縁のない人からすれば、下北沢の知名度は高くないかもしれない。下北沢というのは鉄道の駅の名称であって、地名としての下北沢は、現在はない。もともとは東京府荏原郡《えばらぐん》下北沢村だった地が、周辺の町村と合併を繰り返し、1943（昭和18）年には東京都世田谷区の一部となった。現在の下北沢は、町名を基準にすればおおむ

下北沢南口商店街。雰囲気は昔からあまり変わらない

ね世田谷区北沢1丁目から5丁目を指している。

下北沢駅は、下北沢村時代の1927（昭和2）年4月に開業した小田原急行鉄道（現・小田急電鉄）の駅として設置され、その6年後には帝都電鉄（現・京王電鉄井の頭線）の下北沢駅が開業して、小田急と接続するようになったのである。

戦後はこの一帯に闇市ができ、それが下北沢の狭く入り組んだ街の原型となって、現在も下北沢一番街商店街、下北沢南口商店街、しもきた商店街など複数の商店街が歴史の面影を引き継いでいる。

1980年代からは小劇場、単館系の映画館、それにライブハウスやジャズ喫茶なども集まって若いアーティストたちの溜まり場となり、彼らを目当てにした商店も建ち並んで、この地は若者文化発信の街・下北沢（あるいは「シモキタ」）として認識されるようになった。

私が下北沢を歩くようになったのは大学卒業後まもない1990年代初めからで、通勤経路として使っていた井の頭線の途中下車駅だった。

しかし当時の私は、下北沢から発信されていた文化を享受するような、しゃれた20代だったわけではない。サブカル系の古本屋を徘徊したり、老舗の洋食屋で夕食をとったり、あとは適当に散歩して駅に戻る、その程度である。関西の生まれ育ちの私にとっては、どこにでもあるイメージの「餃子の王将」が、当時の東京では珍しく下北沢にはあって嬉しくなった記憶はあるが、演劇や映画を見た記憶はない。

そんな下北沢にトリウッド（正式には「下北沢トリウッド」）ができたのは1999年12月22日、座席数は47席、現在は長編も上映しているが、開館当初は短編映画専門の、典型的なミニシアターである。しかもこのトリウッドは、後でも述べるが「スニークプレビュー」という上映枠の貸し出し制度があり、これが若い映像作家の腕試しの場として活用されてきたことなど、下北沢ならではのシアターだった。

そして開館から2年あまり経った2002年2月2日、ここで新海誠の『ほしのこえ』が上映されたのである。

新海誠という作家の誕生

『ほしのこえ』のストーリーは、次のようなものである。

近未来の地球、人々は謎の地球外知的生命体の存在におびえていた。中学3年生のミカコとノボルは、互いに意識しあう仲だったが、ミカコは国連宇宙軍の選抜メンバーとして宇宙へ旅立つことになり、ノボルは地球に残る。

地球と宇宙との間で、携帯電話による長距離メールで二人は言葉を交わすが、ミカコが地球から離れるほどに、地球のノボルへメールが届くまでに時間がかかるようになり、それは数時間、数日、さらには数週間と延びていく。そして、突如現れた敵との戦いにミカコが巻き込まれてからはさらに時差が開き、次第にノボルの意識からミカコの存在が失《う》せていく。

時は流れて、24歳になったノボルの携帯電話へ一通のメールが届く。それは、8年以上前、地球から8・6光年の彼方から発信された、15歳のミカコからのメールだった――。

ほとんど一人で、というその制作は、一般的なパソコン（Power Mac）と画像作製・処理系のソフトウェア（Adobe Photoshop、After Effects など）を使った、いわゆるデジタルアニメーションである。ただ、一般的とは言っても、それを使いこなし、効果的な映像にするには、もちろん相応の技能が必要だった。

新海誠は、1973年2月9日、長野県小海町に生まれた。本名は新津《にいつ》誠《まこと》で、新海誠はペンネームである。

地元の高校を卒業後に上京、中央大学文学部に入り、卒業後はゲームソフトメーカーに入社する。子どもの頃からアニメ好き、SF好きだったようだが、アカデミックに絵を学ぶことはなく、ゲームメーカーでの仕事で、コンピュータを使って絵を描き動かす技術を身につけていった。

そして、ゲームメーカー退社の翌2002年、『ほしのこえ』がトリウッドで上映されたのだが、実はこの作品は新海の短編アニメ第1作ではない。これ以前の会社勤め時代に、新海は2本の短編アニメを自主制作し、発表しているのだ。

そのうちの1本が、『遠い世界 OTHER WORLDS』というタイトルの1分半ほどの短編アニメで、1999年発表、作者名義は本名の「Makoto Niitsu」である。続いて『彼女と彼女の猫』（4分46秒）を翌2000年に、こちらは新海誠名義で発表している。どちらの作品も、人物などキャラクターよりも風景の描き方、見せ方に工夫を凝らし、2作目には長いモノローグも加わって、後の新海の作風がはっきりと見てとれる。

新海作品にとって重要な音楽（BGM）は、第1作ではエリック・サティの「ジムノペディ」（第1番）という、曲名は知らなくても多くの人の耳に馴染んでいるピアノソロの楽曲を使い、第2作では、その後新海と長らく組むことになる天門《てんもん》が手がけている。天門の音楽は、語りかけるようなピアノソロで、新海作品の世界には欠かせないものとなった。

新海はこれら短編アニメ2作を、アニメーション関連のコンテストに出品している。これは、最初からある程度は「作品」として、つまりは観客に見せるための制作という考えがあったからだと思われる。アマチュア作家としては、この点が非常に重要だった。当時はまだ、YouTube など動画投稿サイトがなかったからである。

結果、『彼女と彼女の猫』は、国内の自主制作アニメのコンテストとして知名度が高いCGアニメコンテスト（第12回、2000年）でグランプリを受賞した。これにより、自主制作アニメ界隈で新海誠は知られるところとなり、とりわけ下北沢トリウッドを主宰する大槻貴宏《おおつきたかひろ》が気に入って、『彼女と彼女の猫』をトリウッドで上映・紹介した。これが、『ほしのこえ』成功の布石となった。

『彼女と彼女の猫』は、最近（2016年）テレビアニメとしてリメイクされたが、これには新海誠は関わっていない。一方の2000年発表のオリジナルの短編は、新海が単独で制作したものである。

構成は、都会で一人暮らしの「彼女」の日常を、彼女に拾われた「猫」が語っていく、というもので、猫によるモノローグで作品は進む。猫の声は新海誠本人があてている。彼女のありふれた日常と、小さな事件とが交錯して、やがて季節はめぐっていく。

映像は白黒で、風景を中心とした画面の作り方も、ストーリーの流れ方も、次作『ほしのこえ』によく似ている。新海誠は、その初期作品からすでに作家性を確立し始め、以降の新海作品で見られる語り口や技法、すなわち「新海節」を見せていたのである。

アニメーターに限らず、画家や小説家、音楽家など表現者と呼ばれる者たちは、その創作歴の中で「化ける」ことがある。その理由はさまざまだろうが、表現者は「化ける」ことで作風を変え、新たなステージに立ち、観客との向き合い方を見直して、表現の幅や深さを極めていく。

ただ、数百人、時にはそれ以上のスタッフによる共同作業の商業系アニメの場合、監督一人が化けようとしても、そううまくいかないこともある。したがって、単独で制作できたアマチュア時代と、共同作業になるプロ時代とでは、化けるにしても、その意味合いは同じではない。

新海誠も、現在までに何度か「化けて」いる、もしくは「化けよう」としたと私は考えているが、化けようが化けまいが、最初から「新海誠」として出現し、現在に至っているのである。

アニメ史の中の新海誠

そんな新海誠の『ほしのこえ』が、なぜ驚きをもって迎えられ、受け入れられたのかを考えるには、日本のアニメの歴史を振り返る必要がある。

日本で最初に国産アニメーションが制作されたのは、一般に理解されているよりもずっと古く、１９１７（大正6）年のことだった。その頃のアニメーションは、「桃太郎」や「浦島太郎」など昔ばなしを素材にしたものが多く、やがてショートギャグや、アニメーションを使った企業の宣伝映画なども作られるようになった。

太平洋戦争中は、軍部が戦意高揚のためのアニメーション制作を手がけ、いわばアニメーションが「兵器」となった時代もあったのだが、大きな変化は戦後に起きた。

１９５６（昭和31）年、「日本のディズニー」を目指した東映動画（現・東映アニメーション）が設立され、劇場用の長編アニメが制作されるようになった。東映動画からは多くの人材が育ち、後にスタジオジブリ設立に関わる宮崎駿、高畑勲《たかはたいさお》らも、東映動画出身である。

さらに大きな変化は、手塚治虫《てづかおさむ》が虫プロダクションを設立し、１９６３（昭和38）年の『鉄腕アトム』を皮切りにテレビアニメシリーズを創始したことである。当時新興の娯楽だったテレビで、毎週1回・30分の連続放映という形式は世界的にもほとんど例がなく、しかも爆発的な人気を得たため、これ以後、数多くのテレビアニメが作られるようになった。日本が「アニメ大国」になった大きな要因の一つが『アトム』であり、日本のアニメ史での最初の革命といえる。

同時に、この頃からアニメは社会性を帯びてくることに注意する必要がある。人気アニメは多くのキャラクター商品を生み、子どもを中心とした文化形成の一翼を担い、世相や風俗を反映したストーリーやキャラクターが誕生したからである。

アニメ史での第二の革命は、1970年代から80年代、『宇宙戦艦ヤマト』（1974〜75年）、『機動戦士ガンダム』（1979〜80年）を中心として、中高生向けの作品が制作されたことである。

戦争や民族・環境問題、キャラクターの恋愛や葛藤など複雑な心理描写を含むストーリーをベースに、徐々に成長を遂げていく主役を配した作品群を見る者は、キャラクターに感情移入し、何かを考えるようになった。こうした、10代のヤングアダルト向けのアニメも日本特有のもので、ここで日本のアニメは世界的に見て一気に独自性を高めていく。ちなみに、『風の谷のナウシカ』（1984年）などの長編アニメによって、宮崎駿監督が注目されはじめたのも、この時期である。

第三の革命は、1995年からの数年間で起きた。この年放映されたテレビアニメ『新世紀エヴァンゲリオン』は、その謎めいたストーリーも話題となったが、それに加えて、深夜帯をアニメ放映に使うこと、DVD販売戦略など、アニメビジネスの在りように大きな影響を与えた。

1997年には、宮崎駿監督の『もののけ姫』が公開され、193億円という、国内で公開された映画興行成績の新記録を打ちたてた。スタジオジブリと宮崎駿が真に国民的な人気を得たのは、この作品以後のことである。

そしてこの時期、最も重要な変化が、アニメ制作のデジタル化である。1995年は、アメリカ・ピクサーの『トイ・ストーリー』が公開された年でもあり、それまで手描きで制作してきた日本のアニメ界にとって、3DCGを中心としたコンピュータによるデジタル制作への移行が、いよいよ現実味を帯びてきた。

その一方で、日本のアニメファンは、昔ながらの手描きのセル画の質感へのこだわりが非常に強く、3DCGの絵柄を受け入れない現実があった。そこで、3DCGではなく2D、つまりセル画の質感を忠実に再現するコンピュータ作画の技術が日本で発展することになり、それは90年代半ばから2000年代半ばにかけて、多くのスタジオ、アニメーターらが試行錯誤しつつ実践していった。

この時期にアニメを自主制作しはじめ、2002年に『ほしのこえ』を発表した新海誠の仕事は、まさにこのデジタル化への模索と移行期に重なっているのである。大スタジオの作品ではなく、個人が所持しうるコンピュータとソフトウェアを駆使した新海作品の技術と表現が注目されたのには、こうした背景があったのだ。

止め絵の美学

『ほしのこえ』で観客を驚かせたのは、なによりもまず精緻に描かれた風景（背景画）である。といっても、いわゆる絶景などではない。ごく普通の街並みや生活空間で、確実にどこか実在の風景を写真に撮って引き写し、あるいは参考にしているはずなのだが、そこに絢爛《けんらん》豪華な光と色彩を重ね合わせ、鋭い構図で画面を切り取り、風景の中に溶け込ませるように人物が配置される。それでいて、ギラギラして眼が痛くなったりしない抑制された落ち着きがあり、まさに「実写以上」といえる表現力である。

作品は近未来SFなので、架空の世界である。しかし描かれているのは実在の世界をベースにした「実写以上」に感じる風景だという、あたかも魔法を駆使するかのような不思議な才能で、初めて見た時は「こんな表現を使いこなすアニメーターが出てきたのか」と、私は驚くばかりだった。

その一方で、後半の宇宙を舞台にしたメカや戦闘の描写は、80年代に全盛期を迎えたSFアニメでよく見られた、類型的なものである。それをデジタルで、一人で作ったという前提があるから、驚きはするけれど、斬新なものを見たという感慨は薄い。

しかもこの作品、アニメート(絵の動き)は、決して巧《うま》くない。3DCGによるメカニックは、それ自体がアニメではまだ珍しかった時代なので十分に眼をひいたが、人物の造形や動きは拙さが目立っていた。このことはおそらく新海誠本人も意識していたはずで、次作のNHK「みんなのうた」の『笑顔』(2003年)は、2分あまりの短編ながら、作画専門のスタッフとチームを組んだ。

それでもなお、『ほしのこえ』をアニメ史の文脈に載せてみると、それ以前と以後との時代を分けるほどに画期的な作品であることは疑いない。

というのは、本作の「風景描写」に着目するとわかりやすいが、風景描写というのは一枚絵であって、動きはない。そこで雲が動いたり、風に木の葉がそよいだりすることはあるが、基本は「止め絵」である。

この止め絵による表現は、70年代以降の日本のアニメで一流派を成してきたもので、その最大の功労者が、テレビアニメ『あしたのジョー』（1970～71年）、『エースをねらえ！』（1973～74年）などで知られるアニメ監督・出﨑統《でざきおさむ》である。

厳しいスケジュールや予算で制作を強いられる日本のアニメ界で、たとえばディズニーのように、贅沢に絵を動かすのは非現実的だった。そこで、絵の動きを抑えつつ、いかに迫力ある表現をするか、ここに出﨑はこだわった。そのためのカメラワーク、色彩や光の表現、1カットごとの時間のコントロール、これらを出﨑は次々と考案・実践し、ときには人物と背景画を同じ質感で、一枚絵で描いて見せることもやってみせた。こうした出﨑の仕事は「止め絵の美学」とされ、その後の日本のアニメに大きな影響を与えた。

新海誠の仕事は、確実にこの「止め絵の美学」の延長線上にある。しかも、単なる延長線上ではなく、『ほしのこえ』の頃はまだ旧来からの手描きへのこだわりが強かったアニメ界にあって、彼はパソコンによる描画や着彩で工夫を凝らし、手描きとは異なる質感を見せつけた。

パソコンでの描画は、色を塗り重ねるという考え方はアナログ時代と変わらないが、色数は無限、透明感も自由に出せる、そして塗り重ねの数、つまりレイヤーの数も無限である。止め絵とはいっても、その構造、つまり色彩や特殊効果のレイヤーをどう重ねているかが、デジタル時代の止め絵の見せ所であって、新海の仕事の魅力は、ここにある。

加えて、2Dと3Dの合成、つまりキャラクターは2Dで、メカニックは3Dで描き、それを一つの画面でコンポジット（合成）するアニメというのは、今でこそ見慣れた技術だが、当時は新鮮なものだった。

そして、惹かれあう二人の間に宇宙という果てしない空間が立ちはだかり、携帯電話でのメールが届くまでに8年以上もかかるという不条理なストーリーである。しかもラストに至って、二人は結局再会できるのかできないのか、たぶんできないだろうという余韻を残す。「私たちは、たぶん、宇宙と地上にひきさかれる恋人の、最初の世代だ。」という新海自身による本作のキャッチコピーそのままの切なさは、お話のベースとしては定番だが、その定番をきっちりと作劇している。だからこそ、二人が引き裂かれたまま終幕を迎える25分間は、下北沢トリウッドに集まった多くの観客の心を捉えた。以後、「ひきさかれる恋人」に象徴されるような「喪失」は、新海作品の重要なテーマとして、『君の名は。』まで繰り返し描かれていく。

『ほしのこえ』は、日本のアニメ史の延長線上に明瞭に位置する作風である一方で、手描きにこだわるあまりデジタルツールに手をつけあぐねていたか、その使い方に自ら縛りをかけていたプロたちの眼をかいくぐって、一人のアマチュア作家が、日本アニメの伝統を、新時代の映像言語として再現した作品だった。

結果、『ほしのこえ』はインディペンデントによるアニメの方向性に、「一人でもアニメは作れる」という価値観を付与して決定的な影響を与え、時代を画したのである。

再び、下北沢を歩く

新海誠デビューの地としての下北沢、という話題に戻ろうと思うが、下北沢駅は、小田急電鉄と京王井の頭線とが交錯する駅である。鉄道の話題を出すと、もうそれだけで新海作品での数々の鉄道の描写のことをしゃべりたくなるが、それは次章以降にとっておくとして、この小田急と井の頭線が交錯する地であることは、下北沢の歴史や役割の形成に深く関わっている。

小田急の起点は新宿駅で、神奈川県の海老名、厚木などを経て小田原、そして箱根という一大観光地へ至る長い路線だが、同じ新宿を起点にするにしても、府中、調布を経て八王子という甲州街道沿いに敷かれた京王本線とも、その甲州街道の旧宿場から鉄道建設を反対されたために人家があまりなかった武蔵野に敷設された国鉄（JR）とも違う歴史を刻み、文化を運んできた。

下北沢での小劇場ブームの中心となった本多劇場の開館は1982年11月、こけら落としの演目は唐十郎《からじゅうろう》が手がけた。唐十郎といえば、状況劇場を主宰し、1960年代に紅《あか》テントを震源地として、新宿でアングラ演劇の一大ブームを築いた一人である。70年代に入り、新宿副都心開発など、新宿が変貌をとげる中で、小劇場の舞台が新宿から下北沢へと移ったその移送路に小田急があった。

一方の井の頭線は、もともとは沿線の住宅地の住人たちを勤務先や学校へ運ぶ短距離の路線という役割がほとんどすべてだったが、渋谷、吉祥寺という若者が多く集まる二つの街を結ぶ性格が付加されていき、小田急とは違う文化と人の流れがある。小劇場に関して言えば、唐十郎と同じく60年代小劇場ブームの旗手の一人だった寺山修司《てらやましゅうじ》が主宰する天井桟敷が拠点としたのが渋谷だった。

この二つの路線が交錯し、異なる時間の流れと文化をも交錯させ、発展してきたのが下北沢なのである。

先日、久しぶりで井の頭線から下北沢駅で下車し、街を歩いた。

ここ数年、小田急の下北沢駅が地下深くに潜り込み、地上の駅前再開発も進んで、往年の下北沢の雰囲気が変わると危惧されてきた。

しかし、街というところは妙に粘り強いところがあって、たとえ区画が整理され、建物が建て直されても、結局そこにどんな人が集まるのかが大切で、人やその動きが変わらなければ、昔日の街の空気が維持されるように思う。

下北沢トリウッドは、駅を中心に六つもある商店街のうちの一つ、下北沢南口商店街を歩いた先の、あまり目立たないビルの2階にある。私はここで『ほしのこえ』を見ることはなく、その後も2～3度しか来たことがない。1度はたしか韓国系ベルギー人のユン（Jung）が監督した長編アニメーション『はちみつ色のユン』（2012年）を見たときだが、あとは何の映画を見にきたのかさえ記憶になく、トリウッドには申し訳ない。

それでも、東京のような世界中から集まる文化の密度が高い場所でさえ、池袋のスタジオ200、吉祥寺のバウスシアター、シネセゾン渋谷など、国内外の珍しい、実験的な作品を数多く上映してきた施設が次々と閉館する中で、トリウッドは貴重な存在だ。

そんなトリウッドで注目すべきは、「スニークプレビュー（Sneak Preview）」という、上映枠の貸し出し制度である。これは、トリウッドの休館日（火曜日）を除く毎日の一定時間を興行枠から外して空け、これを有料で一般に貸し出すものである。30分以上50分以内という制限はあるが、他の施設などで本番上映を控えた作品の試写会や、サークルなど仲間内での上映会などでも使える。そして、受付や上映機材の操作は劇場側が担う一方で、上映の入場料収入はすべて借主が受け取る。

さらに、時間枠ではなく1日単位、1週間単位で貸し出す「レンタルスペース」という制度もある。

これらユニークな制度は、これまで多くの若手映像作家に活用されてきた。『ほしのこえ』は、トリウッド主宰の大槻貴宏の眼にとまって上映され、当時のトリウッドの観客動員記録を樹立するという幸運な形になった。そして、この作品の斬新さと拙さとは、若手作家の発信地であるトリウッド、下北沢がよく似合っていた。

デジタルツールが発達し、高度な専門家だけではなく一般のユーザーにも手が届く範囲に、「新しい画材」としてCGが入ってきた。アナログ時代のアニメーション制作は、撮影機材一つとっても複雑かつ高価で、インディペンデント作家が気軽に手を出せるものではなかったが、デジタル技術の発達で、誰もがクリエイターになれる時代になった。

新海誠本人が、その時代性をどのように意識していたかはわからないが、誰もが単独でアニメのクリエイターになれるとはいっても、それを観客に見せる「作品」に仕上げるためには、テクニックだけではなく、周到なプランが必要である。

結果、新海は、作品づくりで手間をかけるところとかけないところを見極め、止め絵の背景画に代表されるように、こだわるところは徹底的にこだわって観客にアピールする作戦をとった。自分が好きなこと、挑戦してみたいこと、可能なことと不可能なこと、捨て去ること、これらのバランスをとって作品化する、そのセンスに長けていたのである。

テレビや劇場用アニメなど、いわゆる商業系アニメ作家の場合、ほとんどの志願者は学校などを卒業した後スタジオに就職し、下積みを経て、特別な幸運に恵まれることで、ある時監督として作品を手がけるようになるというのが、2000年頃までのアニメ界の常識だった。宮崎駿も、高畑勲も、富野由悠季《とみのよしゆき》も、押井《おしい》守も、細田《ほそだ》守も、みんなそうである。

それが、デジタル時代に入ってからは、スタジオ就職せずにインディペンデントで作品を発表して注目され、下積みをあまり経験することなく劇場用長編を手がける作家が出てくるようになった。最近では、長編アニメ『サカサマのパテマ』（2013年）を監督した吉浦康裕《よしうらやすひろ》、やはり長編アニメ『ペンギン・ハイウェイ』（2018年）を監督した石田祐康《いしだひろやす》らが、そうした作家である。

新海誠は、まさにインディペンデントから出発して注目され、商業アニメ界で独自のポジションを獲得するという現代的なアニメ監督のパイオニアである。

久しぶりの下北沢は平日の午後だったのだが、通りはどこも混んでおり、食料品店には地元民が、古着屋などファッション系の店の前には若者が集っていた。駅舎全体が改修工事中で、井の頭線のホームから外へ出るまでが迷路状態なのにはまいったが、一歩商店街に入ってみれば、かつての雰囲気から大きく変わったという印象は受けない。

私は、トリウッドのあたりまで歩いた後、洋食屋のキッチン南海に入った。同じ屋号の店は都内に数店舗あり、下北沢のこの店はカウンター7席のみの狭い、開店から40年以上を経て年季の入った内装である。数えてみると、前回入ったのは20年以上も前だった。神田神保町にある「本店」には頻繁に通っているのだが、行動圏からちょっと外れると、途端にご無沙汰してしまう。

実は、久しぶりの入店だということを告げて、店員からシモキタの変貌を聞こうと思っていたのだが、当ては外れた。聞き飽きた質問だったからか、私の訊き方が悪かったのか、店員の反応は実に素っ気ない。

しかし、私は満足することにした。この店がいまだにシモキタで営業し、出されたハンバーグの定食は、相変わらず美味しかったからである。

注

（1）「新海誠「ほしのこえ」を越えて「雲のむこう」へ」『Invitation』2003年7月号：64〜67ページ。

第2章　青春の幻影　津軽

――『雲のむこう、約束の場所』

「国境」へ

ＪＲ津軽線の下り始発列車は、数人の早起きの客を乗せて、青森駅を定刻6時15分に発車した。きょうは２０１９年3月29日、北国の青森にもそろそろ春の気配が感じられる頃かと思っていたら、ここ数日強い寒の戻りがあり、周りは雪景色である。

津軽線は、青森駅から津軽半島を北上し、北端の龍飛崎に近い三厩《みんまや》駅までの55・8㎞のローカル線である。途中の中小国《なかおぐに》駅までは電化されているが、そこから先は非電化で、私がいま乗っているこの列車も中小国の一つ手前の蟹田《かにた》が終着駅、そこでディーゼルカーの別の列車に乗り換え、三厩を目指す。

新海誠の『ほしのこえ』に次ぐ、そして初の長編アニメとなった『雲のむこう、約束の場所』は、この津軽線沿線が舞台である。私は約25年前の厳冬期に、津軽線で三厩まで行き、そこで一泊したことがある。そのときは純粋な旅行だったが、今回はもちろん新海作品の舞台としての訪問である。

ＪＲ津軽線は、昭和から平成にかけての鉄道史を語る上では欠かせない路線である。

津軽半島を一周する路線として計画され、1930（昭和5）年には、現在「津軽鉄道」というJRとは異なる私鉄として営業を続けている区間が開通したが、青森駅から北上するこの津軽線はなかなか建設されなかった。戦時下に入り、国防・軍事上重要な線区の建設が優先され、津軽線は後回しにされた可能性がある。

戦後、本州と北海道を結ぶ青函トンネル計画が具体化し、青森駅からトンネルまでの連絡路線という性格も付加して、1951（昭和26）年には青森—蟹田間が、その7年後には三厩まで開業し、現在の津軽線となった。

しかし時代が進んで、本州から北海道へは飛行機が当たり前となり、鉄道の利用客は減少の一途をたどって、建設や開通後の維持管理に巨費を要する青函トンネルは無駄という声も聞こえるようになった。

それでも、1988（昭和63）年3月、青函トンネルは開通して、これを機に全線非電化だった津軽線の中小国駅までが電化され、そこから海峡トンネル入口への新線も開業した。津軽線は、青森駅から中小国駅までは多くの特急やブルートレインが走る華々しい区間、その先は寂れたローカル線のままという、明暗著しい路線となった。

そして2016（平成28）年3月、北海道新幹線が開業し、津軽線を走行していた在来

津軽線蟹田駅。『雲のむこう』では、「南蓬田駅」のモデルになった

の優等列車はすべて廃止された。現在、通年運転されるのは、電化されている青森―蟹田間は一日9往復、ほぼ非電化の蟹田―三厩間はわずか5往復の普通列車のみである。鉄道の近代化を目指して計画、完成したが、その近代化によって置き去りにされたようになった、そんな路線が津軽線なのである。

青森駅を発車した蟹田行は、途中の駅でわずかな客を乗り降りさせながら走る。青森市街を抜けると、車窓の左側には雪に覆われた田畑が広がるが、そのはるか先に北海道新幹線の高架が長く延びているのが見える。この新幹線は、津軽に何をもたらしたのだろうか。

6時58分、終点の蟹田着。この列車は7時06分発で折り返す。青森への通勤通学列車となるので、駅のホームには30人前後の乗客が待っている。私はホームの向かいに停車しているディーゼルカー2両の列車に乗り換えた。これが7時07分発の三厩行で、乗客は私を除いてわずか4人、しかもいずれも地元客ではなく旅行者である。

こうして私は旅を始めたわけだが、『雲のむこう』の作中には、この津軽線に相当する鉄道も、蟹田駅や三厩駅をモデルにした駅も登場する。しかし、路線の途中からレールは途切れ、赤錆び、駅は廃屋のように打ち捨てられている映像が続出、その様相は現実とは大きく異なる。そして、映像の中の半島の先の津軽海峡には、「国境線」が引かれているのである。

初の長編アニメ

『雲のむこう、約束の場所』は、『ほしのこえ』公開の約2年半後、２００4年11月20日に劇場公開された。ストーリーとキャラクターは、次のようなものである。

日本が南北に分断された、もう一つの「戦後」の世界。その国境線は津軽海峡に引かれ、「エゾ」（北海道がモデル）は「ユニオン」と呼ばれる国家群によって支配されていた。ユニオンはエゾの中心に、雲を突き抜けるほど高く、しかも異様に細い純白の「塔」を建設していたが、その目的はわからない。

青森県に住む中学生のヒロキとタクヤは塔に憧れ、国境の海を飛び越えて塔に向かうために飛行機を製作していた。これは、二人が住む世界では犯罪に問われる行為だったが、二人がそれぞれ想いを抱くヒロインのサユリは、この飛行計画に興味を示す。ヒロキとタクヤは、飛行機が完成したら塔へ連れて行くとサユリに約束、雲のむこうの塔が、三人にとっての約束の場所となる。

ところが、それからまもなく、サユリは二人の前から姿を消してしまった。ショックのあまりヒロキは故郷を脱出して東京の高校に進学し、さまようような日々を過ごす一方で、タクヤは物理学の才を見出され、青森の高校に通いつつ在日米軍のアーミーカレッジに出入りして、塔の秘密を探る任務に関わるようになった。

同じ年頃の男子二人にヒロインを加えた三人のメインキャラクターという設定は、後の

『君の名は。』と同じである。しかし、サユリが姿を消してからは、ストーリーは少なからず混沌としており、シンプルな思春期の恋物語ではない。しかもラスト近くになって、ユニオンとの間で戦争が始まってしまう。

後になって新海誠は本作について「愛しさよりも巨大な反省が迫り上がって[1]」くると回想しており、それは作画など映像面のことを言っているのかもしれない。しかし、それ以上に、91分という上映時間ではストーリーを処理しきれていない印象を残す。

それでも、本作でやはり注目すべきは、この日本が津軽海峡を国境として南北に分断された、もう一つの戦後の世界、という基本設定である。

過去の戦争について、もし「史実と異なる展開になっていたら」というストーリーラインをもつ小説や漫画は少なくない。陸上自衛隊の部隊が戦国時代にタイムスリップして戦国武将らと戦いを繰り広げる『戦国自衛隊』（半村良）が代表作の一つで、フィクションの世界では「架空戦記」という一ジャンルになっている。タイムスリップのようなSFを使わなくとも、たとえば太平洋戦争でもし日本が勝っていたら、という一点だけでも、その善し悪しを含めてかなり想像力を刺激されるため、架空戦記はこれまで何度かブームがあった。

その太平洋戦争では、敗戦国の日本をアメリカが主導するGHQ（連合国軍最高司令官総司令部）が一括統治したことは誰でも知っているが、実は、アメリカ、イギリス、中華民国、ソビエト連邦の4カ国による分割統治案が存在した。イギリスが中国地方と九州を、中華民国が四国を、ソ連が北海道と東北地方を、それ以外の地域をアメリカ、そして東京は4カ国共同で、という案である。

しかし、ソ連が北海道の北半分を、戦後処理のための統治ではなく、自国の占領地として分割することを求めてくるなど、連合国側が一枚岩とはならず、1945年9月2日の降伏文書調印の時点で、アメリカによる一括統治案が実行されることとなった。

つまり、北海道の中央部に国境線が引かれる案が現実にあって、地勢的にみて津軽海峡が国境となる可能性も十分想像できた。その意味で、『雲のむこう』も架空戦記の一つとして見ることができる。

ただ、『雲のむこう』本編では、その戦記の時系列や状況設定がよく見えない。本作は、厳格に構築された「もう一つの歴史」というよりも、津軽という場所を新海誠が好み、そこを舞台にという前提があって、初めての長編アニメとして、それにふさわしい壮大な物語に挑戦した、という作品である。

結果として、パラレルワールド、未来予測、それらに深く関わりがあるらしいユニオンの「塔」など、SF・ファンタジーの要素が多く盛り込まれた。同時に、それまでほぼ単独で制作してきた新海が、大勢のスタッフとの共同作業で作品を手がけた点でも、挑戦的な作品となった。

聖地の誕生

そうしたSF・ファンタジー性の強い作品でありながら、『雲のむこう』の主な舞台は津軽地方、その中でも実在の津軽線沿線である。それを、『ほしのこえ』で見せた緻密な描写力によって、キャラクターの生活空間として再現した。

新海作品は、モデルとなった舞台を各地に誕生させ、いわゆる「アニメ聖地巡礼」ブームの一翼を担うことになったが、新海作品の舞台が聖地として注目されたのは、大ヒットした『君の名は。』がきっかけである。それ以前、この『雲のむこう』や次作の『秒速5センチメートル』、そして『言の葉の庭』は、いずれも舞台のモデルの場所がはっきりわかる形で描写されつつも、そこにファンが殺到するような現象には至らなかった。

実在の街や景観がアニメで使われた歴史については、第5章でもう少し詳しく述べようと思うが、新海作品で実在の景観が具体的に使われたのは『雲のむこう』が最初である。特に鉄道は、新海の『君の名は。』までの多くの作品で、舞台の題材として、またストーリー展開に対して大きな役割を果たすことが多く、その意味でも本作は注目したい作品だ。

私が列車を乗り換えた蟹田駅は、『雲のむこう』でヒロキたちが通う中学校の最寄りの「南蓬田駅」のモデルになっている。津軽線には、蟹田の三つ青森寄りに蓬田《よもぎた》駅が実在するが、「南蓬田駅」は架空の駅で、そのホームや跨線橋などの描き方から、蟹田駅をモデルにしたことがわかる。

蟹田駅を発車した列車は、一つ先の中小国駅から非電化区間に入り、車窓は急に寒々とした風景に変わる。雪に覆われた田畑、その向こうにはミズナラやブナが主体の冬枯れた雑木と、この地方特産のヒバ（アスナロ）と思われる針葉樹が混じる樹林が続き、細い川の流れの周りには小さな湿原が現れる。津軽らしいこの景観は、おそらく夏に来ても、あまり印象は変わらないのだろう。

乗る人も降りる人もいない、それこそ廃駅のような大平《おおだい》駅を過ぎると、両側から山の斜面が迫り、列車は峠越えに入る。右へ左へのカーブを繰り返しながら勾配《こうばい》を登り、トンネルを抜けると下り坂になって列車はスピードを上げ、景色が開けて小さな集落に入り、津軽二股《ふたまた》駅に停車する。

それにしても、津軽二股駅に隣接する建物の威圧感はどうだろう。巨大な高架駅、北海道新幹線の奥津軽いまべつ駅である。文字通り奥津軽のひなびた景観の中に、これは不釣合いというか、異様である。

人口流出に悩む地元自治体にとって、新幹線駅の開業は悲願だっただろう。今別町《いまべつまち》は、奥津軽いまべつ駅から青森市内（新青森駅）の高校などへ新幹線通学する生徒には、新幹線定期代の3分の1を補助しているという。(2) しかし、新幹線とその駅は、地域に流入してくるものよりも、流出していくもののほうが多いという皮肉な現象を、各地でもたらしている。

津軽二股を過ぎると、列車はその今別町の家並みに入っていき、今別駅に停車する。ここは、本作のポスターなどキービジュアルになった、ヒロインのサユリが無邪気にレール上を歩く絵のモデル駅として知られているが、映画本編でのシーンは隣の津軽浜名《つがるはまな》駅がモデルだと書かれた資料もある。(3)

今別からは三厩の手前までは右窓外に津軽海峡を望みながら海岸沿いを走り、はるか先には北海道の山並みも見える。作中では、ここに国境線が引かれ、エゾに築かれた「塔」が主人公たちの視線をさらっていた。

鉄路が途切れる三厩駅

7時46分、終点の三厩駅に到着した。

作中では、この三厩駅をモデルにした「浜名駅」[4]までは列車が通じているが、そこから先は荒涼とした景観の中に朽ち果てた廃駅や途切れたレールがあって、「国境」の津軽海峡を隔てて「塔」が見えている。工事中の青函トンネルへの路線が、南北分断の戦争のために放棄されたという設定だが、実在の青函トンネルの入口は三厩駅より手前にある。

三厩駅のホームには屋根がなく、そこに2両のディーゼルカーがポツンと止まるさまは、『雲のむこう』の風景そのままである。そして、ホームの先には簡易な車庫があり、鉄路はそこで途切れる。

折り返しの蟹田行は8時16分発で、少し時間がある。私はほぼ25年ぶりとなる三厩駅の駅舎を通って外に出た。

駅前は閑散としているが、龍飛崎へ行くバスが客を待っている。蟹田からやってきた私

津軽線の終着・三厩駅。作品世界の空気がよく感じられる

以外の4人は、みんなこのバスに乗り込んだ。彼らは、三厩駅でも写真などを撮っている風もなくバスに乗り込んだので、アニメには関係しない観光客だったのかもしれない。

三厩まで来たのだから、龍飛崎へ行くのは常道だろうが、バスで片道30〜40分かかり、便数も少ないので、予定通り蟹田行の折り返し列車に乗るべく、私は駅舎へ戻った。隅に、訪問者がメッセージを書き込むためのノートが置いてある。少し読んでみると、卒業旅行で来たという学生らしい若者から「60歳・女性」というものまで、記入者の年齢層は幅広く、中には「彼氏と来るはずが、男と来た」という意味不明の書き込みもある。ただ、私が見た5〜6ページの中には、アニメファンと思える内容の書き込みはなかった。

ちなみに、三厩という不思議な地名は、義経伝説に由来するという説がある。京の都を追われて奥州に至った源義経は、現在の岩手県平泉町の奥州藤原氏の居館・衣川館《ころもがわのたて》で自害したとされているが、ひそかに逃げ延びて北へ向かい、蝦夷地（北海道）、さらには大陸へ渡ってチンギス・ハンと名を変えたという、あの伝説である。奥州へ逃れた義経が、この地の岩窟にいた三頭の馬を得て蝦夷地へ渡った、その岩窟が三頭の馬の厩《うまや》、すなわち三厩、というわけである。

春休み中ではあるが、平日の早朝のこと、アニメファンは50歳を過ぎようとしている私だけという状況だった。津軽線の北半分は、自治体としては外ヶ浜町《そとがはままち》と今別町を通っており、いずれも『雲のむこう』の聖地としての売り込みをやっている。といっても、本作の公開時からではなく、『君の名は。』公開の2016年からなので、後追いの感はある。

昨夜、青森県立美術館で仕事をしている友人に会い、青森駅前の居酒屋で歓談しながら少し事情を聞いた。『君の名は。』公開の翌年に開催され、東京では六本木の国立新美術館が会場となった「新海誠展」が、この県立美術館にも巡回したからである。展覧会をきっかけにして、両町が連携して作品の舞台となった場所の「舞台探訪マップ」を作ったり、新幹線の奥津軽いまべつ駅で本作のテーマ曲が流されたりしているが、こうした取り組みは、青森県の東青地域県民局地域連携部が「仕掛け人」で、アニメを活用した両町の動きを支援しているという。ただ、両町のホームページや観光案内パンフレットを私が見た限りでは、アニメに関する情報は見つけられなかった。

熱心なアニメファンは、もとより自治体情報など当てにせず、ネットに流布している同類のファンの情報をたよりにする。とすれば、自治体の役割は、単なる情報発信ではないはずだが、情報発信そのものは必須である。

どのような聖地巡礼の形が、地元にとってもアニメファンにとっても望ましいのか、そのことを私なりに考えるのも、この旅の目的である。

8時16分発の折り返し蟹田行列車は、今度は地元客二人と私を乗せて、三厩駅を後にした。

音楽のある風景

アニメーションと音楽との関係を考える上で、私が常々引用しているのが、人形アニメーション作家の川本《かわもと》喜《き》八郎《はちろう》（１９２５～２０１０）の言葉である。川本は日本を代表する人形アニメーション作家で、『道成寺』（１９７６年）、『火宅』（１９７９年）など、アート系の短編アニメーションを手がけつつ、晩年には長編『死者の書』（２００５年）を制作した。同時に、人形劇のための人形製作も手がけ、ＮＨＫの人形劇『三国志』（１９８２～84年）、『平家物語』（１９９３～95年）の人形たちは川本の手によるものである。

その川本喜八郎の言葉とは、次の通りだ。

「映像ができてしまうと、作業の大半は終わったような気がするものだが、音関係の仕事はその作品の成否を決定する重要な作業で、映像ができ上がったとき、道やっと半ば、と考えた方がいい[5]」

映画でもテレビドラマでも、映像に付随する音楽の重要性を疑う人はあまりいないと思うが、川本は、音楽が「付随」するということも不適切であり、アニメーションは音楽があってこそ完成、というのである。

新海誠の作品で、自主制作『彼女と彼女の猫』から長編『星を追う子ども』までの5作品の音楽を担当した天門の仕事は、川本のいう音楽の重要性を、あらためて認識させられるものだった。

アニメーションにおける音楽の役割を歴史的に見ると、ミュージカルを第一に挙げなければならない。トーキー、つまり音つきの映画技術が開発されて、それをいち早く取り入れた一人がディズニーだった。ディズニーは、世界初の本格的トーキーのアニメーション『ミッキーマウス』第3作の『蒸気船ウィリー』（1928年）以降、映像と音楽とをシンクロさせる技術をさまざま実験し、1937年公開の長編『白雪姫』の成功に結びつけた。

ミュージカルでは、キャラクターが歌う、楽器を演奏する、さらには誰かの演奏やスピーカーから流れる音楽に合わせてダンスする、といったパターンが考えられる。つまり、映像作品の音楽には、物語の中で実際に鳴っている音楽と、その場面の雰囲気を盛り上げる、すなわちBGMとしての音楽がある。

欧米ほどにはミュージカルが一般化しなかった日本の映画やアニメは、もっぱらBGMをどのように使うかという点で、映像作家と作曲者は試行錯誤してきた。結果、場面の状況（ピンチの場面、攻撃の場面などでの音楽の使い分け）、登場人物の性格や感情（悪役であることを強調する音楽、主人公の悲しみを強調する音楽など）、舞台・背景の状況（美しい自然を表す音楽、朝の爽やかさを表す音楽など）といった表現パターンが考えられ、それらに応じたBGMが実践されてきた。

こうしたBGMの役割、活用法を前提とすれば、アニメ監督（映像作家）と作曲家は、強力なパートナーシップが必要であり、その成否が、作品それ自体の成否に直結することになるのである。

ここで天門について改めて紹介したい。天門は、もちろんペンネームである。1971年生まれ、もともとはゲーム好きで、中学生の頃、YMOや喜多郎、姫神など、シンセサイザーを駆使するミュージシャンの音楽を好んで聴いた。これらの延長で、ちょうど普及し始めたパソコンでゲームに没頭しつつゲーム音楽にも興味をもち、パソコンで音楽を自作するようになる。

したがって彼は、楽器演奏や作曲、音楽理論などは学んでおらず、また高校などの部活も音楽とは無関係だったというから、独学で音楽制作を習得したことになる。これは、絵や映画を正規に学ぶことがなかった新海誠と似ているともいえる。

1990年、天門は好きなゲームとゲーム音楽とに関われるということでゲームメーカーに入社し、ゲーム音楽を制作することになった。数年後、この会社に入社してきたのが新海誠である。『彼女と彼女の猫』が二人の共同による最初の作品だが、次作『ほしのこえ』が話題になる中で、天門の音楽も注目されるようになり、彼の音楽は新海ワールドに欠かせないものとなった。

基本的に天門による楽曲はピアノソロで、『雲のむこう』ではバイオリン、そしてカルテット（弦楽四重奏）による楽曲も登場し、長編第3作の『星を追う子ども』ではオーケストラの楽曲も加わった。

先ほど述べた映像作品での音楽パターンでいうと、『雲のむこう』では、バイオリンを弾くサユリ、またそのサユリに影響されたヒロキもたどたどしくバイオリンを弾くので、物語の中で実際に鳴っている音楽が使われていることになる。ただし、新海・天門作品でいうと、これは例外的で、多くの場合、BGMである。

しかも、一つの長いシーンの中で、場面の説明、キャラクターの心情、舞台や背景の状況を強調するなど性格が異なるBGMが、一連の流れで構成されていることがある。

映像作品の場合、カットをつないで一つのシーンが作られるので、カットとカットの間では、時間や場面が不連続である。たとえば、朝、学校へ向かう主人公Aが家の扉を開けて出て行くカット、次にまだ家の中の食卓で朝食を食べている主人公Bのカット、続いて学校へ向かって歩く主人公Aのもとへ「おはよう！」と声をかけながら友人が駆け寄るカット、以上三つのカットはつながっているが、場面は別々だし、時間も微妙にずれているだろう。しかし観客は、特に不都合なく、また不自然に思うことなく一連のシーンとして見ることができる。こういう見せ方ができるところが映像作品の表現としての特性なのだが、このシーンに対して、「朝」「登校」といったイメージのBGMをつければ、より自然な一連の映像にすることができるだろう。

新海作品での天門の音楽は、こうしたBGMとも異なる。一連のシーンでBGMが流れながら、カットの変わり目、キャラクターの目線や感情の変わり目などで、曲調も変わっていく。あたかも、映像が投影されたスクリーンの横で、ピアニストが映像を見ながらライブで生演奏しているかのようなのだ。それでいて、やさしく語りかけるような旋律で、決して説明的ではない。

天門によれば、音楽プロデューサーが別に入った『星を追う子ども』より前の作品では、基本的にすべて新海と天門との1対1のやりとりで音楽が制作され、その際の新海の注文は「ものすごーーく細かい」そうで、それは新海の「このカット頭にピアノの音を合わせて」とか「このセリフに合わせて曲を盛り上げて」という注文になり、「基本的に一発OKって、新海さんの場合ありえない」のだという。(6)

高度に分業化が進み、また厳しいスケジュール管理が求められるアニメ制作の場面では、こうした形でBGMが制作できることは珍しい。そこには、音楽以外は単独で完成させた『ほしのこえ』が原点の新海誠ならではのポリシーがあり、その『ほしのこえ』以来のパートナーである天門という作曲家が伴走、もしくは伴奏できている幸運がある。

青春の終わり

新海誠が、津軽を舞台とする『雲のむこう』を発想したのは、彼が「学生時代だったか就職したばかりの頃だったか、津軽線沿線をひとり旅したときの印象がとても強かった」からで、「僕の地元の風景とすごく似ている」と回想している。(7)

私は、新海の生まれ育った長野県小海町《こうみまち》やJR小海線沿線を旅したことはあるが、私には小海町と津軽とが似ているとは思えない。小海町やその周辺は山岳地帯で高地、津軽地方は一部に山はあるものの、湿地も広がるような低地であり、なにより海に囲まれているので、景観はかなり違う。

もちろんこれは、その地で生まれ育ったか、単なる旅行者かの違いが大きいと思うが、新海はまた、本作の制作の背景について、次のようにも語っている。

「自分自身の上京体験そのもの、孤独さや寂しさを生み出す淀んだ都会の風景もまたストレートに描いていると思います。もうひとつ言うならば、当時30代前半だったんですが、いよいよ思春期がなくなっていくような感覚がありました[8]」

そう言われてみれば、高校生のヒロキが住む東京は、終始暗い色調、空気で描かれている。一方の津軽は明るく描かれているかといえば、水に沈みかけたような廃駅があり、途切れた線路があり、荒涼とした大地が広がって、東京とは異なる沈降感がある。

生まれ故郷であろうが、進学や就職で住み着いた場所であろうが、この世の中には「生きづらさ」がある、それを克服し乗り越えるためにはどうすればよいのか。新海は、『雲のむこう』を制作する中で、それを自身が抱える課題として認識し、模索しつつ完成にこぎつけたのかもしれない。

地方と都会との比較の構図は、本作の後、『秒速5センチメートル』、『クロスロード』、『君の名は。』まで繰り返し使われ、新海が描く世界像の中核になっているが、その比較の様相は1作ごとに異なる。そしてどうやら、最新作『天気の子』でも描かれることになるようだ。

『雲のむこう』は、すっかり大人になったヒロキが新宿駅の改札口をくぐり、生まれ故郷の津軽へ向かうところから始まる。したがって本編は、大人になった彼の、少年時代の記憶をたどる回想記でもあるのだろうと、観客は意識する。

そして、ヒロキとタクヤ、サユリにとっての「約束の場所」が「なくなる」ところで、本編はラストを迎える。それは、少年にとっての一つの夢の消失であり、大人になって再びこの地を訪れたヒロキにとっては、青春時代をあらためて見つめ、そして決別する旅だったのではないか。

本作は新海誠にとっての初めての長編であり、そのためにストーリーを拡大し、多くのスタッフとの共同作業になった。結果として、本人にとっては「愛しさよりも巨大な反省が迫り上がって」くる作品になったのだろう。

しかし本作は、国内のアニメーション関連の賞でも権威の高い毎日映画コンクール（第59回、2004年度）の「アニメーション映画賞」を受賞した。選評は、「宮崎駿・押井守・大友克洋の大作が並ぶ選定会であったが、われわれ委員は新海誠監督の作品を選んだ。すべてが平凡な片田舎の風景に見える世界の向こうに、どこまでも高く高くそびえ立つ1本の塔を建ててみせた彼のセンスオブワンダーが圧倒的に輝いていたからだ」と絶賛している。[9] この年は、宮崎駿『ハウルの動く城』、押井守『イノセンス』、大友克洋『スチームボーイ』の3作が候補に挙がっていたのである。

選考の討議では、「1作を選ぶにはどれも物足りないとの意見も」あったが、「新鮮さ、挑戦心を、将来への期待を込めて評価する方向」になり、最終的に『雲のむこう』が選出された。[10]

落選した3作は、いずれも過去に多くの作品を手がけたアニメ監督による、彼らの実績の延長線上にある作品である。しかし新海の作品は、彼にとっての長編デビュー作であり、3人の大監督たちにはない挑戦的な姿勢、結果としての映像表現の斬新さ、そしてそれが一過性のものではなく、今後のデジタル時代の流れに影響を与えていくものであろうことを、委員たちが見抜いての授賞だったのだ。新海誠の現在を考えると、当時の選定委員たちは慧眼だったというほかない。

新海誠本人にとっては初めてづくしの、反省が多く残る作品になったというのは、その通りなのかもしれない。しかし同時に、長編の『雲のむこう』を完成させたということは、アマチュア時代から短編を手がけてきた彼の「青春時代」を終えて、落選した3人に比肩するほどのアニメ監督になることを求められる、成熟の時代へと向かうことを意味するのである。

注

（1）「［インタビュー］新海誠」『新海誠展「ほしのこえ」から「君の名は。」まで』図録：175〜182ページ。

（2）「新幹線通学、部活動もできます」『東奥日報』Web東奥：2016年5月1日付。（現在閲覧不可。https://ヤフコメ.com/comments.html/20160501-01104311-webtoo-l02/2 に転載記事あり。2019年5月7日現在）

(3)『雲のむこう、約束の場所　コンプリートブック』角川書店、2005年。
(4)実在の「津軽浜名駅」ではなく、三厩駅をモデルにしている。
(5)日本アニメーション協会(編)『12人の作家によるアニメーションフィルムの作り方』主婦と生活社、1980年。
(6)『スペシャル:インタビュー　天門　音楽』『星を追う子ども』公式サイト。https://www.cwfilms.jp/hoshi-o-kodomo/special_06.php
(7)前掲「[インタビュー]新海誠」。
(8)前掲「[インタビュー]新海誠」。
(9)「第59回毎日映画コンクール」『毎日新聞』2005年2月6日付:14面。
(10)前掲『毎日新聞』。

第3章

岩舟、種子島、そして東京——『秒速5センチメートル』

珠玉の短編集

映画やアニメーション、そして小説にも「長編」「短編」という区分がある。言葉から受けるイメージは、みんなわりと共有できると思うのだが、ではどの程度の長さなら長編なのか、それ以下なら短編なのかとなると、話がややこしくなる。それに、長編と短編の中間ということで「中編」というカテゴリーが使われることもある。

本書でもここまで、25分の『ほしのこえ』を短編、91分の『雲のむこう、約束の場所』を長編としてきたが、映画（アニメーション）でいうと、アメリカやイギリスの関係機関では「40分以上」の上映時間の作品を長編としている。アカデミー賞を主催しているアメリカの映画芸術科学アカデミーでも、この定義を採用していて、40分に満たない作品は「作品賞」などの選考対象にはならず、短編映画関連の賞（短編映画賞、短編ドキュメンタリー賞など）の対象として扱われる。

日本では、映画倫理機構（映倫）で映画を審査する際の規定に短編、長編の区分があり、短編は32分以下、長編は55分以上としているので、その中間が中編ということになる。ただし、審査後に付される番号（映倫番号）は、「長編」「中短編」の二区分なので、結果的には中編の位置づけがあいまいになっている。

いずれにせよ、たとえば39分の作品は短編で、40分は長編、といったようなことを言い出すと、あまり意味がないように思えるし、作者自身の考え方も聞いてみたくなる。

というわけで、全編で63分の『秒速5センチメートル』は長編アニメということになるのだが、この作品、三つの短編による「短編集」という構成になっているのだ。3編それぞれに第1話『桜花抄《おうかしょう》』、第2話『コスモナウト』、そして第3話『秒速5センチメートル』というタイトルも付けられている。

その一方で、全編を通して登場するキャラクターがいて、その成長を描く内容なので、1本の長編と理解される場合が多い。もちろん上映も3編一括である。制作のコミックス・ウェーブ・フィルム公式サイトでも、本作を「約63分」としている。

しかし私は、この3編の独立性がかなり高く、各話三つで構成された「短編集」というほうがしっくりくるように考えている。新海誠自身も後に、『雲のむこう、約束の場所』の次は「長編ではなく短編で、大きな話に広げてしまわずに、現実のものだけで構成しようと頭から決めていました」と回想している。(1)

つまるところ、上映時間が何分かというだけで、長編か短編かを区別するべきではないかもしれない。ディズニーの『ファンタジア』のように、まったく異なる内容の短編8本が集まった形で1本の長編となっている作品もある。『秒速5センチメートル』も、一人の主人公の成長劇としての、「3幕構成」による1本の長編である。

本作は、新海誠が自身のアニメの話法を確立した重要な作品である。同時に、私にとっての新海作品という意味でも、本作は大きな転機になった。簡単に言えば、私が新海作品の中でも愛してやまない作品で、まさに珠玉のごとく、限りなく美しいからである。

小さな、そして初めての旅路

まず何よりも、『秒速5センチメートル』という不思議なタイトルが気になるが、これの意味は第1話の冒頭で、キャラクターに語らせている。「桜の花びらが落ちるスピード」が秒速5センチメートルだというのだ。

本作の主人公は、遠野貴樹《とおのたかき》。第1話『桜花抄』では彼の小学生から中学1年生まで、第2話『コスモナウト』では高校生、第3話の表題作『秒速5センチメートル』では20代半ばの社会人というふうに、成長に応じて各話に登場する。そして各話の舞台は、第1話は主に東京、第2話は鹿児島の種子島、第3話は再び東京へと変わっていく。

公開は２００７年３月３日、第１話『桜花抄』のストーリーは、次のようなものである。

小学校４年生の貴樹のクラスに、篠原明里《しのはらあかり》が転校してきた。貴樹も転校してきてまだ１年、お互い転校が多かった二人は自然に仲良くなった。

しかし、同じ中学校に通うことになる直前、明里は栃木県に転居することになった。その現実を受け入れられなかった貴樹は、素っ気なく別れてしまった明里のことを気にかけつつ東京の中学へ通い、やがて明里からは手紙が届くようになって、二人は文通で心を通わせる。

それから１年、今度は貴樹が遠く鹿児島の種子島に引っ越すことになった。文通でやりとりするにしても、栃木と鹿児島とはあまりに遠い。引っ越し直前の３月、貴樹は栃木の明里に会いに行くべく電車に乗る。待ち合わせは東京から電車を乗り継いで約３時間の両毛線《りょうもう》岩舟《いわふね》駅。しかし、その日は季節外れの大雪になった。

全編63分の本作の中で、第１話はその半分近い約28分をかけ、貴樹の初恋を描いている。本編の前半は、貴樹と明里の初々しい会話で始まり、同時に、転居先の明里の語り（手紙）

で近況が知らされる。そして、栃木へ向かうべく貴樹が旅立ってからは、貴樹の語りに切り替わり、離れた二人の心の距離感がどちらかのモノローグで描かれるという、『ほしのこえ』以降の新海誠お得意の技法がとられている。

『君の名は。』公開直後に、NHKテレビで新海誠と作家の川上未映子が対談する番組があった。そこで新海が自作にモノローグを多用することに対して、アニメ関係者から「怒られたりする。モノローグなんかいらない、絵で表現すればいい」という意見を「もう大変にたくさん頂く」と告白していた(2)。

絵を動かすことで何かを表現することが使命のアニメーションで、いわば「声にたよりすぎる」ことが邪道だという指摘とも考えられる。しかし私にしてみれば、新海誠ほど徹底した、一貫性のあるモノローグは、むしろアニメーションで表現される新たな領域を開拓したものであり、だからこそ彼の作品が多くのファンに受け入れられているのである。

引っ越し直前の貴樹が、栃木県の岩舟駅で待つ明里に会いに行こうとするそのシーンも、貴樹のその時の心情を反映するようなモノローグが重なり、貴樹の小さな、そして初めての旅路が始まる。

小田急線の豪徳寺《ごうとくじ》駅から電車に乗り込み、新宿、大宮とJR線を乗り継いでいく中で冷たい雨が雪に変わり、やがて電車が遅れ始める。しかも途中駅で長時間停車することもあって、遅れ方が尋常ではなくなってきた。明里との待ち合わせ時刻きっかりに予定を組んだ貴樹は、そのときまで、電車が遅れることなど考えもしていなかった。もちろん当時の二人は、携帯電話など持っていない。

盲点だった両毛線

東京駅から東北本線の列車に乗って約1時間半、私は小山《おやま》駅に着いた。貴樹がたどったコースとは少し違うが、彼が目指した岩舟駅を通る両毛線は小山が起点である。

きょうは2019年3月5日、学期末で引っ越し直前の貴樹が明里に会いに行った時期とほぼ同じだが、大雪の気配などまるでなく、暖かい早春の陽気となった。

両毛線は、東北本線の小山駅から高崎線の新前橋駅へ至る84・4㎞の路線である。沿線には佐野ラーメンで知られる佐野市、あしかがフラワーパークなどがあるが、全国的に知られた観光地や年中行事などはなく、車窓も平凡で、特殊な列車などが走ることもない地味な路線である。したがって鉄道ファンが両毛線に注目することはほとんどなく、『桜花抄』の舞台となったここは、ファンにとってはまったくの盲点だった。

新海誠は、『桜花抄』で小山駅と岩舟駅とを、かなり重要な舞台として使った。小山駅については後で触れるとして、私はさっそく両毛線の列車に乗り換え、岩舟駅へ向かうことにした。

8時45分、小山発。駅を出てすぐに大きく左へ曲がって街並みを抜けると、周辺は田畑が広がり、遠く地平線まで見渡せる。栃木市の市街地を経て再び窓外は田畑となり、小山から三つの駅を経て、岩舟には9時05分に到着した。

この駅の待合室が、『桜花抄』での貴樹と明里の待ち合わせ場所である。大雪の影響で4時間以上も遅れて、夜11時過ぎに着いた貴樹は、こんな時間まで明里が待っているのかどうか、恐る恐る改札口を通りながら駅員にきっぷを渡し、待合室に視線を向ける。

現在の岩舟駅も、小さな駅舎は当時とあまり変わらないので、このシチュエーションを追体験できるが、映画公開よりも前の2003年末に無人駅になったので、現在駅員はいない。駅前から見た風景はポスターにもなったが、駅周辺の家並みは多少変化しているものの、面影は十分に残っている。

そして、岩舟駅前の風景で圧巻なのは、駅の北側の視野のほとんどを占める岩船山である。標高は172メートルに過ぎないが、凝灰岩の山体は江戸時代から建材などとして採

両毛線岩舟駅のすぐ北にそびえ立つ岩船山

掘され、「岩船石」とよばれた。長く採掘が繰り返された結果、切り立った岩肌が高く大きく露出して、独特の景観になっている。一見して崩れてきそうな、近寄りがたい雰囲気だが、山頂には徳川の歴代将軍によって庇護《ひご》された高勝寺がある。開山は宝亀2（771）年と古く、地域の信仰を集めつつ、現在でも参拝者は絶えない。

一方の駅の南側は、田畑の間に宅地が混在する農村風景である。私はそこを散策し、駅から歩いて約15分、市役所の支所に入った。栃木県南部に位置する岩舟町は、2014年4

月に隣接する栃木市に編入合併され、栃木市岩舟町となった。これも、『秒速』以後に起きた変化である。

支所の産業振興課の前へ行くと、岩舟やその周辺の観光案内のパンフレットなどが何種類かあったので、手にとって見たが、『秒速』に関する記事はない。係員の女性に声をかけ訊いてみると、やはりアニメの話題を扱ったパンフやチラシはなく、唯一、YouTubeにアップされた岩舟の案内動画の冒頭に、岩舟駅前とアニメのことが「チラッと出てくるくらいで……」と彼女はいう。

係員も、岩舟が『秒速』の舞台になったことは知っているが、それが産業振興課で話題になったり、ネタを求めて訊ねてきたりする人に応対するわけではなさそうだ。

岩舟駅に戻って電車を待っていると、駅や駅前をスマホで撮影している若者が一人いた。一見してアニメファンだとわかるが、そういう人物は他に見かけなかった。

東京から近い新海ワールドの地ではあるが、きょうは平日の午前中だし、映画の公開から10年以上も経って、岩舟は静かであった。

「島」という場所

『秒速5センチメートル』の第2話『コスモナウト』は、舞台が鹿児島県の種子島に移り、高校生になった貴樹が登場する。岩舟でのエピソードが中学1年生、そこから種子島に引っ越した彼の、残りの中学校生活はほとんど描かれていない。そこへ、弓道の部活に熱中する貴樹に想いを寄せる、同じ高校の澄田花苗《すみだかなえ》という少女が登場する。そして彼女の視線を通して、彼女の気持ちを意に介しない貴樹が描かれていく本編の主人公は、むしろ花苗のほうである。

こうした構成なので、叙情豊かな『桜花抄』の続編として『コスモナウト』を見ると、その空気の違いに観客は少し戸惑ってしまう。しかも本編では、遠く離れた東京近郊にいるだろう篠原明里は、ほぼ描かれることがない。

タイトルの「コスモナウト」は英語の「cosmonaut」で、辞書では「宇宙飛行士」の意だが、特に旧ソビエト連邦の宇宙飛行士を指す語である。

ストーリーを、もう少し紹介したい。

種子島の海でサーフィンに熱中する澄田花苗は、東京から転校してきた遠野貴樹に他の男子とは「どこか少し違っていた」雰囲気を感じ、中学生の頃から恋心を抱くようになった。しかし、高校生になっても想いを告げることさえできず、高校卒業後の進路も決めることができない。しかも花苗は、得意のサーフィンでもスランプに陥ってしまう。

ある日の夕刻、いつものようにコンビニに立ち寄り買い物をした二人、ここで花苗のバイクが整備不良で動かなくなった。自分だけ歩いて帰るという花苗だったが、貴樹は自分のバイクもコンビニに置いたままにして、二人は夕闇迫る田舎道を一緒に歩き出した。

二人が通う高校は、現在は統廃合によって消滅しているが、制作当時は実在のもので、高校では珍しくサーフィン部があることでも知られていた。また、NASDA（宇宙開発事業団、現在のJAXA）の大型ロケット運搬用のトレーラーや、ロケット打上げのシーンがあり、これらはもちろん実在の種子島宇宙センターに由来するものである。

ただ、島の外から、たとえば観光地として種子島をみると、まさにこのサーフィンと宇宙センターがめぼしいくらいで、あとは鉄砲伝来の地として、歴史の教科書ではどこかで触れられる程度である。すぐ西に位置する、縄文杉など貴重な野生生物の生息生育地として世界自然遺産に登録された屋久島の存在感が絶大だということもある。そして、私自身も種子島を訪問したことがない。

もっとも、『コスモナウト』本編でも、種子島が舞台であることを強調し活用しているようには見えない。確かに島ゆかりの小道具や景観、ロケット打上げのシーンはあるが、東京から引っ越してきて、高校を卒業したらまた東京へ戻り進学するという彼（貴樹）と、島に生まれ育って、彼に恋心を抱きながらも一歩を踏み出せない彼女（花苗）との、ごく自然な恋愛模様である。

作品の尺（長さ）は約22分、第1話『桜花抄』よりも少し短く、ある時ある二人の日常を切り取ったという意味で、短編アニメらしい作りとは言える。

そうした中で私が注目したのは、「島」という場である。四方を海に囲まれた、孤立した空間としての島は、新海作品の中で何度か登場する。本土や大陸に住む者にとっての島とは、多くの場合未知なる冒険の対象であり、目的が果たされれば、島を背にして本土などへ戻っていく。逆に、最初から島に住む者にとっては、島は脱出する対象であり、島の外へ憧れを抱いて目標を見定め、いったん島を出れば、戻ってくることはあまりない。

もちろん郷土愛から島を出ない者、逆に外からやってきて愛着を抱き島に定住する者、現実でもフィクションでもさまざまだが、島には孤立し隔絶された場としてのイメージがあり、フィクションの世界では象徴的な舞台になることが多い。

新海誠は長野県の山野に生まれ育ち、進学をきっかけに東京に定住した人物である。それが要因かどうかは問わないとしても、彼の作品の中での島と、そこに登場するキャラクターは、私がここで書いた島の印象にほぼ重なってくる。『コスモナウト』で言えば、東京から種子島にやってきた貴樹は高校卒業後に島を脱出して東京へ「戻る」ことになっているし、島育ちの花苗は、島の外の世界を象徴する存在として貴樹に視線を注ぎ、自身の境遇を見つめ、将来を創造しようとする。

作中でサーフィンに熱中する花苗は生気に溢れ、意外に芯の強さをも感じさせるキャラクターで、新海作品のヒロインとしてはちょっと異色の存在である。一方の貴樹は、熱血漢でも冷静沈着でもなく、いまいちハッキリしない、良くも悪くも新海作品の主人公らしいキャラクターである。

そんな貴樹をあたかも触媒のようにして成長していく花苗がいる『コスモナウト』は、やはり、花苗の物語である。

恋愛の距離感

『コスモナウト』での貴樹について、観客が意表を突かれるのは、貴樹の遠距離恋愛が継続していないらしいことを、彼自身の独り言で知る時だろう。

作中、貴樹が携帯電話を手にしてメールを打つような仕草をしている姿を、花苗が遠くから見つめるシーンがある。そして花苗が遠慮がちに、そして不安げに貴樹に近づいていくと、彼はさっと携帯電話をしまう。

中学1年生での初恋が、遠く離れた島に住みつつ遠距離恋愛で4年以上も続いているというのは、あり得ない話ではないけれど、あまり現実的ではない。が、もちろんこれはファンタジーの世界での話だから、第1話『桜花抄』での貴樹と明里の恋模様を見させられた観客としては、それが続いているだろうという期待を抱いている。つまり、あのメールの発信先は明里なのだろう、と。

しかし、作品のラスト近くで、貴樹自身のつぶやきによって、そうではないらしいことが、観客に知らされるのである。一方の花苗には、この貴樹のつぶやきは聞こえない。

そもそも新海作品の恋模様は、お決まりと言ってもよいほど遠距離である。初期作品『ほしのこえ』では、彼女が地球からどんどん遠ざかり、彼氏にメールが届くまでに8年以上もかかる「遠距離」になってしまう。最近作『君の名は。』では、どこの誰とも知らない二人の心が入れ替わるところからストーリーが始まり、お互いの実体が見えない、さらには消えてしまうという、別の意味での「遠距離」として恋模様が描かれている。

恋物語に限らず、またアニメに限らず、一本の筋をもつストーリーを描く場合、プロセスを重視して描くか、結果を重視して描くかが、大きな選択肢である。新海は、結果よりもプロセスを描くことに興味があり、それを実践しているように見える。

『秒速5センチメートル』では、3話を通じて登場するのが遠野貴樹であるから、彼の恋模様を描いていって、その結果はどうでもいい、とは言い過ぎだが、結果よりもプロセス、つまり彼の人生、成長、生き様が描かれている。

それは、『コスモナウト』に続く第3話『秒速5センチメートル』を見れば、より明らかである。表題作であり、本作のラストシーンを飾る第3話が約15分、東京でサラリーマンとなった貴樹が登場するが、全話の中で最も短い。しかも彼の、おそらく東京での学生時代は素通りして、サラリーマンになって数年経った彼の日常の断片が描かれ、そこに貴樹とはつながっていない形で初恋の相手・篠原明里が、やはり断片的に出てくるので、ストーリー構成が前2話に比べてかなり異なる。その間、山崎まさよしの「One more time, One more chance」がBGMとして流れ続け、ストーリーものというよりもミュージッククリップに近くなっている。

長編『秒速5センチメートル』には、新海誠本人の筆による小説版、また別に漫画家を立てた漫画版がある。そればかりではなく、『雲のむこう、約束の場所』以後のすべての長編で小説版があり、『君の名は。』小説版などは、映画公開前に発売されている。

アニメ作品は、それで一つの独立した作品だから、小説版を含めて「一つの作品」という考えを私はとらないので、ここでは小説版を引用するつもりはない。それに、新海作品の小説版は「原作」ではなく、あくまで本編であるアニメ作品の小説版である。

ただ、新海作品のモノローグの多さ、登場するキャラクターの心の声やつぶやきが作中で延々と使われているということは、新海が「ことば」というものに特有のこだわりがあり、それが彼自身の筆による小説版に別種の役割を与えているということでもあろう。ないとは思うが、アニメ版での作者自身の「消化不良」感が小説版の執筆に向かわせている、もしくは小説版の刊行を前提としてアニメ制作を行っているといった見方が湧き上がってくる。

もっとも、第3話は見る人によって、特に20代のファンにとっては、自分と同じ年頃の貴樹が人生に思い悩む姿に心を動かされる度合いは大きいようである。BGMとして流れる山崎まさよしの楽曲が、映像で描かれている世界をより拡大し、観客の心に染み入る効果を発揮している。

BGMと映像とを、リズム感とタイミングに最大限注意しながらシンクロさせ、1秒以下のごく短いカットを連続させる新海誠らしい作風を満載したのが第3話である。彼はおそらくこのパートでの貴樹のような、大都会で彷徨する若者の姿を、少年から青年へ、そして一人の人間へと成長していく象徴として、一番描きたかったのだろう。

しかし、前2話とは大きくタッチが異なるのは確かである。『桜花抄』の貴樹と明里のような、思春期の入口のキャラクターが演じる、ちょっと触れただけでも壊れそうな恋模様から作品が始まって、63分の長編の結末は、結局貴樹一人の人生譚になった。1本の長編として見れば、バランスの不安定感は残っている。

『雲のむこう』とは違う長編をという意気込み、単独の監督による短編集という従来のアニメでは珍しい前衛的とも言える作りは、新海誠ならではだが、それに伴う課題も出現し、それは次作以降に引き継がれていくことになった。

新海節の完成

岩舟駅11時03分発小山行の列車で、私は貴樹と明里との逢瀬の地を後にした。『桜花抄』では、結局二人は深夜から翌早朝まで行動を共にした。そして、朝日がまばゆい雪景色の岩舟駅で、小山行の列車に乗り込み東京へ戻る貴樹を、明里がホームに立って見送り、列車の自動扉が二人を遮断する。

十数年前に『秒速5センチメートル』を見て以来、この岩舟駅は私にとって一つの幻影だったが、実際来てみると、たとえ映画と同じ時刻、同じ雪景色の時に来ても、幻影は幻影のままで終わるだろうと感じた。

それはやはり、新海誠の作品が、実在の風景をモデルにしていながらも、決してリアルではなく、風景の切り取り方（構図）、見せ方（色彩、光の表現）をもって、強調するところと省略するところとのコントラストを際立たせ、結果としてアニメならではの映像にしているからである。だから、岩舟駅に来ても、そこに『桜花抄』の風景はない。

『ほしのこえ』、『雲のむこう、約束の場所』と経るなかで、作画やキャラクター、ストーリー、そして独創的な風景描写が加速度的に洗練された。そういう意味で、『秒速』は新海節が確立した作品である。

過去作と同じく天門が手がけた音楽の、語りかけるような表現は、本作の『桜花抄』で際立った完成度を見せた。それはつまり、主人公のモノローグのさらに上で、映像を構成するすべての要素をまとめるような音楽である。

アニメでのモノローグの多用は邪道だという認識がアニメ関係者にはあったという意味のことを私は書いたが、この点を少し補足すると、アニメでのモノローグ多用は、新海誠が始めたものではない。『攻殻機動隊』で知られる押井守監督は、1980年代の初期作品(『うる星やつら』第101話など)から延々とモノローグを使う作品を発表して、時には物議をかもしたし、庵野秀明《あんのひであき》監督の『新世紀エヴァンゲリオン』の、特に自己啓発セミナーのようなラスト2話を思い出すアニメファンもいるだろう。

ただ、押井や庵野は、それぞれ違いはあるが、総じて舞台劇のような古典的なモノローグに近いのに対して、新海はあくまでキャラクターの心の声、声に出すものではない声を長いモノローグで表現しているところにオリジナリティがある。

岩舟を発車した両毛線の列車は、11時23分、小山駅に到着した。岩舟から小山は近く、ちょうど20分である。

貴樹が明里に会いに行った日は大雪で、彼が小山に着いた時には1時間以上も遅れ、乗り継ぎの両毛線の列車もなかなか発車せず、時計の針はすでに待ち合わせ時刻の夜7時を大幅に過ぎていた。

どうしようもないという風情で小山駅の薄暗い両毛線のホームに立つ貴樹の視線の先で、立ち食いそばの露店から湯気が出ている。お腹を空かせているらしい貴樹は、うらめしそうにそば店の湯気を見つめるだけだった。

私は本編のこのシーンを見た時、貴樹は持ち合わせのお金が足りなくて立ち食いそばをあきらめたのかと思っていた。しかし、新海自身による本作の絵コンテ、これはアニメ監督が描く映画の設計図に相当するもので、演出意図などが書かれているものだが、その絵コンテによれば、「寒いし空腹だし食べたいけれど、待たせているアカリのことを思うと食べてはいけない(3)」と貴樹は考えていたのだそうだ。すっかり歳をとった私は、純真な心を喪失しているということである。

この立ち食いそばの露店は、現在は両毛線のホームにはない。しかし、同じ小山駅の東北本線上りホームには残っていて、『桜花抄』でのシーンと同じく「きそば」という看板

東北本線小山駅の「きそば」　こういう昔ながらの立ち食いの露店は少なくなった

を掲げている。つまり、同じ業者が営業を続けているのである。私は両毛線ホームから「きそば」のあるホームへ移動した。

　小山駅の立ち食いそばは、『秒速』で登場する以前から立ち食いそばマニアには有名で、生麺や揚げたて天ぷらを供する本格派をうたうような最近の立ち食いそばとは違って、昔ながらのチープな、懐かしい味である。

　かつての小山駅では、両毛線を含むすべてのホームで営業していたが、狭いホームでの露店営業は難しいのか、現在は1店舗になってしまった。しかし、「きそば」の看板を掲げた店が一つでも残ったのは幸いというべきだろう。しかも、しばらく露店を見ていると、ちょうど昼時ということもあってか客は多く、年配から若い人まで、常に何人かがホームに背を向けてそばを食べている。

露店のカウンターのキャパシティは5～6人で、私も隙に入って、天ぷらそばを注文した。カウンターを見ると、店の由来書きが置いてあって、そこには「きそば」が『秒速5センチメートル』のモデルとして使われたことが書かれていた。

注

（1）「[インタビュー]新海誠」『新海誠展「ほしのこえ」から「君の名は。」まで』図録：175～182ページ。
（2）NHK『SWITCHインタビュー 達人達』2016年9月10日放送。
（3）『秒速5センチメートル　新海誠絵コンテ集1』KADOKAWA、2017年。

第4章　異世界への扉

――『星を追う子ども』

その出来に誰もが驚いた

2011年5月7日、新海誠の長編アニメ第3作『星を追う子ども』が公開された。『秒速5センチメートル』公開から4年も経ち、新作を待ちに待ったファンは多かったと思う。私もその一人だった。

アニメファンの中には、自分が応援したい作品を公開後すぐに見に行くという人がいる。その理由は、「早く見たい！」という気持ちとは別に、映画のヒットの指標である興行成績の最初の集計が、週末の2日間で行われるからである。

映画の公開第1週目の観客の入り方というのは、テレビ番組の第1話の視聴率と同じで、世間的に注目されるだけではなく、作品のその後の命運が決まるかもしれない非常に重要な数字である。だから、応援している作品の第1週目の成績にささやかながらも貢献するため、いの一番に見に行くというわけである。

私は、そこまでの心がけで見に行った作品はほとんどなく、公開後にすぐ見に行くことのほうが珍しいのだが、この『星を追う子ども』は、公開初日からあまり間をおかずに、しかも予備知識をいっさい入れずに見に行った記憶がある。

そして、衝撃を受けた。見始めてすぐに期待していた展開から大きく外れ、私の中の「新海誠」のイメージが崩れ落ち、映画が終わると呆然となって劇場から出て行くしかなかった。なにしろ、冒頭まもなく、いきなり主人公の眼の前に巨大なモンスターが現れ、襲いかかってきたのである。

それもまた映画体験だといえばその通りなのだが、少なくとも新海誠に、そんなトリッキーなことをやられるとは思っていなかった。

ちゃんと調べたわけではないが、本作を私と同じように期待して見に行った人の多くが、似たような感想を持ったのではないかと思う。

『星を追う子ども』のストーリーは、次のようなものである。

少女アスナは、幼い頃、父親を亡くしている。母親は看護師で忙しい身、それでもアスナはマイペースで過ごし、近所の山の上に作った「秘密基地」で、父親の形見の鉱石ラジオを聴くことを楽しみにしている。

ある日、秘密基地に行く途中、正体不明のモンスターに襲われるが、危機一髪、地下世界アガルタから来たという少年シュンに助けられる。しかしまもなくシュンは姿を消してしまい、今度はシュンにそっくりな少年シンが現れ、アスナは混乱する。

一方アスナが通う学校の新任教師モリサキは、地下世界アガルタの秘密を探り、入口を探していた。アスナ、シン、モリサキは、それぞれの気持ちを抱きながら、アガルタへの扉を開くことになった。


アスナが住むのは現実世界で、新海誠の生まれ故郷がモチーフになっており、描かれている鉄道などの様子からすると昭和50年代頃の風景である。しかし、116分という、新海の現在までの仕事の中では最長の上映時間で、冒頭と結末以外はほぼアガルタという異世界が舞台になっており、『雲のむこう、約束の場所』以上にファンタジー性が強い作品だということが、本作の最大の特徴である。

そのためか、新海作品の特色である背景画は、精緻に描かれてはいるのだが、異世界が舞台であるゆえに、これまでの新海作品にはない「絶景」が次から次へと現れる。夕景や夜明けの色彩や光の表現は、確かに新海節である。しかしこれも、別世界、異世界が舞台だと、そこに馴染みすぎて、逆にごく自然な情景に感じられる。

紛れもなく新海の作品でありながら、それを新海節として受け入れ難いもどかしさがあるのだ。

こうした中で、私が特に気になったのは、新海誠がこの作品をスタジオジブリや宮崎駿の影響下で作ったという意味のコメントをしていることである。

「僕自身、ジブリ作品から受けている影響はすごく大きいです。ジブリ作品はあらゆるアニメ制作者にとって一番大きな存在でもあると思いますし、日本人にとっても、もう日本人全員が知っているブランドですよね。（中略）そこまで巨大な存在なので、意識的であれ無意識的であれ、どうしても影響を受けている部分はあると思います。ただ、それだけではなく、今回の『星を追う子ども』ではジブリ作品を連想させる部分が確かにあると思うのですが、それはある程度自覚的にやっているという部分もあります(1)」

これを、どう受け取ればよいのだろうか。

新海誠とスタジオジブリ

私は常々、スタジオジブリとその作品について言うことがある。それは、「子どもの頃、家族と一緒に映画館で見た最初のジブリアニメを挙げると、その人の年齢がだいたいわかる」。

ジブリアニメともなると、世代が若くなればなるほどDVDで見たりテレビ放映で見たりする頻度が高くなって、実際の公開年とのタイミングがズレていく。たとえば小学校に入ったくらいの年齢で、両親に連れられて見に行ったジブリアニメは何か、という問いである。

それが『風の谷のナウシカ』なら現在は40歳くらい、『となりのトトロ』なら30代半ば過ぎ、『もののけ姫』ならもうすぐ30歳、『千と千尋の神隠し』なら20代半ば、『崖の上のポニョ』なら来年は大学受験、という感じになるだろうと思う。

私は、高校1年生で『ナウシカ』を見た。それをきっかけに、「オタク」には程遠い日常を過ごしていた私は完全に宮崎アニメにハマってしまい、『天空の城ラピュタ』『となりのトトロ』『魔女の宅急便』という、宮崎駿が変に世情を気にすることなく「作りたいものを作る」と息巻いていた時期の長編を、多感な10代から20代の頃に見ることができた。それが昂じて、私は大学の授業で学生たちに、「自分はジブリアニメを一番いいタイミングで見た世代だ」と自慢している。

ただ、この話題は、日本の中でも大都市と地方とでは、だいぶ事情が違う。テレビ受信環境や映画館へのアクセスの利便などの条件に差があるからである。

1973年生まれの新海誠なら、彼が高校生の頃に『トトロ』が公開されているが、やはり長野県小海町の生まれ育ちということから、「田舎で育ったので、テレビの電波があまり入らなくて、子ども時代のアニメ経験があまり豊かではない[2]」としつつ、宮崎アニメについては、次のように回想している。

『ナウシカ』が劇場公開されたのは僕が小学5年か6年の時でしたが、映画館が近くになかったので劇場で観ることができなかったんです。でも、どうしても『ナウシカ』が観たくて、どうやって手に入れたのか覚えていないんですがビデオテープで観ましたね。繰り返し繰り返し、すり切れるくらい何度も観ました。マンガも模写していました。その後、中学2年の時に『天空の城ラピュタ』が公開され、電車で乗り継

いで1時間くらいかけて映画館まで観に行きました。『ラピュタ』からも非常に影響を受けましたね」(3)

もっとも、その後は受験期に入ったために、『トトロ』や『宅急便』はリアルタイムでは見なかったり、アニメから関心が離れかけていたりしていたという。

一方、新海より6歳年上で、『サマーウォーズ』や『おおかみこどもの雨と雪』などの長編で知られる細田守監督は、ジブリに憧れ、大学卒業時にジブリの入社試験を受けた(結果は不採用)というから、こちらは直球である。

つまり、新海の宮崎アニメ体験は、その後の制作活動に直接つながるほどのものではなく、同世代にありがちな、ごく一般的なものだった。

それにしても『星を追う子ども』は、その世界観、すこしぼやけたような中間色主体の色味、ファンタジー性、キャラクターデザイン、お供の動物から小道具に至るまで、ジブリの諸作品を連想させるものが少なくない。ジブリというか、新海によれば、東映動画に始まる伝統が日本のアニメの底流にあり、『アルプスの少女ハイジ』などの一連の世界名作劇場シリーズを「意図的に連想させる絵にしましょう」(4)と、本作の作画監督・キャラクターデザインの西村貴世《たかよ》と話し合ったというのである。

　ここまで言われてしまうと、ジブリに似せようというのが目的ではなく、その結果に何かまったく別のものを求めたと考えたくなる。

　ただし、私は一応アニメーション研究家の看板をぶらさげているので、ここで注意しなければならないことがある。話は少し専門的になるが、研究・批評の世界には「反映論」という手法がある。これは、もともとは哲学の用語で、ある作品を解読しようとする際、作品とは社会の様相を反映したものという前提に立つこと、その作品の作者が過ごしてきた時代や体験が作品に反映されていると解することを言う。

　今回の場合で言えば、新海誠は幼少の頃からジブリ作品に接し、強く影響を受けたという前提で『星を追う子ども』を捉え、新海の監督像や作家性を論じるという形になる。

　しかし、アニメ監督、平たく言えば一人の人間や、その人間が作り出すものを、そんな単純な論法では捉えられない。このため、研究・批評界隈で一時期もてはやされていた反映論は、現在ではタブーに近い扱いを受けている。

　私個人は、タブーにするほど反映論を否定してはいない。たった一つの社会現象や、子どもの頃の強烈な体験がストレートに作者を作品制作に向かわせ、キャラクターやストーリーを染め付けることは、あり得るからである。その「反映」の構図を見極めるための根拠づけ、考察が乏しいことが反映論にありがちで、ここが批判されているのである。

新海誠は、少年期から青年期にかけてジブリ作品をほぼリアルタイムで見ている「ジブリ世代」である。その彼がアニメ監督の道を歩むとすれば、彼の仕事の前提にジブリがあるのは事実であり、それに留意する必要はあるが、その彼がジブリから影響を受け、しかも作品に反映されているかどうかは別問題、ということである。

観客はどう反応したか

ところで、実際のところ『星を追う子ども』を見た観客は、総体的にどのような感想を抱き、受け入れ、もしくは受け入れなかったのだろうか。

一つの例として、「Yahoo! 映画」サイトの中にある「ユーザーレビュー」を見てみたい。ネット民が気ままに投稿したデータの集積かもしれないし、性別、年齢別のデータが採れていないのが難点だが、人気作であれば1作あたり数千から数万のレビューが投稿されている。それに、対象の映画の印象を、物語、配役、演出、映像、音楽という5項目についてそれぞれ5段階評価が付されポイント化されているので、相応の一般性がある。

すると、『星を追う』の総合点は「3・30」（5点満点、投稿数1692、2019年3月4日現在〈以下同じ〉）で、これは新海のこれまでの長編アニメの中では一番低いのだが、『雲のむこう、約束の場所』は3・46（投稿数1698）、『秒速5センチメートル』は3・56（投稿数5082）となっており、本作が極端に低いわけではない。ちなみに『君の名は。』は4・12（投稿数5万8523）で、新海の全作品の中で最高の評価である。ただ、『星を追う』の5段階評価の内訳を見ると、本作を「1」、つまり最低の評価をつけた投稿が、前2作と比べて最も多く、全体の18・7%が「1」を付している。

投稿者のレビュー（感想）をランダムに読んでみると、ジブリを思わせるストーリーや設定を引き合いに出して批判する書き込みは多い。しかし逆に、それを表層的な見立てだとして、本作の挑戦的な内容を評価する投稿も少なからずあった。端的に言えば、本作は賛否両論に大きく分かれたのである。

制作スタジオのコミックス・ウェーブ・フィルム公式サイトによると、本作の公開館数は全国で63館、この館数ならジブリアニメのような大々的な公開には程遠い。このため、本作を見に行っているのは新海誠をよく知っている、いわば予定調和を求める観客が大多数だと思われる。

観客は、自分たちが求める新海節を期待している。その予定調和の中で賛否が分かれたということは、逆に言えばちゃんと受け入れた観客も決して少なくなかったということである。

新海は『星を追う』について、「僕の今までのファンにも喜んでもらえて、そうじゃない人にも喜んでもらえる」と考えていたが、公開直後は逆の反応が多く、ショックで「熱を出して寝込んだ」(5)とまで回想しているが、そういう意味では、観客との向き合い方を彼なりに再考するきっかけになったのかもしれない。これが、5年後の『君の名は。』に結実していくのだろうが、その間に『言の葉の庭』という一風変わった長編が発表されており、こちらについては次章で取り上げたい。

創作の原点、『ピラミッド帽子よ、さようなら』

新海誠は『星を追う子ども』に関連して、もう一つ気になる説明をしている。児童文学作家・乙骨淑子《おつこつよしこ》(1929〜1980)の『ピラミッド帽子よ、さようなら』(1981年、理論社刊)を小学生の時に読み、感銘を受け、それが本作の発想のきっかけの一つになった、というのである。(6)

『ピラミッド帽子』の舞台は現代の都会、中学2年生の森川洋平は学校の成績が悪いことを気にしつつも、物思いにふけることが多い毎日だった。ある夜、自分で作ったピラミッド型の帽子をかぶって、住んでいる団地の窓から外を何気なく見ると、向かいの誰も住んでいないはずの部屋の明かりがついている。しかも帽子を取ると、明かりは消えた。夢か錯覚か、それともピラミッド帽子には何か不思議な力があるのか？　その話を聞いた学校の友人「クマさん」が面白がって、彼と洋平がその部屋を訪ねると、同級生の浅川ゆりにそっくりの少女が現れた。彼女は、自分は地下世界「アガルタ」から来たのだという。

現在市販されている新装版で約400ページもの大作で、以上に書いたのは物語の発端に過ぎないが、子ども向けの児童書というには背筋がちょっと寒くなるようなサスペンスの場面が連続し、やがて異世界へと舞台が移っていくので、ファンタジー、SFの要素も備えている。お気づきのように、『星を追う子ども』の舞台アガルタは、この『ピラミッド帽子』からとられたのである。ついでに書けば、『ほしのこえ』にも「惑星アガルタ」が出てくる。さらに余談になるが、新海誠は同じ名称、設定を繰り返し使う癖があるようで、猫の「チョビ」、「弓道に熱中する男子」も何度か出てくるが、新海本人が無類の猫好き、そして彼自身の部活は弓道だった。

同じように新海作品に登場する「アガルタ」の出典が、乙骨の児童文学というわけだが、アガルタは乙骨の創作ではなく、19世紀末の思想家らによって唱えられた、インドを中心としたアジアのどこかに存在する地下都市だという、一種の神秘主義的な伝説である。この地球の地下には巨大な空間がある、もしくは別世界へつながっているという世界観は古くから信じられてきた歴史があり、アガルタはそれを具体的に説明したものの一つだった。乙骨は、これを『ピラミッド帽子』に引用したのである。

新海誠は、新装版の巻末に解説文を寄稿し、子ども時代に読んで強く惹かれたことを熱っぽい筆致で綴っている。しかし、『ピラミッド帽子』は作者の乙骨が闘病中に執筆し、結局未完の絶筆になってしまった。文字通り「終わらない物語」である。

このことも、新海が「物語」というものを自身で捉え、理解し、そして後に創作するにあたって、大きな影響を及ぼしたようである。

もっとも、『ピラミッド帽子』と『星を追う子ども』とには直接のつながりはなく、ストーリーも登場人物もまったく違う。

実は、この『ピラミッド帽子よ、さようなら』は、過去にアニメ化が検討されたことがある。

私はここ数年、あるアニメ制作会社に保管されている資料の調査に関わっていて、その中から、『ピラミッド帽子』アニメ化のための未公開の企画書が発見された。紙面には日付などが書かれておらず、原稿用紙に手書きの企画書で、検討過程など詳しいことはわからない。

しかし、資料の保管状況から推測すると、発案時期はおそらく1980年代初めから半ばで、企画意図、登場人物、ストーリー概要が記されている。主人公は原作よりも少し低めの小学校6年生になり、細かい設定にも変更が加えられているが、アガルタから来た少女に導かれ、子どもたちの異世界での冒険ものというところは同じである。

企画意図では、都会化が進展する中で生活は豊かになったものの、子どもたちの好奇心や冒険心をくすぐるものが失われつつある現代、『ピラミッド帽子』は、ごく普通の子どもたちが主人公になり、自由な冒険や不思議なものへのあこがれ、発見する喜びを通じて成長していく作品であること、しかも類似の作品とは違って、過去から現在、そして未来を子どもたちが問う物語であること、これをアニメーション化することには大きな意義があることを謳《うた》いあげている。

残念ながら資料は、ペラ（200字詰め原稿用紙）34枚に書かれたこの企画書のみで、なぜアニメ化が実現しなかったのかなども不明なのだが、私がこれを確認したのはつい最近のことで、非常に驚き、あらためて新海の『星を追う子ども』について考えるきっかけになった。

「死を描く」ということ

『星を追う子ども』には、常に「死」の影が見え、「死」とは何かを追求した作品である。

主人公アスナは死んだ父親の形見を大切にし、これが物語を開けるきっかけになる。アガルタから来たシュンは、アスナの前に現れてまもなく死んでしまうし、新任の教師モリサキは、死別した妻に逢いたいと願い続けている。そしてアガルタの文明は朽ち、そこに生きる人々も滅びかけている。

「死を描く」ということは、創作者にとっての永遠の課題だ。文学や絵画でも、音楽でも、演劇、映画、もちろんアニメでも、死を描く時、その作者の人間性があらわになり、同時に作者は言いようのない怖さに囚われる。

これは、自分自身が実際に死と対面したことがあるか、それはどんな経験だったかに向き合うことになるからだ。しかし、大切な家族や友人の死に立ち会った時、自分自身が死に直面した時があったとしても、結局それらは死を間接的に経験したに過ぎない。死を本当の意味で理解するためには、自分がいったん死んで、復活してあらためて創作するほかないのかもしれないが、もとよりそれは不可能である。

にもかかわらず、すべて人はいずれかの時に必ず死ぬ。すべての人にとって等しいはずが、その死の要因や時期は人それぞれで、時に不条理でもある。だからこそ死をどう描くかは、創作者にとって永遠の課題なのである。

新海は『星を追う』について、「何かの価値観を声高に叫ぶことはやめよう、ただ何かを見せる作品、人間が必死で生きる作品にしたいと思った(7)」と語っているが、これは後付けのようなコメントに思える。そういう意図をこめて作ったのは事実だろうが、重要なのは、本作には常に死の影が覆っていて、それがなぜなのかという点である。

新海が、おそらくその人生で最初に「死」に直面したのは、『ピラミッド帽子』の作者・乙骨淑子が死んだために、この物語が未完に終わったことを知った時だ。彼が10歳くらいの時に読んで、人の死に直面し、『星を追う』を発表するまで約30年が過ぎた。その『星を追う』のクライマックスで、「喪失を抱えてなお生きろと、声がきこえた」「それが人に与えられた呪いだ」、そして、「でもきっとそれは、祝福でもあるんだと思う」というセリフがある。「喪失」は、新海のテーマの一つでもあるが、同時に、彼の死生観の一端が表れているようなセリフである。

そして、後の作品『君の名は。』の主人公の瀧は、もう一人の主人公でヒロインの三葉が実は「3年前に死んでいた」ことを知って、初めて人の死に直面したというストーリーだったことを、我々は思い出すべきである。

ファンに喜んでもらえる作品を、という新海の気持ちも確かなものだろうが、その一方で「楽しむ」ということとは対極ともいえる「死」のイメージが支配するのが『星を追う』という作品である。見る側からすれば、無意識のうちにギャップが生じ、作品の評価が分かれたのかもしれない。

こうして考えていくと、結果的に本作は宮崎駿作品の影響下にはないことが明らかである。宮崎は常に「この世は生きるに値する」と訴え、人の死を描くことはあっても、人の死、もしくはそのイメージが、作品全体に漂う作品を作ってはいない。

『星を追う子ども』は、異世界のアガルタが舞台であるが、主人公アスナが暮らす町は、

小海線の列車（小淵沢－甲斐小泉間）。遠望は甲斐駒ヶ岳

新海が生まれ育った長野県小海町がモデルである。小海町は、高原列車として名高いＪＲ小海線が通じており、本作には小海線をモデルにしたと思われる鉄道も登場する。

私は過去にこの地域を何度か訪問したことがあり、小海町を裾野の一端としてそびえる八ヶ岳にも登ったことがある。小海線沿線に広がる高原をはじめ、夏に訪れるとまことに気持ちの良いところである。新宿からなら、中央本線の特急で約2時間、小海線の起点小淵沢《こぶちざわ》駅へ到着する。

小淵沢を発車した小海線の列車は、すぐに右へ大きく、１８０度もカーブして方向転換し、ディーゼルエンジンを唸らせながら勾配を登っていく。車窓の両側はカラマツを中心とした樹林で、甲斐小泉《かいこいずみ》駅を過ぎたあたりからは、その林を透かして左側には八ヶ岳、右側には遠く富士山が見え始める。

清里《きよさと》駅の手前までくると林が途切れてパッと視界が開け、左には八ヶ岳の全容が車窓いっぱいに広がる。列車はさらに登り、ホームに「標高一、三四五米六七」の標柱が立つ野《の》辺山《べやま》駅に到着する。ロープウェイなどを除く一般的な鉄道の駅としては、ここ野辺山駅が、JR・私鉄を含めて最高地点である。

ここから小海線は、野辺山高原のおおらかな起伏と広い野菜畑の中を走り、小淵沢からは1時間強で、新海の故郷の小海に着く。彼が作品の着想を多く得た高校への通学は、小海駅から先の中込《なかごみ》駅までのはずなので、さらに小海線をたどれば追体験できるかもしれない。

しかし私にとっては、『星を追う』ゆかりの地という印象は、今も弱いままである。作家が自分の生まれ故郷を舞台にするというのは、自分の知られたくもない過去や作品制作の元ネタなど、本来なら観客に見せなくてもよいもの、語らなくてもよいものを開陳することになりかねず、ある種の賭けである。しかも、新海は『星を追う』で、ジブリや世界名作劇場、乙骨淑子など、自身の創作者としての原点を数多くちりばめた。

それは同時に、新海が自身の原点、源流に対して、ある種のけじめをつける行為だったと私は考える。事実彼は、本作を制作したことで、「一本のアニメーション映画としては監督をやれた」、さらには「自分はアニメーション監督としてやっていこう」[8]と思ったと回想している。

アニメ監督として、より遠くへ向かうことを求めて、ちょっと後ろへ下がり、つまりは過去を振り返ることで、助走をつけて力強く飛翔した、それが新海誠にとっての『星を追う子ども』だったのである。

注

（1）「新海誠が語るアニメ作品秘話　星を追う子どもへの質問」ウェブ『あにこれβ』。
https://www.anikore.jp/features/shinkai_2_6/

（2）「新海誠の観てきたアニメ　影響を受けたアニメ」ウェブ『あにこれβ』。
https://www.anikore.jp/features/shinkai_1_2/

（3）「新海誠の観てきたアニメ　好きなアニメ、おすすめアニメ」ウェブ『あにこれβ』。
https://www.anikore.jp/features/shinkai_1_3/
（4）前掲「新海誠が語るアニメ作品秘話　星を追う子どもへの質問」。
（5）「新海誠２５０００字インタビュー」『EYESCREAM』２０１６年10月号増刊号：12〜27ページ。
（6）『星を追う子ども』ＤＶＤ付録ブックレットに収録された新海へのインタビュー。
（7）『星を追う子ども』ＤＶＤの特典映像として収録されたインタビュー。
（8）前掲「新海誠２５０００字インタビュー」。

第5章　雨の新宿御苑

――『言の葉の庭』

雨を描く

アニメ作品の舞台が現実のものであれ空想のものであれ、天気が描かれるのは必然である。晴れであれば太陽と青空、また強い日射による影などで表現されるだろうし、曇りなら文字通り雲を描写する。雪は、降ってくる雪の結晶や積もった雪など実体が見やすいし、季節感も強く表現できる。

そうした中で、アニメでは雨の描写は難しいとされる。水は透明で、空中から落ちてくるスピードも速く、それを画面で「降っている」ように見せなければならない。

その一方で、私は、あらゆる気象現象の中で、雨の表現は最も多様性があり、クリエイターにとっては難しさよりも面白さのほうが勝るのではないかと考えている。

アニメーションでは、「「そこに光源があるのだから光ってるはず」とか「ガラスなのだからすけているはず」等の自然主義的発想から一歩進んで、透明感や光を美しく、おもしろく表現したいという意欲がなければならない(1)」と述べたのは宮崎駿だが、雨の表現は、まさにこのポリシーが当てはまるではないか。

黒澤明の長編映画『羅生門』(1950年)では、雨を効果的に表現するために、墨を混ぜた水をホースで噴射するという斬新な技法がとられた。同作の撮影監督は宮川一夫で、白黒映画だったからこうした方法が実践できたということはあるが、透明な雨を「おもしろく表現したい」という結果でもあろう。

もっとも、雨は水であって、透明なのだから、その透明な水それ自体を表現するのではなく、水滴とか、水溜まりの波紋、あるいはびしょ濡れの人物、傘をさして歩く、もちろん雨音など、間接的に雨を描くことが多くなるのは、実写映画でもアニメでも同じである。だとすれば、人の手で意図的に作りこむことができるアニメのほうが、雨の表現の困難さと面白さは表裏一体、クリエイターの腕の見せ所、というわけである。

『星を追う子ども』に続く新海誠の『言の葉の庭』は、２０１３年5月31日に劇場公開された。上映時間は46分で、40分を越えているため、私は長編と位置づけているが、新海は「中編」と語っている。

いずれにせよ、最近増えたシリーズ物として劇場公開する作品ではなく、単体の作品として46分という上映時間の作品は珍しい。それに見合うストーリーやキャラクターが必要になることはもちろんだが、それ以上に本作を特徴づけているのは、全編の多くのシーンで雨が降っており、雨の多彩な描写が実践されている点である。主人公は高校生の男子と20代半ばの女性だが、新海誠は「雨は3人目のキャラクター(2)」と述べている。

舞台は、東京の新宿御苑。作中では、主人公が通う学校や自宅などのシーンもあるが、雨の新宿御苑がメインステージになっている。

前作『星を追う子ども』は、ファンタジー性が強かったり、絵柄が古典的だったり、あるいは死のイメージが見え隠れしたり、それまでの新海作品の印象が変わる作風だった。本作『言の葉』も、46分という上映時間、雨が降り続く東京、そして、風変わりな設定のキャラクターなど、新しい試みがなされている点で、前作に続く意欲作となった。

風変わりなキャラクターと新宿御苑

それでは、ストーリーとキャラクターを紹介したい。

秋月孝雄(タカオ)は、独学で靴職人を目指している高校1年生、しかし雨の日は学校の1限目をサボって電車を途中下車し、庭園(新宿御苑)の東屋《あずまや》で靴のデザイン案を練る習慣があった。

雨の新宿御苑の園内

ある雨の日、タカオは、その東屋で先に座っていたＯＬ風の若い女性（雪野百香里／ユキノ）と一緒になる。平日の午前中のことで、彼女も仕事をサボっているのだろうか。しかもこの女性、缶ビールを飲み、同時にチョコレートを食べている。酒やツマミの味がわからない高校生のタカオからしても、さすがにこのヘンな女性が気になってしまう。

それからは雨の日のこの場所で、決まって彼女と一緒になるタカオだったが、ふと彼女を見ると、以前どこかで会ったことがある人ではないかと気がつくのだった。

新宿御苑内の東屋。二人はこんな空間で出会った

高校1年生にして独学で靴づくりに熱中する彼と、缶ビールとチョコレートを同時にたしなむ彼女、しかも二人とも学校や勤めをサボっている（サボっているように見える）、なんとも風変わりな設定のキャラクターである。

私なりの理解を先に書くと、二人のこの設定は、あくまで「見せかけ」である。重要なのは、いわゆる世の中に出る前の彼と、世の中に出たけれど目線や道筋を定めきれない彼女、こういう二人を偶然に、しかも運命的に惹き合わせる。そして、二人の周辺でそれぞれ無関係に起きている日常を描き、さらにある時点で二人の日常が重ねられる、というストーリーになっているところである。

この点を掘り下げる前に、舞台となった新宿御苑について述べておきたい。

作中では、舞台のモデルが明確に紹介されているわけではないが、その景観描写から新宿御苑であることは明らかである。二人が出会う東屋も、御苑内にそっくりそのままモデルとなった東屋があり、ファンの聖地になっている。以前私が新宿御苑を散歩した際にも、ファンと思われる一組のカップルがその東屋で座って、時を過ごしていた。ちなみに現実の新宿御苑は、酒類の持ち込みは禁止なので、注意されたい。

新宿御苑は、現在は環境省が管理する一般に開放された公園（庭園）だが、もとは江戸時代、信濃国高遠藩の内藤氏の江戸藩邸（下屋敷）の敷地で、明治維新後の1879（明治12）年から新宿植物御苑として宮内省が管理し、戦後に一般公開されるようになった。

そもそも「新宿」という地名は、江戸時代の甲州街道第一番宿場「内藤新宿」の名残だが、この「内藤」が高遠藩内藤氏のことである。現在も新宿区内藤町という地名が残っているし、新宿1丁目から3丁目にかけての新宿通り沿いが、宿場の内藤新宿におおむね一致する。新宿御苑は、この内藤新宿に沿って位置していることになる。

ただ、実際に御苑に入るとわかるが、藩邸の敷地を明治維新後に庭園として再整備したとはいえ、58・3ヘクタールもの広大な緑地が都心で維持されているというのは驚くばかりである。

東京は欧米の大都市と比べて緑地が少ないといわれることはあるが、これはそれぞれの都市の成り立ちや歴史的な役割も関わっており、自然環境への理解や国民性の違いなどとして、単純には優劣を比較できない。

たとえばヨーロッパでは、中世以降しばしばペストやコレラなど伝染病の流行に悩まされてきた。黒死病として恐れられたペストがいったん蔓延すれば、一つの街が消えるほどの死者を出すこともあった。そこで、伝染病の発生源の一つとみなされた、汚染された河川を浄化し、汚泥の堆積場所を緑地として整備されてきた歴史がある。

一方の日本の都市は、確かに欧米の都市と比べて緑地面積は狭いのだが、どんな街にも神社や寺院があり、その敷地には深い森（鎮守の森）が残されている。面積は小さくても、人為的な造園緑地ではなく自然林に近い森が大都市の真ん中に残されている日本を羨ましがる外国人は多い。

そんな感じで東京都心を見直すと、ここは大面積の緑地がいくつも現存する都市である。皇居、明治神宮、代々木公園、それに上野恩賜公園、浜離宮恩賜庭園、六義園など、それぞれ成り立ちからの経緯はさまざまであっても、現在の私たちは、散歩、森林浴、花見、自然観察など、緑地ごとの特色を活かして楽しんでいる。新宿御苑も、そうした貴重な緑地の一つである。

東京という「聖地」

新海誠は、これまで多くの作品で東京を舞台にしてきた。初期作品『ほしのこえ』は近未来の話だが、描かれている風景は、おそらく東京の景観を参考にしているだろうし、『雲のむこう、約束の場所』『秒速5センチメートル』『君の名は。』は、どれも東京が舞台の一つになっている。しかし、東京だけが舞台になったのは、『言の葉の庭』が唯一である。

いずれにせよ、新海作品に関する限り、東京には多くの「聖地」があることになろう。アニメ聖地巡礼がブームになって久しく、一つの趣味の形としてマスコミに取り上げられる機会も増えたが、最近になって実在の景観がアニメに取り入れられるようになったわけではなく、新海誠が始めたものでもない。

アニメ制作者は、自由な発想で絵を描き、作品の舞台を創作しているかのように思われているところもあるが、実際には、普段彼らが眼にしている風景を元に、あるいはそれらの風景を組み合わせることで、架空の舞台を作っていくことが多い。過去に見た映画や漫画などが舞台のベースになることもあるけれど、要は、まったくのゼロから作品を創作しているわけではないということである。

したがってアニメでは、かなり以前から東京の景観が作品の中に取り入れられ、結果的に多くの「聖地」が誕生してきた。それが今日のように注目されてこなかっただけのことである。

私が特に印象に残っている過去の作品を挙げると、まず、『ルパン三世』第2シリーズの第155話、これがシリーズ最終話になった「さらば愛しきルパンよ」である。東京の中央線沿線の中野や高円寺の景観が使われ、そこで国防軍（架空の組織）とルパンが攻防を繰り広げる。放映は1980年10月、脚本と演出は「照樹務」という名だが、これは他でもない宮崎駿の本作のためのペンネームである。もちろん、モンキー・パンチの原作にはない、そして当時一般には無名に近かった宮崎駿のオリジナルのストーリーだった。

それから、富野由悠季が監督したテレビアニメ『聖戦士ダンバイン』の第16話「東京上空」。放映は1983年5月、メカどうしの攻防戦のシーンで、再開発途上の新宿副都心の空撮が登場し、住友ビル（三角ビル）や京王プラザホテルが建っているのがわかり、東京都庁の場所はまだ更地になっている。そこに都庁舎が建ち、それまでの丸の内の都庁舎から移転するのは1991年である。

そのほか、押井守監督の長編『機動警察パトレイバー the Movie』（1989年）で描かれた東京の下町も、押井が念入りにロケーションハンティングした結果の、圧巻の描写だった。

これらは私が印象に残ったものとして挙げただけで、ごく一部の実例である。当時から、実在の風景がベースになっていることに気がついた一部のファンが、作品の舞台のモデルとして探訪し、感慨にふけることはあったかもしれないが、「アニメ聖地巡礼」などという言葉も行為もなかった。

それがいつ頃から顕在化し、ブームになったのかは諸説あり、一般的には、テレビアニメ『らき☆すた』（2007年）でモデルとして使われた埼玉県鷲宮町（現・久喜市）の鷲宮神社にファンが殺到した現象が、アニメ聖地巡礼ブームの大きなきっかけになったと理解されている。このブームには、当時すでに強力なメディアとなっていたインターネットによるファンどうしの情報共有と拡散が大きな役割を果たした点にも注目が集まった。

新海誠の活動歴は、こうしたアニメ聖地巡礼がブームになった時期とも重なっており、彼の作品で描かれた風景や建物などを探訪するファンが増加していったのも、必然的ともいえる流れがあったのである。

多くのアニメ制作者が描いてきた東京という街を、新海誠は、どのように描いているのだろうか。

私には、あたかも山岳地帯、起伏のある山野をイメージしつつ描いているように見える。東京の描き方に限らず、新海作品の大きな特徴の一つに、望遠レンズで撮影されたような遠近感のない、寸詰まりな画面の多用が挙げられる。これは望遠レンズによる「圧縮効果」とよばれるのだが、都心のビル群のような大きなサイズから、駅のホームに立つキャラクターの足元のような細部に至るまで、強く圧縮された画面で表現されている。

映画技法としての圧縮効果の画面は、ごく一般的なもので、アニメに限っても、これまで東京を描いてきた多くのアニメ監督らが使ってきた。

新海誠は、東京の起伏を表現する手段として、しかも徹底して圧縮効果を使っている。その「起伏」とは、坂道や谷間地形のような自然由来のものにはじまり、高架の駅、交錯する電線や鉄道の架線、歩道橋、自動販売機、公園のベンチのような小さなものから高層ビルのような高くそびえ立つ建築物など人工物までを「起伏」として捉えるのである。雑踏、まばゆい夜景、建て込んだ家並みなどを表現するために圧縮効果を使うアニメ監督が多い中で、新海は、東京の地形や構造物、それも微細な構造をも起伏として表現する。微細な構造を捉えるためか、アイレベル（目線の高さ）を極端に下げて、しばしば地表すれすれまで下げた描き方も特徴的だ。

これに関連して、ちょっと面白い話がある。

新海誠と同じく自主制作の短編アニメで注目され、その後メジャーで活躍しているアニメ監督がいる。その彼と私は、あるアニメーション映画祭で審査員を務め、映画祭終了後、出品者や受賞者らと飲み会で懇談した。その席で、アニメ監督の彼はある出品者をつかまえて、「作品を見ていてわかった」と、その出品者の出身地を当てたのである。出品者は驚いていたが、わかった理由というのが、「作品の背景の山の描き方が、○○県らしかった」というのだ。

山といっても、富士山や浅間山が描かれていたわけではない。私からすると思い出せないほどの、のっぺりした、ごく普通にさらっと描いたような山である。事実その作者は、普通にさらっと描いたのかもしれない。

しかし、小さい頃から見ている風景が無意識に作者の記憶として染め付けられ、「さらっと」描いたとしても、具体的な絵になって、その作品の背景画として使われたのだろう。ズバリ当てたアニメ監督は、その県の出身者ではなく、「そういう背景画の描き方の個性に興味がある」と締めくくった。

新海誠の東京の描き方に、この話をそのまま使おうとは思わない。それでも、新海が東京の起伏に、駅や電車、ビル群などの構造物を重ね合わせて描き出した画面は、新海の目線で見えている東京がベースになっていながら、同時に、彼が思うところの「東京らしさ」が表現されているはずである。

一歩を踏み出す

「どうせ人間なんて、みんなどこかちょっとずつおかしいんだから」

学校をサボって新宿御苑に来ている高校生のタカオに、ビール片手のユキノがつぶやくように語った言葉である。

先ほども書いたように、『言の葉の庭』は、世の中に出る前の彼と、世の中には出たけれど右往左往する彼女との物語である。社会人になって数年、彼女は職場でのトラブルに巻き込まれたのだろうか、しかし彼女は自身の性格から、周囲に責任を求めるのではなく自身で抱え込んでしまっているようである。

世の中に出ていないタカオにとっては、もちろんよくわからない話である。しかし高校生とはいえ、相応の社会生活を営んでいる以上、生きることの不自由さを体感しているはずだ。その結果、雨の日の１限目は学校をサボって新宿御苑に来るという奇妙なポリシーを実践し、将来は靴職人を夢見ている。

ユキノはもう一つ、タカオに言葉を投げかけている。それは謎めいた和歌で、いかにも『言の葉の庭』というタイトルを象徴するシーンなのだが、その時はタカオには意味がわからなかった。しかしこの和歌が、46分という本編のラストへ向かってのストーリーに関わる仕掛けになっている。

言葉といえばもう一つ、新海作品全般を見ていて、セリフとして語られる言葉の中で私の耳によく残っているのは「大丈夫」である。本作では、ユキノの「わたしまだ大丈夫なのかな」というセリフとして、『秒速5センチメートル』の『桜花抄』ではヒロインの明里が貴樹に向かって、ここしかないという場面で「きっと大丈夫だと思う！」と叫びに近い声をあげる。

ほかにもあったか、もしかしたらこの二つの場面だけかもしれないが、特に明里の「大丈夫」は、貴樹に対して言っているようで、言った本人が自分自身に対して言っているような場面なのが、私の記憶に残った理由だった。

それはつまり、彼女たちは一歩を踏み出そうとしている、あるいは一歩を踏み出さなければならないと思っている。彼女たちには、「大丈夫」という言の葉が必要だった。

そう考えていくと、タカオが作っている靴は、まさに一歩を踏み出すための道具、象徴だったのではないか。そしてその靴は、タカオからユキノへのプレゼントとして、作品の終幕時に完成する。


緻密で美麗な映像をはじめとする「新海節」のおかげで、観客にとっての新海誠作品のイメージは固定されがちである。だから、前作『星を追う子ども』の評価が分かれる形にもなった。

しかし彼の作品は、1作ずつ順番に注意深く見ていくと、1作ごとに何らかの新しい試みがなされている。『言の葉の庭』は、そうした要素が多く詰まっており、それは私が述べてきた雨の表現や風変わりなキャラクター設定にとどまらない。

たとえば46分という上映時間には、スマホやタブレット端末など最新の映像視聴ツールで鑑賞してほしいという意図があった。スマホで見るとなれば、劇場長編のような2時間という長さは、ちょっとしんどいだろうという考え方である。

新海自身は、「劇場作品となると、友達を誘ったり、あるいは家族や恋人と出かけたり、そういう観方になる。でも、タブレットやスマートフォンは、個人に紐づいたデバイスですよね。そういう場で、ひとりで、自分のために観る。そんな作品が今のタイミングなら作れる(3)」と語っている。

背景画でいえば、超絶技巧の静止画というこれまでのあり方から、風にゆらぐ大木の枝のような、ゆったりとした動きが加えられるようになった。

その大木など植物も、雨の中の緑と、雨上がりの陽光を浴びた緑との色彩を細かく描き分け、結果的に、背景画の密度はさらに高まっただけではなく、キャラクターに射す光の強さや質、当たり具合によっても描き分けられ、その繊細さは特筆に価する。

私の世代からすれば、これだけの高密度の映像を、タブレットやスマホで見るのはもったいないと思ってしまうが、いまさらそれを言うのはヤボだろう。新海のまなざしは、そこにはない。

そして、制作スタッフが本作でかなり入れ替わっている。「新海組」には欠かせなかった音楽の天門もいなくなった。ただ、音楽を引き継いだ KASHIWA Daisuke による本作の楽曲もピアノソロがほとんどで、それまでの新海節を受け継ぎつつ、ピアノの音色や強弱を意識した、色彩豊かな楽曲になっている。

1作ごとに新しい試みが加えられる系譜の中で、新海が「アニメ監督としてやっていける」と確信するに至った『星を追う子ども』があったからこその『言の葉の庭』であり、『言の葉の庭』があるからこその次作なのである。

その次作『君の名は。』へ向かって、新海誠は、さらに一歩を踏み出すことになった。

注

（1）「アニメーション画面処理について」宮崎駿『天空の城ラピュタ絵コンテ集』徳間書店、1986年、679〜692ページ。
（2）「新海誠監督「『3人目のキャラクターは雨」新作『言の葉の庭』に込めた想い」ウェブ『ORICON NEWS』2013年5月31日公開。

https://www.oricon.co.jp/news/2025106/full/

（３）「新海誠監督インタビュー」『言の葉の庭』一迅社、２０１３年。

第6章　瀬戸内の島の彼女と、三鷹陸橋の彼——『クロスロード』

30秒の「宇宙」

現在は長編アニメ監督として知られる新海誠だが、彼はCM用のアニメーションも何本か手がけている。その中でも、通信教育のZ会がプロデュースした受験生応援アニメ『クロスロード』は、新海によるCMアニメの中でも群を抜いた傑作で、本書では、これを取り上げないわけにはいかない。

その前に、CMとアニメーションとの関係について、例によって歴史を振り返るところから始めたい。

企業などが自社の製品を宣伝するためのCMで、最初にアニメーションが使われたのは非常に古く、ほぼアニメーションの歴史に一致するといってもよい。

日本でも、大正期には今日でいう政府広報や企業CMにアニメーションが使われた記録がある。当時はこれを、映画館などで上映していた。どんな企業がCMアニメを？ と思われたかもしれないが、記録に現れるのは、森永製菓、中山太陽堂（現・クラブコスメチックス）、壽屋《ことぶき》（現・サントリー）などで、どれも関西に拠点をもつ企業である。

これほど早くからアニメーションでCMが作られるようになったのは、商品の情報などを短時間でわかりやすく伝えるためには、シンプルな絵が動くアニメーションが視聴者の印象に残りやすいからである。現在でも、CMによるアニメーションの効用に変わりはなく、テレビにウェブに、日々アニメーションを使ったCM映像が流れている。

ただ、関西でいち早くCMにアニメーションが取り入れられたのは、明治中期から大正期にかけて、いわゆる「阪神間モダニズム」が神戸、芦屋を中心に興り、近代的な文化・生活スタイルが流行する中で、最新の表現技術としてのアニメーションが注目されたのではないかと、私は推測している。

これまで、多くのCM映像の媒体となったのは、言うまでもなくテレビである。1953（昭和28）年2月1日にNHKテレビ本放送が始まり、これが日本でのテレビ放送の幕開けとなった。それからわずか半年後の8月28日には日本テレビが、初の民放として開局した。その後国内の民放は、1959年までに、ラジオ東京（現・TBS）、日本教育テレビ（現・テレビ朝日）、フジテレビの順で開局した。

この相次いだ民放の開局によって、突如として多くのCM制作が求められた。CM専門のプロダクションが次々に設立され、アニメーションによるCMも大量に制作された。この時期に設立されたプロダクションの一つがＴＣＪ（後に「エイケン」が分離独立し、テレビアニメ『サザエさん』を制作）で、この1社が制作したCMアニメーションだけでも、1954年は5本だったが、1959年には465本にも達している[1]。テレビCM、ひいてはテレビCMアニメーションが、いかに急速に求められるようになったかが、よくわかる。

一般的にCM映像は、商品などを売るためのものであるから、企業は多くの制作予算を投じる。また、わずか15秒、30秒といった時間の中で視聴者にアピールしなければならないため、その映像はしばしば先鋭的、斬新なものとなる。特にアニメーションは、映像を100％自由に創造しうるため、企業にとっては理想形を追求する範囲が拡大できるだけではなく、実写、それも人気タレントをイメージキャラクターに起用する場合のような制約も生じない。

したがって、アニメーターにとってCMアニメーションは、30秒の中で商品を宣伝するものでなければならないという縛りはありながら、あたかも一つの世界、宇宙を創造するような自由を与えられている。

結果的に、今日までCMアニメーションからは多くの名作が生まれ、時には世相の流行を形成した。古いところでは、サントリーの「アンクルトリス」、桃屋の「のり平」など、ＣＭアニメーションから誕生したキャラクターが思い出され、いずれも50年以上を経て、現在でも活躍している。

最近では、『魔女の宅急便』『アルプスの少女ハイジ』『サザエさん』など誰でも知っているアニメを素材にして、まったく新しいデザインによるキャラクターを登場させた日清カップヌードルの「HUNGRY DAYS アオハルかよ。」シリーズが話題になった。

新海誠のＣＭアニメ

そんなＣＭアニメーションの世界で、ここ数年は、企業が独自のキャラクターを使い、特定の商品の宣伝ではなく企業イメージを伝えるための、ストーリー性をもった作品が次々と誕生している。

この種のＣＭは2～5分程度の、短編アニメーションといってもよい尺の作品で、テレビではなくウェブで公開される。しかも、いわゆる「家族の絆」などをテーマにした、見終わってしんみりする内容の作品が多くなっており、一つの潮流が形成されている。

こうした流れの中で、独自の映像美を駆使する新海誠が、ＣＭアニメの分野から注目されるのは当然のことであり、短いカットを素早く連続的に見せていく彼の技法は、凝縮された「30秒の宇宙」を創造するCMには格好の映像スタイルである。

新海誠の初のCM作品は、彼の地元長野県で「信毎《しんまい》」の略称で知られる信濃毎日新聞の企業イメージCMである。BGMの違いで２バージョンあるが、15秒の映像は同じで、制作は２００７年、『秒速５センチメートル』公開直後にあたる。鉄道のディーゼルカーに乗る父親を、自転車で必死に追いかけ「お父さん！」と叫ぶ少女、しかしその声は父親には聞こえない、という内容である。

映像の舞台は、新海が生まれ育った長野県小海町で、新海は長野ローカル局のインタビューで、高校の通学中に列車から見ていた風景がモチーフだ、と語った。[2] この長野ローカルのテレビCMは、現在、新海の個人ウェブサイト「Other voices」で見ることができる。

次に、大成建設の企業イメージCMで、これは２０１１年12月から公開された「ボスポラス海峡トンネル」篇にはじまり、「スリランカ高速道路」篇（２０１３年12月）、「ベトナム・ノイバイ空港」篇（２０１４年８月）、そして「シンガポール」篇（２０１８年５月）までの４本がシリーズのように制作されている。いずれも尺は30秒だが、海外でのビッグ・プロジェクトに関わる「主人公」が、幼少の頃からの思いを抱きつつ、大人になって困難を乗り越え、「地図に残る仕事。」を完遂させようとするストーリーになっている。

特に１本目の「ボスポラス海峡トンネル」篇は、若い女性技術者が「トルコ１５０年の夢、アジアとヨーロッパをつなぐ海峡トンネル」の工事を指揮監督するストーリーで、新海特有のダイナミックなカメラワークと、短いカットをつなげていくリズム感が素晴らしい。また、３本目の「ベトナム・ノイバイ空港」篇は、新海の幼少時代から現在までの歩みが反映された「自伝」にもなっていると、私は考えている。

これら４本は、ネットで視聴可能だが、注意点を一つ。

大成建設のＣＭには、１本目の３年前に公開された「新ドーハ国際空港」篇があるが、新海誠は制作に関わっていない。しかし、その内容は新海作品によく似ており、私は最初、新海作品だと勘違いしてしまった。こちらは、新海の長編『雲のむこう』で総作画監督を務めた田澤潮が担当した作品である。あらためて全部を並べて見て、どこが違うのかを確かめるのも面白い。

『君の名は。』以前では最高傑作

2014年2月に公開された『クロスロード』は、Z会による受験生応援アニメであると同時に、企業イメージCMにもなっている。尺は15秒、30秒、2分の3バージョンがあり、2分のものは事実上ウェブ公開用で、これが完尺である。新海誠は、脚本、絵コンテ、演出、撮影、そして監督を担当しており、表記にはないが編集も手がけていると思われる。

ストーリーとキャラクターは、次のようなものである。

どこかの島に住む高校生の海帆《みほ》は、家族と健やかな日々を過ごすが、将来を見定めることができず学校に通っていた。田舎ゆえに、進学塾などはない。

一方、大都会・東京に住む高校生の翔太も、同じく将来を決めかねていた。しかも、家庭の事情からか、高校が終わるとコンビニでバイトをし、帰宅はいつも夜遅くなる。それでも彼は、台所の隅の机で受験勉強に励んでいた。

まったく異なる環境の二人だが、その思いは同じ。この先に何があるかわからないけれど、きっと何かがある、そこに行きたい！　そんな二人が勉学の礎にしていたのが、通信教育だった。

やがて月日は過ぎゆき、大学入試の日。お互い遠く離れていて交わることのなかった二人は、同じ試験会場で、それぞれ懸命に答案用紙に向かった。

そして、合格発表の日。海帆は母親に見送られて船に乗り、翔太は「行ってきます」の一言を残しマンションを出て電車に乗り、目指すは同じ大学の合格発表掲示板の前。二人の目線は、この時はじめて同じ方向に注がれた——。

大学受験という人生の一つの節目へ向かっていく二人のまったく異なる日常、会ったこともない相手と偶然に交わる運命が人を動かすかもしれない不思議さ、そして10代の若者が「いまを生きる」ことの意味とは何かまでを問いかけた内容で、これをわずか2分間で、情感豊かに描いている。

しかも、ラストシーンに一工夫が凝らされていて、これが見る者に余韻を与える。同じ技法は『君の名は。』でも採られており、田舎に住む彼女と東京に住む彼とが、お互い知らない間につながっていくストーリーや、キャラクターデザインと作画監督は『君の名は。』でもキャラクターデザインを務めた田中将賀《たなかまさよし》だといったところからして、本作は

『君の名は。』の原点とも見てとれる。実際、新海誠は『君の名は。』の発想のきっかけはいくつもあるんですけれども、いちばんストレートなものは、Z会のCM「クロスロード」ですね。東京とそれ以外の場所で暮らす、やがて出会う男女というモチーフをそこで発見し、もっと広げていけるという手応えを感じました」[3]と語っている。

この新海の説明でもわかるとおり、本作は、Z会側は「受験生を応援する」内容というコンセプトのみを新海に伝え、ストーリーやキャラクターはすべて新海の創作である。しかも、新海から手渡された原案の絵コンテは、「最低でも4分にはなるかという遠大なストーリーのもの」だったという[4]。

それを2分にまで縮める段階で、モノローグと映像との重ね合わせ、ごく短いカットをスピーディにつなげていくリズム感、そして最小限のセリフに多くの意味をこめるなど、新海お得意の「ことば」を映像に重ねる技法を駆使し、結果的に内容が洗練された。

また本作では、全編にわたって、シンガーソングライター・やなぎなぎのオリジナル楽曲「クロスロード」が流れており、ミュージッククリップの性格も兼ね備えている。その楽曲のサビと、入試会場で受験生たちが答案用紙を一斉にバサッとめくる演技が重なる本作のクライマックスは、とりわけ印象に残るものだった。

結果的に、受験勉強に励む二人の、現実の時間軸ではおそらく半年以上にも及ぶ日常が、わずか2分間の壮大なドラマとして描かれたのだ。もちろん超絶美麗な風景描写や、鉄道が脇役のように登場するところなども含めて、新海誠作品の魅力のすべてが、この2分間に凝縮されているといっても過言ではない。その意味で、『君の名は。』以前の新海作品の中では最高傑作である。

ちょっと熱が入って力説しすぎのような気がしてきたが、これは私個人の特異な嗜好ゆえではない。現在もYouTubeにアップされている本作の2分バージョンの再生数は、2019年4月末現在で、503万回を超えているのである。

長編の名手は短編の名手

うまい人は何を作ってもうまい、という意味ではない。文学でも音楽でも映画でも漫画でも、そしてアニメでも、多くの入門者はまず短編から始める。2作目、3作目とキャリアを重ねる中で、本人が長編を目指すのであれば、やがてその分野に挑戦し、ここでも試行錯誤を経験する。長編を手がけることなく短編作家として大成する場合もあり、小説家の中にはそうした人は多いし、アニメーション作家にもかなり多い。

新海誠は、典型的な「短編から長編へ」という道筋を歩んだ作家である。アマチュア時代に短編2本を作り、3作目の『ほしのこえ』で30分近い、アマチュアとしては長編といってもよい尺に挑戦して、その次が正真正銘の長編『雲のむこう、約束の場所』となった。

しかし『雲のむこう』は、後に新海から反省の弁が聞かれる作品であり、ここから彼の長編制作の試行錯誤が始まって、1作ごとに新しい試みを加えながら、技法が洗練されていく。

洗練されていくというのは、どういうことか。私は、「引き算のやり方を覚え、それを鍛えていく」ことだと考えている。

アニメに限らず、映画でも、文章書きでも、音楽でも、およそ表現する者にとって、自作について「足し算」することには、あまり抵抗を感じない。このシーンを追加すれば観客がわかりやすくなるのではないか、このカットにレイヤーをもう何枚か重ねれば画面が華やかになるのではないか、などである。

しかし、シーンを切ったりキャラクターを減らしたり、「引き算」するのは、なかなかできない。やっぱり自作には思い入れがあるしプライドもある、何より引き算することで、わかりにくくなるのではないかという怖さがある。

私はむしろ、引き算のやり方に、その作者の作家性が表れると考えている。引き算を恐れず、それを的確に行うことによって、描きたいものがより鮮やかに、かつ印象深く観客に伝わる。引き算が非常に難しいことは確かだが、だからこそ経験と忍耐、そして練達が必要になる。

新海誠の場合、彼はストーリー作りが好きなのだから、おそらく1時間半の長さを予定している長編アニメであっても、3時間、4時間ぶんのストーリーを書くことにもなるだろう。そこから引き算していくのである。

そして、長編で引き算を経験し、技能として身につけていると、短編での引き算は簡単かというと、まったく逆である。長編に比べて短編は自由度があり、「もう少し長くしようと思えば可能」で、それをこらえて、冷静に自作と向き合い、引き算、つまりは洗練していかなければならないからである。

現代ロシアの短編アニメーション作家アレクセイ・アレクセーフは、次のように語っている。

「300人以上もの人々と共に大掛かりな長編映画を作るのと、一人で規模の小さい短編作品を作るのとでは、大きな違いがあります。一人で映画を作るということは準備を整え、基本的に妥協出来る点を探すことです。それは、スタイル、デザインの方法、アニメーション、アイデアの複雑さ、アートワーク、シーンやキャラクターの数、ソフトウェアの使い方など、ありとあらゆる場面に影響します(5)」

「妥協出来る点を探す」とは意味深い。これは決してネガティブな発想ではない。自分に与えられている条件を見極め、わがままを言うのではなく熟考し、その条件の中で最良の結果を得るための妥協点を探す。その作業は、結局引き算である。

『クロスロード』は、長編『言の葉の庭』と『君の名は。』との合間に完成した短編で、『君の名は。』の原点とも見てとれる。同時に、短編からキャリアをスタートさせ、長編を1作、2作と手がけてきた新海が、彼なりの引き算の技法を獲得してきたことを示している作品である。

宮崎駿や細田守は、押しも押されもせぬ長編アニメ監督だが、彼らが手がけたテレビアニメのエピソードの中には、実質25分（テレビアニメ1話）ほどの「短編」であるにもかかわらず、驚くほど密度が高く、90分の長編を見たかのような充足感を与えてくれる作品がある。

新海誠ともども、長編の名手は短編の名手なのである。

新海誠が手がけた短編は、このほか、第1章でも少し紹介したNHK「みんなのうた」の1編として制作された『笑顔』(2003年)がある。歌唱は岩崎宏美。アマチュア時代に発表した『彼女と彼女の猫』のリメイクのような内容だが、新海が初めて作画専門のスタッフと共同で制作した作品で、作品制作のステージを1段アップする契機になった。

それから、やはりNHKの「アニ＊クリ15」第3シーズンの1本として放映された1分の小品『猫の集会』(2007年)は、無類の愛猫家の新海ならではのコミカルな小話である。

そして、野村不動産とのコラボレーション作品として制作された『だれかのまなざし』(2013年)は、企業イメージCMの側面はあるが、その色味は最小限に抑えられ、独立した物語になっている。一匹の猫のモノローグで、その猫の飼い主であった父と娘の日常や家族の絆が描かれる。尺は6分40秒で、新海の短編としては長めだが、そのぶんモノローグや家族の物語は濃密で、『クロスロード』に比肩する優れた短編である。

こうしてみると、新海誠は『雲のむこう』以来、長編と長編の合間に必ず短編を1本ないし数本手がけている。その多くはCMだが、最新作『天気の子』まで、長編6作の合間に必ず短編を手がけているアニメ監督となると、非常に珍しい。

瀬戸内と三鷹陸橋

さて、『クロスロード』の話に戻りたい。

本章のタイトルを、私は「瀬戸内の島の彼女と、三鷹陸橋の彼」としたが、これは本作の舞台を私が想像しながらつけたものである。想像するとはいっても、東京に住む翔太が最初に登場して歩いているのは、東京・三鷹市にある「三鷹陸橋」であることはすぐにわかる。

三鷹陸橋は、正式には三鷹電車庫跨線橋《こせんきょう》といい、JR中央本線三鷹駅のすぐ西側（国分寺方）にある、線路を跨ぐ歩行者用の橋である。このあたりは、電車が通る本線に電車庫が併設されているため、何本もの線路を跨ぐ形になる長い陸橋なのだが、実質は歩道橋である。

この陸橋の竣工は何と1929（昭和4）年、建材は使い古したレールを転用したもの

三鷹陸橋。無骨だが古風な味わいがあり、映画の風景にはよく似合う

で、それがリベットで接合され、レールを縦横に組んだ枠に斜めのブレース（筋交い）が組み合わされているので、産業遺産でも見るような古風な味わいがある。実際、レールをよく見ると、「1911」といった製造年や製造元の刻印がうっすらと残っている。

そして、この陸橋がひときわ有名なのは、晩年の数年間を三鷹に居を構えていた太宰治がここを気に入り、陸橋上に立っている写真が何枚か残されているからで、太宰ファンの、それこそ聖地になっている。

新海がなぜここを舞台に使ったの

尾道市の市街地の眺望。途中下車してゆっくり散策したい

かはわからないけれども、私は中央線を使うことが多く、この陸橋が好きで何度も歩いているので、作品を見た時には嬉しかった。

一方の海帆が住む島は、ファンがいろいろ推測しているが、新海は「完全に架空の場所」とツイートしている。しかし、その景観描写から、瀬戸内のどこかがモデルの一つになっているのは明らかであり、私は広島県尾道市付近の風景に似ているように思う。ほかにも複数のモデルを組み合わせたために「架空の場所」としたのだろうが、大小の島々がひしめいているように浮かび、その間を多くの船が行き交う瀬戸内の景観は、断片的に使ったとしてもわかりやすい。

ただ、本州と四国を結ぶ3本の本四連絡橋、特に尾道から瀬戸内の島々を経て愛媛県の今治《いまばり》へ至る西瀬戸自動車道（通称「しまなみ海道」）ができてからは、各島を結んでいた渡船は廃止されていった。島民の生活や観光客の利便性は向上したのかもしれないが、特有の旅情が失われつつあるのは残念である。

しかし、尾道と対面する向島《むかいしま》との間は、現在も3航路もの渡船が健在で、どれもJR尾道駅から徒歩数分のところに乗り場がある。このうち、『クロスロード』冒頭のシーンで海帆が見つめる渡船に似ているといわれる福本渡船は、最近かなり減便されたようだが、他の2航路は随時運航し、料金も100円程度で「船旅」を堪能できる。

広島県尾道市は、一度は訪れたい街だ。瀬戸内海沿いに古風な商店街が残り、それに面する山の斜面には入り組んだ坂道と家々、寺院も随所にあって、その飾らない佇まいは、何時間散策しても飽きることはない。実際、これまで多くの映画やドラマのロケ地になっており、古くは小津安二郎監督の『東京物語』（1953年）、大林宣彦監督の『転校生』（1982年）、『時をかける少女』（1983年）、『さびしんぼう』（1985年）の「尾道三部作」など、枚挙にいとまがない。特に大林宣彦は、自身の出身地でもある尾道を舞台にした作品を三部作のほかにも制作しており、尾道と映画との関係を決定的なものにした。

尾道を訪問するなら、新幹線の新尾道駅や高速バスなどではなく、ぜひJR山陽本線の在来線を利用することをお勧めしたい。東京・大阪方面からでいうと、福山駅までなら新幹線で来てもよいが、そこから在来線に乗り換えるのである。

福山から普通列車に乗って三つ目が東尾道駅で、このあたりまでは人家と田畑、その向こうに低い山が重なる山陽地方らしい風景だが、そこを過ぎると左車窓が開けてくる。瀬戸内の海や造船所の林立するクレーンが見えはじめ、しまなみ海道の高架橋の下をくぐるあたりからは海沿いを走る。海沿いといっても、広い大海原ではない。列車が走る本土のすぐ眼の前に島があるため、陸と海とが共存している、あるいは陸が海を包み込んでいるとでもいうような、不思議な景観である。

そして左車窓には、尾道の細長い商店街が線路沿いに続き、走る列車からそれを眺めていると、時々ハッとするような古風な建物が見えて、きっと「降りて見てみたい！」と思わずにはいられない。その思いに応えるかのように、列車は尾道駅に到着する。

そんな魅力に惹かれ、私はこれまで広島などに行く用事があると、何度となく尾道で途中下車し、一度だけだが宿泊もしている。一番最近訪れたのが本書を書いている途上の2

019年3月半ばで、そのときは渡船に乗って対岸の向島に渡り、『クロスロード』の海帆を想った。

余談ながら、尾道のグルメといえば尾道ラーメンが有名だが、散策していると、ソフトクリームとパンの店が多いことに気づく。地元民に訊いてみると、「昔から多い」のだそうで、それぞれお気に入りのソフトクリームやパンがあるようだ。

尾道は全国的にみれば、誰もが知る一大観光地というほどではないが、知る人ぞ知る穴場でもない。映画の街として、相応の知名度がある。だからこそ、観光客にとっては「自分なりの魅力」を見つける楽しみが倍加され、訪れる価値が高まる。

そう考えると、これまでにテレビアニメ『かみちゅ！』（2005年）の舞台のモデルになるなど、尾道はアニメと縁がある一方で、市はアニメ関連でアピールする気配がまったくない。『クロスロード』の海帆が育った島の面影が漂う尾道は、少し慣れたアニメ聖地巡礼ファンにとっては、絶好の街ではないか。

注

（1）津堅信之『テレビアニメ夜明け前』ナカニシヤ出版、２０１２年。

（2）長野放送「スーパーニュース」２００７年11月８日放送。

（3）「[インタビュー]新海誠」『新海誠展「ほしのこえ」から「君の名は。」まで』図録：１７５〜１８２ページ。

（4）「新海誠アザーワークス」『EYESCREAM』２０１６年10月号増刊号：50〜55ページ。

（5）広島国際アニメーションフェスティバル実行委員会（編）『第13回広島国際アニメーションフェスティバル　プログラムガイドブック』２０１０年。

第7章　みそカツ弁当を食べながら「糸守町」へ――『君の名は。』

この大ヒットは「最大瞬間風速」か？

２５０億３千万円。これは『君の名は。』の興行収入、つまりこの映画が「稼いだ」金額である。これ以外にも、ＤＶＤなどソフトウェアや、新海誠本人による小説版の売り上げなどが加算されれば、さらにその金額は上昇する。

２０１６年８月26日に公開された新海誠の長編『君の名は。』の大ヒットは、アニメ界のみならず、この年の日本のエンターテインメント界を席巻した。公開からすでに３年近くが経ち、そのインパクトが直接語られることは少なくなったが、いまこうして本作のことを書こうとすると、私自身、当時の驚きや戸惑いがよみがえってくる。戸惑いというのは、なぜあれほどヒットしたのかが、よくわからなかったからだ。それは私だけではなく、映画関係者やアニメ評論家など、多くの専門家が答えをだそうとしていた。

ここでは、２５０億円という興行収入、その数値の意味を、アニメ史・映画史をベースに考えるところから始めたい。

まず、興行収入（興収）とは、映画館での入場料収入、つまり鑑賞者が払ったお金の総額である。私は『君の名は。』を2回見たが、1800円2回分、3600円が本作の興収に足し算されているわけだ。

これとは別に「配給収入（配収）」という数値もあり、この二つは混同されることが少なくない。というのも、映画の「売れ筋」の目安としての興収が発表されるようになったのは2000年からで、それ以前は配収が発表されていたからだ。

配給収入とは、入場料収入（興収）から映画館の取り分を差し引いて、配給会社（たとえば東宝）が得る数値で、当然ながら興収よりも少なくなる。しかも配収は、映画館と配給会社との間の取り決めなので、映画によって興収に対する配収はまちまちだった。おおむね、興収の50％前後が配収になることが多かったが、このわかりにくさと、国際的には興収で発表されることが通例で、日本でも興収が発表されるようになった。

劇場公開される作品は、劇映画であろうがアニメであろうが同じ扱いなので、興収の数値やランキングは、同じ枠組みの中で発表され、比較される。

アニメの興収が最初に話題になったのが、1978（昭和53）年8月公開の『さらば宇宙戦艦ヤマト』（舛田利雄監督）である。アニメブームの火付け役となった作品の一つ『宇宙戦艦ヤマト』の劇場版第2作で、当時は配給収入が公表されていた時代だが、その配収が21億円に達した。これは、同年に公開された劇映画『野性の証明』（佐藤純彌監督）に僅差の第2位である。アニメブームが到来したとはいえ、高倉健、薬師丸ひろ子らが主演する大作に次いだ『さらヤマ』の配収は、日本映画界にとっての衝撃となった。現在のような興収に換算すれば40数億円に達していたと思われる。

この『さらヤマ』の配収を超えたアニメが、1989（平成元）年7月公開の宮崎駿監督『魔女の宅急便』である。さらに、1997（平成9）年7月公開の『もののけ姫』の興収は193億円に達し、これは当時、それまで日本で公開されたすべての映画（もちろん洋画を含む）の興収第1位で、『さらヤマ』を超える衝撃となった。なにしろ、1982年公開以来長らく破られていなかった『E.T.』（S・スピルバーグ監督）の135億円をはるかに凌ぐ興収だったのである。

そして、2001年7月公開の『千と千尋の神隠し』は、実に308億円の興収を獲得、これが日本歴代1位の興収として、現在まで破られていない。

次々に数字を出してしまったが、『君の名は。』の興収250億円は、『千と千尋』に次ぐ日本映画興収歴代第2位なのである。洋画やディズニー映画なども含めた全映画の興収ランキングだと第4位になるが、いずれにせよ、誰も予想し得なかった大ヒットになった

日本での映画興行収入歴代ベストテン

	タイトル	公開年	興収(億円)
1	千と千尋の神隠し	2001	308.0
2	タイタニック	1997	262.0
3	アナと雪の女王	2014	255.0
4	君の名は。	2016	250.3
5	ハリー・ポッターと賢者の石	2001	203.0
6	ハウルの動く城	2004	196.0
7	もののけ姫	1997	193.0
8	踊る大捜査線 THE MOVIE2	2003	173.5
9	ハリー・ポッターと秘密の部屋	2002	173.0
10	アバター	2009	156.0

(出典：CINEMA ランキング通信（ウェブサイト）／興行通信社)

のは間違いない（表を参照）。

この表を見ると、日本映画5本のうち4本がアニメで、しかも『君の名は。』以外はすべて宮崎駿監督作品である。ランク外にも、『崖の上のポニョ』（155億円／第11位）、『風立ちぬ』（120・2億円／第20位）が入っている。要するに、日本映画の中での宮崎アニメの存在は絶大であって、その中に、それまで数億円程度の興収の実績しかなかった新海誠が、突如として入ったことになる。そして、日本のアニメ監督で興収100億円以上に達したのは、宮崎駿と新海誠の二人だけである。

宮崎アニメが「国民的アニメ」になった過程には、いくつかの段階がある。端的に言えば、いわゆるアニメファン、熱心な宮崎駿ファンで観客が占められていた時期から、ファミリー向けのアニメという要素が加わり、結果的に「他のアニメは見ないが宮崎アニメなら見る」という、アニメファンではない観客でリピーターが固まった。

しかも、たとえば『もののけ姫』は20年以上前の作品だが、人間の奥底に潜む憎悪や差別などを容赦なく描き、人類という種族の存在の意味を鋭く問いかけたストーリーは、いま見ても新鮮さを失わない。

新海誠のアニメは、ファミリー向けとは言えない。また、堅固なリピーター層が興収100億円規模で確立されているかも未知数である。彼のアニメ監督としての今後は、やはり最新作『天気の子』にかかっている。

が、ともかく、いま一度『君の名は。』を考えるため、私は飛騨へ向かうことにした。

「糸守町」へ

JR名古屋駅の11番線ホームにある駅弁売り場で、私は「みそカツ弁当」を買った。そのホームから、高山本線経由富山行の特急「ワイドビューひだ7号」が発車していった。『君の名は。』で、主人公の立花瀧《たちばなたき》たちが「ワイドビューひだ」車内で駅弁を食べるシーンがある。その弁当のモデルが、名古屋駅で何種類も売られているみそカツを使った駅弁の中でも、老舗の松浦商店が調製している「みそカツ丼」だとファンたちが推定し、その情報がネット上に溢れている。

私はこの種の話題には、あまり翻弄されないようにしているが、駅弁は大好きなので、その松浦でみそカツ弁当のほうを買って、東海道本線の快速に乗り、岐阜へ向かった。瀧たちは、名古屋から特急で直接飛騨地方を目指した。そして彼らが下車したのが、架空の「糸守町」の最寄り駅で、高山本線の飛騨古川駅がモデルになった。私は特急ではなく、岐阜から高山本線の普通列車を乗り継いで飛騨古川へ向かう予定にしている。

高山本線は、岐阜から本州を横断して富山へ至る225・8kmの路線で、沿線には下呂温泉、飛騨の小京都と言われる高山、それに世界文化遺産の合掌造り集落・白川郷へのアクセスもよく、第一級の観光資源をいくつも抱えている。最近では、ノーベル物理学賞受賞の研究拠点となったニュートリノ観測施設「スーパーカミオカンデ」が沿線近くにあることでも知られるようになり、加えて、飛騨古川が『君の名は。』の聖地としてファンが殺到したという、恵まれた路線である。このため、単線非電化のローカル線に近い路線なから、名古屋からの特急は1日10往復もあり、近年では外国人観光客の来訪が急増している。

私は3年前の2月に高山市を訪れて2泊し、白川郷も見学した。そのときも、高山市街地から白川郷に至るまで多くの外国人観光客の姿があった。当時は、『君の名は。』公開の半年前で、私は作品の情報を何も持ち合わせていなかったので、その後の展開をまったく予想し得なかった。

きょうは2019年3月18日、快晴、絶好の旅行日和である。しかし、岐阜駅の高山本線のホームで待ち、入ってきた11時45分発の高山行普通列車を見た私は拍子抜けした。通勤電車と同じロングシート型の車両なのである。

満を持してホームの乗車位置の先頭に立っていたから問題なく座れるけれど、各駅停車なので、高山まで4時間近くかかる。てっきり4人ボックス型シートの車両だと思っていたので、当てが外れただけではなく、発車時刻が迫ってくると、続々と乗客が乗り込んできて、立つ人も現れた。すぐに降りる人もいるだろうが、この環境でロングシートに4時間近くも座っているのは、つらいし、車窓からの景色は見にくいし、何より、せっかく買ったみそカツ弁当を、この座席で食べる気がしない。しかも、発車してすぐ、陽射しを避けるために、車窓のことなど眼中にない乗客が一斉にブラインドを下げてしまう。

私は持参の時刻表を開いて、一計を案じた。この列車は12時18分着の美濃太田《みのおおた》駅で21分停車して、その間に後続の特急「ワイドビューひだ9号」高山行に追い抜かれる。今回は普通列車の旅をと決めていたのだが、美濃太田で特急に乗り換えることにした。私は青春18きっぷ持参なので、特急券だけでなく乗車券まで改めて買わなければならない。

それにしても、向かい側に座っている若い女性5人組は、ロングシートで賑やかにおしゃべりに興じ、持参のおにぎりなどを食べている。彼女たちは大きなカバンを網棚に置いているので、下呂か高山まで行くのだろうか。座席のことを意に介する気配がなく、うらやましいと思うが、私は美濃太田で降りた。

ところが、入ってきた特急の自由席は満員、座れない数人がデッキに立っている。また当てが外れた。いったい高山本線の盛況ぶりは、どうなっているのか。

特急にまで乗って立っているのはありえないので、私は、汗だくになって検札している車掌に確認して、指定席に座ることにした。こちらはさすがに空席があるが、私にとっては、さらに出費がかさむことになる。

車掌から車内補充券を買いながら訊いてみると、「きょうの混雑は特別です。学生さんの卒業旅行ツアーにぶつかったみたいで、私もびっくりしました」と笑いながら言う。

ようやく特急の座り心地のよい座席に落ち着いて、待望のみそカツ弁当を食べながら、車窓に眼を向ける。上麻生《かみあそう》駅を過ぎたあたりから、右窓外は深い渓谷となる。ここは飛水《ひすい》峡《きょう》と呼ばれ、岩盤が垂直に深くえぐられたような独特の地形が続く。列車は、それを高い位置から見下ろすことになるので迫力があり、JR線の車窓の中でも屈指の景観である。飛騨金山《ひだかなやま》駅を過ぎると、今度は左車窓に中山七里《なかやましちり》と呼ばれる渓谷が現れる。近世以前は高山への街道の中でも難所とされたところだが、こちらは激しいはずの渓谷の流れをいくつものダムがせき止め、小さなダム湖となった箇所が連続する。

下呂で半分以上の乗客が降り、同じく温泉場の飛騨小坂《ひだおさか》駅を過ぎると再び山と谷の合間を縫うように列車は走って峠を越え、急に盆地が開ける。ずっと深い山中を走ってきたので、この景観の変化は印象深い。定刻の14時18分、高山着。

ここで飛騨古川行の普通列車に乗り換える。特急で高山へ来たので、乗り継ぎ列車は予定よりも1本早い14時34分発に間に合った。高山から飛騨古川へはすぐで、14時51分、飛騨古川に到着した。

高山本線飛騨古川駅。最も有名な撮影スポットになった

3年という時差

『君の名は。』でストーリーが大きく動く架空の糸守町の入口として描かれ、主人公たちの降り立つ駅のモデルが、ここ飛騨古川駅である。跨線橋から見た駅の全景や駅舎内の造り、駅前のタクシー乗り場などが、ほぼ現況のまま作品に登場する。

ここであらためて、『君の名は。』のストーリーを振り返ってみたい。

東京に住む男子高校生・立花瀧と、飛騨の山奥の糸守町に住む女子高校生・宮水三葉《みやみずみつは》は、ある朝突然、お互いの心が入れ替わる。まったく面識のない二人は、東京と糸守とで大パニックになった。翌朝には元に戻ったので、最初は夢かと思うが、たびたびその「夢」を見るので、やがて二人とも、本当に「どこかの誰かと入れ替わっている」ことに気づく。

こうなると、お互いの日常が乱れないようにするしかなく、二人は起きたことをスマホに書き込んで情報共有し、何とかやりくりして、もう一つの人生を楽しみはじめた。

ところが、入れ替わりはある日ぷっつりと起きなくなった。いったいあの出来事はなんだったのか。悩む瀧は、かすかな記憶をもとに風景画を描き起こし、それをたよりに、高校の同級生・藤井司とバイト先の先輩・奥寺ミキらとともに、飛騨へ向かった。途絶えてしまった三葉の手がかりを求めたのである。

そこで瀧は、茫然となる。彼が描いた風景は「糸守町」であることがわかったが、そこは3年前の隕石（彗星）衝突の衝撃で壊滅し、多くの住人が亡くなっていたのである。


自分と他人との心が入れ替わる話は、SFでは定番の一つで、「ドラえもん」の作者の藤子・F・不二雄が得意にした題材でもある。『君の名は。』でも、心が入れ替わってパニックになる瀧と三葉を中心としたコメディとして、ストーリーが進んでいく。

二人の入れ替わりには、男性と女性、大都会と田舎といった明瞭な対比があり、ある種の風刺でもあるが、高校生のリアルな会話劇が楽しく、それはやはりコメディだった。

しかし、糸守町の場面から、状況は一変する。観客は、隕石衝突で消し飛んで、巨大な湖と化した糸守町を高台から眺める瀧と同じく言葉を失った。しかも瀧は、三葉と心が入れ替わるという生々しさで出会いながら、その地の図書館の資料で、隕石衝突事故で三葉が3年前に死んでいたことを知るのである。

結果、観客は一気に映画との距離を縮めて、登場人物に深く感情移入する。映画の中にいるはずの瀧や三葉に思い入れして、二人と一緒に息を切らせて走り、涙を流しているような感覚になるこのストーリー展開は、見事というほかない。

私が特に注目したのは、瀧は3年前の三葉と心が入れ替わった、つまり3年という時差があったという点である。

SFでの心の入れ替わりものは、リアルタイムでの入れ替わりか、あるいは遠い過去や未来の誰かの心が自分に入ってくるか、どちらかのパターンが多い。

だんだん歳をとってくると、3年なんて短いし、ほんの一瞬のように思うこともあるが、本作の主人公たち、高校生にとっては、そうではない。10代の3年間に起きることとの密度の高さ、その後の人生への影響は、計り知れない。それなりに年齢を重ねた人も、数年前のことよりも10代に経験したことのほうが鮮明な記憶で残っていることは多いのではないか。高校生にとっての3年という時差の意味は、ここにある。

そして3年を隔てて、すでに三葉は、この世にいない。新海誠が、これまで時折作品に織り込んだ「喪失」のイメージが、ここで再び描き出されているのである。

飛騨古川を歩く

飛騨古川駅がある岐阜県古川町は、2004年2月に周辺自治体と合併して飛騨市となったため、行政区分としての古川町は無くなった。

古川は安土桃山時代に城が築かれた古い城下町で、江戸時代に入ると隣接する高山などを含めた飛騨国全体が天領、すなわち幕府の直轄領となった。これは徳川幕府が、良質の木材や地下資源を多く産する飛騨国を重視したためだと言われている。以後、この地域は幕府の郡代(郡奉行)が置かれた高山を中心に発展していくことになった。

現在でも、観光客の多くが古い家並みなどが残る高山を訪れ、ここを拠点に周辺の観光地を廻るのが一般的なので、飛騨古川の存在は小さくなりがちである。しかし、駅から徒

飛騨古川の白壁土蔵街。古い城下町の面影を今に伝える

歩数分のところには城下町の面影を残す白壁土蔵街があり、和ろうそくなどの伝統産業、ユネスコの無形文化遺産の一つに選定された古川祭、３００年以上前から伝わるとされる円光寺、真宗寺、本光寺の三つを参る「三寺まいり」など、この小さな町には歴史が凝縮されている。そのため、これまでに多くの映画やドラマのロケ地になって、市ではこれらロケ地を巡る「ロケ地マップ」を作成しており、『君の名は。』関連の場所もマップに加えられている。

それでも、『君の名は。』をきっかけとした多くのアニメ聖地巡礼者は、古川にとっては大きな驚きだったようで、それは飛騨古川駅に着いて早々に接することができる。

駅の改札から駅舎の外に出ようとすると、扉に「このイメージが、見られる場所は、飛騨古川駅の駅内（構内）からではありません」と書かれた貼り紙が、日本語、英語、中国語で3枚貼ってある。「このイメージ」とは、飛騨古川駅の全景を上方から見た、本編で特に話題になったシーンである。そして、「駅待合室から、駅前に出て、右の方へ進むと跨線橋（陸橋）がありますので、その階段を上がって下さい」と書かれてある。

跨線橋に行ってみると、本編と同じ2番線に列車が停車するのは1日1回、9時57分から1分間だけ、といった内容が書かれた紙まで貼ってある。筆跡は手書きで、末尾には「飛騨市役所　観光課」とあった。

駅前のタクシー乗り場も、本編でほぼそのまま描写されており、そこで実名で出てきた地元の宮川タクシーの詰所は駅前にある。この宮川タクシーや、同じく地元の濃飛タクシーは聖地巡礼ツアーを企画している。

私は白壁土蔵街などをゆっくり巡り、写真を撮りながら歩いていると、飛騨古川さくら物産館という建物があり、『君の名は。』パネル展示中」「くみひも体験」とあるので、入

飛騨古川さくら物産館で展示中の組み紐の組台

ってみた。左手の広い座敷には、組み紐の組台がずらりと並んでいる。作中では、三葉が祖母から教わりながら組み紐に取り組んでいたが、そのシーンで初めて組み紐という伝統工芸を知ったファンは多いと思う。ここ物産館では、組台を使って実際に体験でき、「手だけで編んでいく」ミサンガで「所要時間約1時間30分」とあった。

近くの女性スタッフに、話を訊いてみる。

「『君の名は。』がきっかけになって、最初はすごい人だったけど、今でもリピーターがけっこういるんですよ。

男の子が何時間もかけて組み紐を作って、その子が「前にも作った」と言いながら、今度は友だちやお母さんと一緒に来るんです」

「みなさん、この町に感動してくれます。「みんなやさしい」とか、「本当に三葉ちゃんに会えそう」とか。こんな小さな町で、最初は心配することもあったけれど、アニメファンは純粋な人が多いですよね。道端に「ゴミひとつ落ちていない」ことにも感動してくださる人がいらっしゃるんですけれども、これは雪国ならではの、「隣のほうのものもどけておこう」という習慣が活かされた結果です」

「ここに展示している組み紐は、滋賀県の伊賀の組み紐です。今の飛驒市長が行動派の市長で、自分から伊賀市に出かけていって、交渉して実現したものなんですよ」

私は、ただの観光客のふりをして、『君の名は。』でどんな感じになったかを質問しただけなのだが、彼女は嬉しそうに、次々と話をしてくれて、最後には「来月の古川祭にもぜひ。裸祭りですよ」とお誘いを受けた。

彼女が「行動派の市長」と紹介していた都竹《つづく》淳也市長は、マスコミでも積極的に発言している。

「『君の名は。』は、歴史に残る大ヒット作品ですから、テレビ放映などで数年後にはじめて観て、飛驒市に行ってみたいと感じてくれる人もいるでしょう」、「アニメ聖地化は爆発的に人が押し寄せる効果ではなく、細く長く続くという印象を受けています」、「アニメ聖地を訪れる人たちは、もっと純粋に、劇中を追体験するべく街を歩き、そこで出会った小さなことに感動します」といった現状分析は的確で、かつ、「やはり地道に既存の資源を活かして、飛驒市の魅力を継続的に発信していく必要があると思います[1]」という考え方などは、わずかな時間ながら、この町に滞在した結果私が受けた印象とも一致しているように思われた。

物産館から歩いて10分ほどのところに市役所があり、その建物に隣接して飛驒市図書館がある。瀧たちが、三葉の死を記した資料を手に取った図書館のモデルで、ファンの来訪が特に多く、許可をとれば館内での写真撮影も認められている。ただし、きょうは月曜日なので休館である。

市役所の庁舎に入り、応対してくれた観光課の職員から話を少し聞いた。市としては、映画の上映会をやったり、ツーリズム（観光）と同義）を始めたりしたくらいで、「みんなに任せている」のが、『君の名は。』関連の動きの総括だという。これは放置するということではなく、必要なことを適切にサポートするという意味だろう。市が何か主導してやるとはいっても、「うちは後出しじゃんけんになるので」という言葉は印象的だった。

新海誠のアニメ術

緻密な背景画、まばゆい光や色彩表現、望遠レンズで捉えたような画面など、新海アニメの特徴については、これまでにも触れてきたが、新海の作品制作術の中で、「ビデオコンテ」について、ここで考えてみたい。

一般的なアニメ制作手順を記すと、脚本の執筆、絵コンテの作成、絵コンテで描かれた各シーンのレイアウト（シーンの設計図）の描画、原画・動画、そして背景の描画、動画への着彩、撮影・特殊効果、編集、BGMや声優の声の録音など音響制作、最後に映像と音声との合成、といった形になる。作業は一本道ではなく、別々の工程で同時に進む部分もあるので、以上の手順はあくまでイメージである。

新海誠のような「監督」は、通常は絵コンテの作成、アニメーターによって分担して描かれたレイアウトや原画のチェック、撮影が終了した映像のチェックが主な仕事になる。

このうち最も重要な仕事は、作品の全体像が描かれた絵コンテの作成である。

絵コンテについては、本書でもこれまで何度か書いてきたが、最近はコンピュータ上で描く監督も増えて、どういうものかを一概には説明しにくくなってきた。

伝統的には、おおむねB4判縦の用紙に、作品の画面（絵）、演出意図、セリフ、そしてカットごとの時間（タイミング。秒、コマ単位）が書かれている。テレビアニメ1エピソードなら300カット前後、長編なら1500カット前後が一般的で、監督は脚本を読みながら、そのカット分の絵コンテを描いていくのである。脚本は文字で書かれているが、絵コンテでは、たとえば「学校へ向かって歩く太郎」という一文も、その歩いている様子を映像化した時の絵柄やキャラクターの演技、カメラワーク、タイミングが指定される。

つまり絵コンテは、作品の全体像が設計図として描かれたものであり、アニメーターなど各スタッフに手渡される。そして新海は、この絵コンテと同時に、ビデオコンテを作る。

ビデオコンテ（Vコン）は、元来は「ライカリール（Leica reel）」と言われ、絵コンテで描かれた絵をカット順に撮影したものである。したがって、スライドショーのように一枚絵が連続する映像になるが、各絵（カット）で指定されたタイミングどおりに撮影されるため、2時間の長編アニメの絵コンテをVコンにすると、同じく2時間の映像ができ上がる。完成品を想定して制作されるのがVコンであるとも言え、多くのアニメ監督によって実践されている。

ところが新海は、「仮で」と断ってはいるが、このVコンの段階で、キャラクターのセリフ、効果音、BGMなども吹き込み、すべての映像のタイミングをここで具体的にイメージし、確定させるのである。『君の名は。』の音楽を担当し、大ヒットしたRADWIMPSとも、Vコンの段階でやりとりしたという。先ほどのアニメ制作手順でいうと、最初の絵コンテ作成と、最後に近い編集や音楽制作とを同時にVコンでやっていたことになる。

これは非常に特殊なスタイルで、新海独自の手法と言ってよい。新海は「この映画で果たした、僕の一番大きな役割はビデオコンテだった」[2]とまで語っており、Vコンにここまでの役割を担わせるのも異例である。

新海のこの手法は、大勢のスタッフで共同制作するようになっても、『ほしのこえ』のときと同じく「一人で作っている」というスタイルを堅固に維持している、もしくは維持したいと思っているということにつきる。

それは、レイアウトや原画への詳細な書き込みでも、よくわかる。

2017年に東京などで開催された「新海誠展」では、作品制作に使われたレイアウトや原画が展示され、新海のスタジオでの監督業の一端が明らかになった。スタジオでは、作業を分担している各アニメーターが描いたレイアウトや原画を新海がチェックして、それをアニメーターに戻すのだが、その紙面には、「すばらしいL/O ありがとうございます！」（L/O：レイアウト）、「良いフンイキですね！」などと最初にまず褒めて、そのあとビッシリと余白に修正指示が書かれている。

たとえば宮崎駿なら、用紙にビッシリ修正指示を書き込む時間があったら、アニメーターから絵を奪い取って自分で全部描き直す、ということになるだろう。これがあるために、ジブリや宮崎駿門下では人材が育たないと言われるのだが、新海誠は人材を育てているというこどでもなく、彼なりのアニメーションや作画の経験から、こうしたスタイルが確立されてきたのだろう。

それでもなお、新海がイメージした微妙なニュアンスを各スタッフに完全に伝えるのは難しく、彼は、撮影や、作品制作の仕上げに相当する編集を自らこなし、そこできわめて微妙な修正を施す。これも、アニメ監督としては異例である。

『君の名は。』での編集作業について、新海は、「（声優の）声と映像が最適になるように細かく尺を調整したりして編集しています。それは僕ひとりでやっています。制作の入り口（筆者注・絵コンテのこと）と出口はやりたいところだし、一番大事なところだと思っているので、自分自身でコントロールしています[3]」と語っている。

こうした微妙なコントロールが、新海自身の息吹を作品に与え、それが独創性につながっているのである。

震災の記憶

私は『君の名は。』を見終わってしばらく経ち、大ヒットした様子を見るにつけ、違和感を覚えるようになった。その最大の理由は、本作が東日本大震災の記憶に結びつけられ、語られるようになったからである。

つまり、隕石衝突で壊滅した糸守町の描き方や町の人たちの運命が、大津波を受けた三陸沿岸の災害をほうふつとさせ、さらには「被災者」の三葉と、それを遠くから実感を伴わない形で知ることになった瀧との「絆」の物語と解釈されたことなどが、それにあたる。

新海誠自身も、本作の公開時期に前後して震災との関連を語るようになり、観客の受容にも影響したように思われる。彼は公開直後のインタビューで、「震災以降でなければありえなかった作品だと思います[4]」とまで語っている。

そして新海は、震災の年の7月に、津波で大きな被害を受けた宮城県名取市閖上《ゆりあげ》町を訪問していたことを、映画公開後2年近くも経ってから明らかにし、「ここは自分の町だったかもしれない。自分が閖上のあなただったらと思い、もしも自分があなただったらという、入れ替わりの映画をつくろうと思った(5)」。

2年近くも経ってから種明かしをされたような形だが、映画公開中から震災と本作とを関連させる話題が頻発したことは確かで、なかには本作を「復興ファンタジー」などと見出しをつけた映画評論家もいた。

新海自身が語っているのだから、本作は震災に想を得たということになるのだろうが、だとすれば、なぜ隕石衝突による「大災害」を「なかった」ことにしたのか。隕石は確かに落ちたが、なぜ「住民、奇跡的に無事」にしたのか。

作中では、そうなった道筋が克明に描かれている。瀧が時空を超える形で三葉と交わり、隕石衝突から住民を救おうと奔走する。その二人の行動が、本作のストーリーのクライマックスにもなっている。

しかし現実の東日本大震災は、実に2万人近い犠牲者・行方不明者を出したのである。その現実を直視して、観客に提示する使命をも負っているのが表現者である。

遠く糸守にいる見ず知らずの三葉と心が入れ替わっていた瀧が、記憶をたどりながら着いた先で、壊滅した糸守を目の前に立ち尽くすまでの展開は絶妙である。何か大きなものを喪失し、同時に何か大きなものを抱え込んだ瀧が、その現実を前にして、その後どうやって自身の人生を切り開くのか、その瀧の生きざまを描くことこそ、『君の名は。』のストーリーが元来持ち得た本質だったのではないかと、私は思う。

東日本大震災をモチーフにしたアニメーションは、新海誠がかつて身を置いていた自主制作の分野で、震災直後からいくつも発表されてきた。その多くは学生など若い作家の作品で、それは時に「震災世代」と呼ばれることがあった。学生ならば、卒業制作や修了制作として短編を作るので、震災後だいたい4年間続き、世代を形成したのである。

こういう現象は、珍しいことではない。私がアニメーションの世界で、最初にそれをはっきり認識したのは、30年ほど前、ベルリンの壁が崩壊してソビエト連邦をはじめとする東欧諸国の政変が起きた頃である。ポーランド、チェコ、旧ユーゴスラビアなどの国から、抑圧の時代の苦しみを描き、自由と解放を希求する内容の、つまりは以前なら作れなかったような作品が相次いで出てきた。

私はそうした作品を見て、最初こそ胸を突かれ、心を動かされたのだが、あまりに続々と同傾向の作品が出てくると、不思議なもので、それが安直なブームのように見えてきたものである。似たような現象は、アメリカの同時多発テロなど、他の大きな出来事に関しても見つかるだろう。

テレビアニメなど商業制作アニメでも、東日本大震災を直接的にモチーフにした作品は、いくつかある。『新世紀エヴァンゲリオン』で知られるガイナックスが福島に設立した福島ガイナックスによる短編アニメ『想いのかけら』（2015年）や、実話に基づいた『女川中バスケ部 5人の夏』（2017年）などが挙げられる。

一方の『君の名は。』は、震災をモチーフにはしていない。あくまで、そこで描かれた映像が震災と結びつけられ、震災の年の「今年の漢字」にも選ばれた「絆」が、本作の主人公たちから見出されたに過ぎない。

だからこそ、新海誠は「震災」うんぬんの話を出すべきではなかった。それは観客の受容に任せ、作品は発表した瞬間から「作者のものではなくなる」という原則に徹するべきだった。

ある大きな出来事を境にして、作家の作風が変化していくことは、いくらでもあり得る。しかしその変化は、受容する観客が感じ取り、考え、言葉にしていくものである。まして、作者の側が、公開後2年も経ってから「実は……」などと発言するのは、それこそ「後出しじゃんけん」である。

再び「大ヒット」について

そうは言っても、『君の名は。』は大ヒットした。これは認めないわけにはいかないし、「震災の記憶」とか「絆」とかを引き合いに出して私が疑問を呈したところで、大ヒットの事実を揺るがすことなどできない。興行収入250億円というのは、一人の観客が2度3度、あるいはもっと回を重ねて見に行く、いわゆるリピーターが相当数いないと達成できない実績である。それに私自身、本作の劇的な展開や、多くの観客が期待したであろうラストシーンは好きである。

大ヒットの要因は、公開直後からさまざま分析されている。アニメの専門家や、古くからの新海誠ファンたちは面食らってしまって、現象をうまく説明できない傾向があったが、たとえばツイッターによる情報拡散は客観的だ。

2016年8月26日という、夏休みも終わりかけた時期に公開が始まったことは、興行的にはかなり不利だったはずだが、映画公開初日の「君の名は」を含むツイート数は一気に伸び、１週間後の２度目の週末となった9月4日には１日で実質39万ツイートに達した。これは、同時期のヒット映画と比べてもケタが一つ違う。明らかに、ツイッターのメインユーザーである高校生・大学生ら若者が反応したものであり、本作を見た大学生に対して「劇場まで足を運んだ理由」を問うと、「ツイッターで話題になっているのを見て」が１位だった。(6)

繰り返すが、前作『言の葉の庭』までの新海作品は、小規模公開である。公開館数は全国で数十館、興収も1～2億円程度の実績しかない。

それが本作での公開館数は３００館規模、映画公開前から盛んにプロモーションも行われた。そのうちの一つが、新海自身による『小説 君の名は。』（角川文庫）で、これは映画公開の２ヶ月も前に発売され、公開までに50万部を売り上げた。７月からは試写会が繰り返されて話題づくりを行い、RADWIMPSの楽曲も公開前に発売された。

ただし、この間のツイート数は伸びていない。やはり映画公開後の爆発的なツイートが、連鎖的に観客を映画館へ向かわせ、本作の大ヒットにつながったのである。

しかしながら、映画それ自体が面白くなければリピーターは増加しない。映画自体、つまり内容に関していうと、本作はこれまでの新海作品と比較して、決定的に違うことが一つある。それは、彼と彼女が、最後にちゃんと結ばれることだ。

結ばれるとはいっても、結婚まで発展するのかどうかは映画では描かれていないし、二人が「どうやら再会できた」という描かれ方だったのだが、引き裂かれたり、失恋したり、あるいは結局どうなったのかわからなかったり、そんな男女の恋模様ばかりを描いてきた新海にとって、これは大きな変化である。

しかも本作は、がっつり二人が抱き合うなどという「喋りすぎ」の表現ではなく、「寸止め」で終わることによって観客の心を捉えている。これはまさに映画ならではの快感であって、見終わった観客は、二人が結ばれるか否かなど関係なく充足感にひたった。壊滅した糸守町のシーン以降、二人に感情移入しつつ本作を見ていた多くの観客は、二人が再会することを期待していたのである。

考えてみれば、最近こういう「ベタ」な結末のアニメは、決して多くない。定番すぎて避けられがちの展開を、新海はてらいなく使った。多くの観客が、潜在的、無意識的に渇望していたストーリーだったと言えるかもしれない。

そして実は、あまりに生々しすぎて商業系アニメでは手を出しづらく、これも避けられていたかもしれない「震災の記憶」を、新海は彼ならではの作劇で、そして得意とする圧倒的な映像で表現した。

多くの意味で、待ち望まれていた長編アニメ、それが『君の名は。』だったのである。

注

（1）「トップインタビュー　飛驒市長　都竹淳也氏」『月刊レジャー産業資料』２０１７年2月号：40～41ページ。
（2）「〝かたわれ時〟に出逢うもの」（新海誠インタビュー）『ユリイカ』２０１６年9月号：44～56ページ。
（3）前掲「〝かたわれ時〟に出逢うもの」。
（4）『君の名は。』新海誠インタビュー後編　震災以降の物語」ウェブ『KAI-YOU』。
https://kai-you.net/article/32911
（5）「『君の名は。』の起点は宮城・閖上　震災直後にスケッチ」『朝日新聞』電子版２０１８年6月17日掲載。
https://www.asahi.com/articles/ASL6F7QP4L6FUNHB01F.html
（6）「映画界を変えるＳＮＳの拡散力」『週刊東洋経済』２０１６年11月19日号：64ページ。

第8章 『天気の子』は、どこの子？

大ヒットの次回作

昨年（２０１８年）12月、新海誠の最新作のタイトル、公開予定などが明らかになった。公開が２０１９年7月だから、『君の名は。』からほぼ3年ぶりということになる。

そのタイトルは、『天気の子』。これまでの新海の長編アニメとしては、最もシンプルで、かつ耳に残りやすい、映画タイトルらしいタイトルになった。

同時に発表された、ポスターなどに使われるキービジュアルには、はるか上空の雲の峰の上を、まばゆい光を受けながら、駆けるような後ろ姿で浮遊する少女が遠景で描かれている。これまでの新海節から少し趣向は違うが、後ろ姿が、見る側の想像力をかき立てる。何より、どこか憂いを帯びた画調のポスターが多かった新海長編にあって、突き抜けたような開放感が印象的だ。

ジブリ在籍以後の宮崎駿や、初のオリジナル長編『時をかける少女』（２００６年）以後の細田守は、3〜4年ごとに長編を発表しており、２０００年代に入ってから登場してきた他の長編アニメ監督も、だいたいこのペースである。新海も、ほぼその間隔で長編を発表し、『雲のむこう』から数えて、『天気の子』は長編6作目になる。

日本は、世界的に見てもアメリカと並ぶ長編アニメ大国だが、それでも共同ではなく単独監督で、しかもテレビシリーズなどの劇場版ではないオリジナルの長編を6本も手がけた新海は稀有の存在である。7本以上のオリジナル長編を監督しているとなると、宮崎駿、高畑勲、押井守らビッグネームだけになってしまう。

映画監督の業績は、本数がすべてではないし、新海の場合インディペンデントといってもよい低予算、小規模公開の長編が続いたから、単純比較もするべきではないかもしれない。それでも、社会現象になった『君の名は。』以後という点を考え合わせれば、新海は誰もが認めうる長編アニメ監督の一人になったといってよく、その中での新作公開になるわけだ。

現在のところ、『天気の子』に関して発表されている情報は少ない。ここではまず、公式サイトに掲載されているストーリーをそのまま引用したい。

高1の夏。離島から家出し、東京にやってきた帆高。

しかし生活はすぐに困窮し、孤独な日々の果てにようやく見つけた仕事は、怪しげなオカルト雑誌のライター業だった。

彼のこれからを示唆するかのように、連日降り続ける雨。
そんな中、雑踏ひしめく都会の片隅で、帆高は一人の少女に出会う。
ある事情を抱え、弟とふたりで明るくたくましく暮らす少女・陽菜。
彼女には、不思議な能力があった。
「ねぇ、今から晴れるよ」
少しずつ雨が止み、美しく光り出す街並み。
それは祈るだけで、空を晴れに出来る力だった。(1)

私はこのストーリーを読んで、真っ先に眼がいったのは「離島」である。『秒速5センチメートル』での種子島、『クロスロード』での架空の島に続いて、大都会・東京と対比される形で「島」が描かれ、それが登場人物像に反映されているとすれば興味深い。
音楽は、『君の名は。』と同じくRADWIMPSが担当し、キャラクターデザインには「新海組」の一人といってもよい田中将賀が入った。そして作画監督は、長らくスタジオジブリに在籍し、『もののけ姫』から『風立ちぬ』、『かぐや姫の物語』などに参加してきた田村篤が担当する。

『君の名は。』公開のちょうど1年後、2017年夏に、RADWIMPSメンバーの野田洋次郎のもとへ、新海から新作の脚本が届いたという。(2) ミュージカルではないのに、音楽制作と映像制作とを同時に進めるのは新海らしい。

とはいえ、まだ公開前の作品について、いろいろ書くことはできない。

そこでこの第8章では、『ほしのこえ』から順に新海作品について書いてきた中で、ここまであまり触れなかったトピックをいくつか取り上げ、『天気の子』の鑑賞に備えたい。

海外での評価

新海誠の作品は、『雲のむこう』から海外の映画祭などに出品され、受賞もしている。長編アニメの世界的な登竜門の一つといえるフランス・アヌシー国際アニメーションフェスティバルの長編部門には、『星を追う子ども』がコンペティションに選出されたが、受賞には至らなかった。

しかし新海は、『君の名は。』以前から海外のアニメーション専門家には知られている。アニメーション史研究の世界的権威であるG・ベンダッツィが編集した『*ANIMATION: A WORLD HISTORY*』（2016年、全3巻）の第3巻には、「新しい連続（serial）アニメーションの主な監督」の一人として、庵野秀明、湯浅政明《ゆあさまさあき》、渡辺信一郎《わたなべしんいちろう》、細田守らとともに新海誠が取り上げられている。この本は、専門家以外は読まないような、いわばお堅い本なのだが、『彼女と彼女の猫』以後の作品歴をはじめ、『ほしのこえ』では、ストーリー紹介とともに「初回版で彼（新海）は、彼のガールフレンドと一緒に（声を）吹き込んだ」ことまで書かれている。そして新海の作風として、大都市の駅やストリートに視線が注がれ、物語やキャラクターに息を吹き込む背景画については宮崎駿をある種意識してのものだという言及もみられる。(3)

『君の名は。』は、アメリカ・アニー賞でのノミネートをはじめ、多くの映画祭での受賞、ノミネートが相次いだ。「ニューヨーク・タイムズ」には、「とてもチャーミングで、優しいユーモアに溢れている。体が入れ替わるという設定を通して性別というものに軽く触れたかと思うと、新海氏は、話を別の、もっと複雑な方向へともっていく。最初のほうではあまり重要でなく見えた神道、彗星、口噛み酒が、次第に話の前面に出てくるようになるのだ。ストーリーの展開に比例して、ビジュアル面でも、淡い水彩画のような背景が、感動的な役割をもつようになる」(4)という批評が掲載された。

ただ、「世界興行」「全米公開」といったフレーズでは、現地での実態がなかなか伝わらない。『君の名は。』は、北米では2017年4月7日から公開されたが、公開館数は311館、興行収入は約500万ドル（約5億5千万円）だった。[5] これは、北米でこれまでに公開された日本の長編アニメの中では14位の興収で、『ポケモン』など子ども向けアニメの人気が高いアメリカにあっては健闘したといえるのだが、日本での成功を考え合わせると、やや物足りなさが残る。

中国、韓国などアジア圏での人気も絶大だが、特に中国では外国映画の公開に関する規制や商慣習もあって、日本側は十分な収益が得られないジレンマがあった。これは新海作品に限らず、日本のアニメを海外公開する際の課題だった。しかしここ数年、ネット配信事業が急速に進展する中で、日本のアニメの海外ビジネス展開環境も激変しており、今後の展開に注目したい。

私が実際に海外で新海作品の上映に立ち会ったのは、2017年秋に開催された、デンマークのヴィボーアニメーションフェスティバルが唯一である。ヴィボー（Viborg）は人口4万人程度の小さな街だが、アニメーションを教える学校があって、この映画祭もその学校が主催し、この年は大規模な日本特集が組まれて、私も縁あって招かれることになった。

上映された新海作品は『秒速5センチメートル』と『君の名は。』で、私は『君の名は。』を見ることができた。この映画祭では、上映枠に「大人向け」と「子ども向け」があり、『君の名は。』はその両方で上映され、私は「大人向け」での上映を見た。あとで、日程を調整して「子ども向け」での上映で観客たちの反応を見たかったなと後悔したが、ともかく「大人向け」の上映は夜7時から、日本語音声にデンマーク語の字幕が入り、約200席の場内はほぼ満席、心が入れ替わった二人のコメディのシーンなどでは盛んに笑い声が聞かれた。

一般興行での会場ではなく映画祭での上映だったので、日本のアニメを見慣れた観客が多かったとは思うが、上映は全般的に好評だったようで、遠くデンマークの片田舎の街で『君の名は。』を見ることができて、幸運だった。

海外でも、日本のアニメをよく知るファンたちを中心とした、やや限定的な形で新海作品は受け入れられてきた。『君の名は。』を境として、新海作品はより広く紹介され、知られるようになっていくと思われる。

新海誠は「ポスト宮崎」なのか

2000年代以降、新進気鋭の長編アニメ監督が登場するたびに、「ポスト宮崎駿」という語がマスコミで使われるようになった。特に、結局撤回したものの、宮崎が長編制作からの引退を宣言した2013年以降、その傾向が顕著になった。その動きは、『君の名は。』をきっかけに新海誠にも及んでいる。

そもそも「ポスト宮崎駿」には、二つの意味がある。一つは、宮崎アニメのように100億円規模で興行収入を稼ぎ出し、幅広い観客が支持する国民的映画を作り出すアニメ監督であること。もう一つは、キャラクターやストーリー面で、宮崎アニメの影響を受け、本人が意識するかしないかは別として、宮崎アニメの世界観を継承していこうとするアニメ監督であること。

結論からいえば、新海誠は「ポスト宮崎駿」と称する資格があると、私は考えている。アニメの専門家からは批判される考え方だろう。『君の名は。』以降、マスコミで新海誠を「ポスト宮崎」と紹介されることが多くなるにつれ、それを批判する評論家や研究者らの声が多くなったからだ。

それら批判の声の気持ちは理解しているつもりである。マスコミはもっぱら「ポスト宮崎」と紹介すると楽で、そういう語を充てることができる人材を探しており、専門家はそんなマスコミを毛嫌いする傾向がある。誰よりも新海誠自身が、「ポスト宮崎」と呼ばれることを繰り返し敬遠し、否定している。

しかし、100億円台の興収を叩き出すアニメ監督は、宮崎駿と新海誠のただ二人だけである。新海と同じく「ポスト宮崎」といわれることの多い細田守でさえ、興収は『バケモノの子』(2015年)の58億5千万円が最高で、100億円には遠く及ばない。これは客観的な事実で、これ一点だけでも、新海は「ポスト宮崎」と呼ばれる資格がある。

もう一つの、キャラクターやストーリーなど内容面に関していえば、キャラクターの年頃に幅があり、ファンタジー性、スペクタクル性が強い宮崎作品に対して、ほぼ思春期の男女のキャラクターを描き、日常性の強い新海作品は、相当に違いがある。

もっとも、新海作品の「日常性」が強いとはいっても、アニメで描かれていること自体が、我々の日常からは離れている。現に『君の名は。』では、舞台はリアルだが、そこで展開するストーリーは、心の入れ替わりものである。それを実体験したことのある人がいるのかどうか、私は知らないが、少なくとも日常的ではない。

そして、新海自身が震災の記憶を結びつけたと告白する『君の名は。』のストーリーは、これまで自身のファンに向けて作品を作る傾向が強かった新海にとって、作品が誕生した時代の性格を意識的に反映させていることになり、宮崎作品に一歩近づいたといってよい。

とはいえ、私は新海誠を「ポスト宮崎」と称するには、やはり違和感がある。キャラクターやストーリーの違い、ファミリー層に支持される宮崎作品に対してアニメファン層が中心の新海作品という観客層の違い、そして「新海節」と言われる要素の多くには、宮崎作品との共通性を見出せない。

そうであればあるほど、新海が「ポスト宮崎」として違和感がなくなるかどうかは、『天気の子』にかかっている。興行成績ももちろんだが、支持する観客層に変化があるのかどうか。ファミリー層が入ってこないとしても、『君の名は。』と同じくアニメファンではない一般の観客層の入り具合が重要である。

『君の名は。』から3年しか経っていないが、『君の名は。』を強く支持した高校生・大学生らは、3年、歳をとっている。それは、『君の名は。』の瀧と三葉を隔てた3年という時差に匹敵する。

4月に公開された予告編を見る限り、風景のディティールへのこだわりは間違いなく新海節だが、キャラクターの演技や描き方は、これまでの新海作品の中で一番ジブリを思わせる度合いが強いことが、私には特に印象的だった。

新海作品の鉄道風景

「実写以上」と形容したくなる新海の風景描写は、もちろん彼自身の手による創作である。風景、つまり背景画は、多くのスタッフによって分担して描かれるが、そのほとんどすべてに新海が最終的に手を入れている。

そして、完成した背景画とは別に作画されたキャラクターを合成（コンポジット）する段階、さらにはすべてのカットをつなぎ合わせる編集の段階でも、新海は手を入れる。その入れようは、一般の観客にはわからないほどの微妙なものだが、新海にとっては絶対に必要な「最後の一手」なのである。多くのアニメ監督は、コンポジットや編集の段階でもチェックし、必要があれば修正指示を出すが、それは「指示」であって、自分から「一手を入れる」ということではない。

新海のこの「最後の一手」とは、彼の手による風景があたかも言葉を発し、キャラクターの演技や心理を反映する効果を狙ったものではないかと、私は考えている。

短編、長編を含めて、ほとんどの新海作品は、男女の恋模様が主題となり、しかもほとんどの作品で、その恋は成就しない。だから観客は彼の作品を見て切なくなり、しばしば自身の体験的記憶と重ね合わせ、それが作品の印象として固まっていく。

しかし新海にとっては、恋が成就するかどうかなどは重要ではなく、その恋模様のプロセス、そして二人の距離感、これをどう表現するかが、彼のアニメの根底にある。

誰であっても常に他人と関係しつつ日々を過ごし、時には過去の記憶との葛藤に苦しめられる我々にとって、眼の前の人物とどのように距離感を保つのかは現在進行形の課題であり、同時に永遠の課題でもある。新海誠の人間描写の本質は、ここにある。

従来、日本のアニメでは、キャラクターの感情の変化や心理描写は、仕草とか表情の変化とか、もっぱら作画でどう表現するかが問われてきた。これは『鉄腕アトム』以降、幾多のアニメ監督が試行錯誤した積み重ねであり、日本のアニメの特徴の一つである。

それは新海作品でも、基本的には変わらない。彼は作品制作の途上、レイアウトや原画をチェックする中で、キャラクターの眼の表情にまで細かい修正指示を出している。これにセリフが加わって、絵空事のアニメに登場するキャラクターの人間味が表現され、新海はここに、キャラクターの心の声であるモノローグを、それも延々と使う。

さらに新海は、モノローグという具体的な「ことば」とは対極的な、もの言わぬはずの背景画（風景）に、ほんの一筋の光やボカシを入れ、カメラの焦点や位置、色彩の変化などを多重的に駆使して、ものを言わそうとするのである。

結果、そうした風景の中にあるキャラクターがものを言わなくても、さらには画面にキャラクターがいなくても、風景がキャラクターの心の声を発している。もの言わぬ、そして動かないはずの風景が、ここまで雄弁で、時には人間より豊かに「もの言う」ことを、新海は示してみせた。

そうした新海誠の映像の中で、ひときわ重要な役割を果たしていると私が思うのは、やはり鉄道である。

鉄道がもつ叙情性は、古くから文学や音楽、映画などの題材として使われてきた。第1ページ目の冒頭で「国境の長いトンネルを抜けると雪国であった。夜の底が白くなった。信号所に汽車が止まった」（川端康成『雪国』）と書かれたら、読者は一気に雪国への旅情に誘われる。早春の東京の駅のホームで季節はずれの雪が降れば、名曲「なごり雪」を思い出す人が多いからこそ、この歌はいまも歌い継がれている。

鉄道のある風景。ありふれた街の景観であっても鉄道が入るとストーリーが膨らむ（京都・京福電鉄嵐山本線 西院駅付近）

渥美清が演じる「男はつらいよ」シリーズにはほとんど毎作鉄道が出てきて、寅さんの放浪の旅を演出し、『銀河鉄道999』は西暦2221年という遥かな未来を舞台にしているにもかかわらず、超アナログの蒸気機関車で旅をするというストーリーだったところが、ファンの心を捉えた。

駅のホームは、毎日の通勤・通学の一歩を印す場であると同時に、明日への可能性を決意する場であり、別れの場であり、汽車は幾多の人々の喜びや夢や希望、時には不安や挫折を乗せて走ってきた。

新海誠は、正確にこの意味での鉄道を、第1作の『遠い世界』以来、ほぼ全作品で登場させてきた。そこでは、ホームでの出会いと別れ、すれ違い、踏切の両側で向かい合う二人の前を列車が通過して遮断し、別々の列車に乗る二人が近づき、また遠ざかる。鉄道を古風なまでに、人と人とをつなぎ、あるいは隔てて遠ざける「脇役」として演じさせた。鉄道ファンではない新海が描くからこそ、鉄道は、あくまで脇役として描かれ、鉄道が画面の中に溶け込み、雄弁な存在でありながら決して自己主張することはない。

こうした新海誠の作品であれば、その風景に出会うための「聖地巡礼」が盛んになって当然である。ただし、新海作品で描かれた風景の中へ実際に行っても、そこに新海作品の世界はない。新海は実在の風景に徹底的に手を加え、ものを言わせているからである。だから、聖地に着いた途端に記念写真を撮って満足するような接し方ではなく、少し時間をかけて風景に向き合い、あるいはゆっくりと散歩すれば、風景のほうが自然に語りだし、新海ワールドへの扉に誘ってくれる。

このあたりの空気感の認識が、アニメ聖地巡礼の原点であり醍醐味だと、私は思う。したがって、アニメ聖地のある街や地域は、来訪するアニメファンのためには「何もしない」ということも間違いではない。せいぜい、必要最小限度の情報をパンフレットやネットで発信し、「してはいけないこと」などマナー面の啓発があれば十分で、それ以上のサービスは必要不可欠のものではない。『君の名は。』の飛騨古川での事例が、そのことを示唆している。

聖地巡礼といってもさまざまな形があり、一概に括るべきではない。ただ、その分野の専門家から、アニメ聖地として成功したいなら、対象地域の役人や住民には、とにかくアニメを理解し好きになってもらって、ファンと同じ見識と目線を持たなければならない、という意味の意見が聞こえてくることがある。私は、こうした意見の主旨はわかるが、全面的には賛成しがたい。私からすれば、ファンと同じ目線になるよう地域に求めるそのファンの姿勢こそ、地域に対して「上から目線」になっていると思うからである。

聖地巡礼に「成功」「失敗」は、ない。なぜなら、そこにアニメで描かれた風景が厳然と存在するからである。それをビジネスとして考えると、成否が問われてしまう。結果的にビジネスとして成功することはあっても、最初から安易にそれを狙うと、アニメで描かれた豊かな風景が、もの言わぬ風景になってしまうだろう。

新海誠が描く風景は、ファンにそのことを静かに、そして雄弁に語りかけている。

2億を目指すべき作家

いまのアニメ界で、「次回作が待たれる監督」として、誰が挙げられるだろうか。

まずは細田守監督、と私はいろいろな著作で書いてきたが、『君の名は。』以後、新海誠も次回作が待たれるアニメ監督になった。庵野秀明や原恵一《はらけいいち》、湯浅政明らも、そうした監督に挙げられるだろう。

ちなみに宮崎駿は、引退宣言を撤回して「また作ります」となったので、ファンはどちらかというとシラケてしまって、しかもいつ完成するのかもわからなくなっているので、まあ、完成したら見に行こうか、というくらいになっているのではないかと思われる。それに、完成しても前作までと同じく100億円規模の興収を稼ぐかどうか、疑わしい。作品発表までの空白期間が長すぎて、すでにスタジオジブリや宮崎駿のブランド力は、いまのアニメ界では相対的に低下しているように思うからだ。

『君の名は。』からほぼ3年を隔てて新作を発表する新海誠は、日本の長編アニメ監督としても、次回作を待っているファンの心理からしても、ちょうどよいタイミングで『天気の子』の公開にこぎつけた。ただ、『君の名は。』はあまりにブレイクしすぎて、多くのファンは次回作のことなど考える余裕がなかったのではないか。それは、アニメファンや熱心な新海ファンではない、『君の名は。』で初めて新海作品に接した観客が相当数いたはずだから、なおさらだ。

したがって『天気の子』は、新海が次回作を待たれるアニメ監督であるかどうかが、実質的に試されることになるだろう。

ただ、これまで新海作品をほぼ時系列で見てきた私としては、やはりまだ『君の名は。』の大ブレイクを、額面どおり受け取れないでいる。新海誠は、２００億を目指す作家ではなく、あくまで自身の作家性やこだわりを捨てずに、２億を目指す作家だと思うからだ。

もちろん「２億」は比喩のようなものだが、自主制作出身の新海は、最初から２００億を目指すような監督ではない。２億を目指して、結果的に２００億になればよく、『天気の子』がそういう作りになっていることを望みたい。

『天気の子』というタイトルが公表されていなかった頃、新海誠は次回作について、次のように語っている。

「普段自分たちが取り囲んでいる風景が少し新しい意味を持つようなものにしたい。

映画館を出た後、空の色合いが変わって見えるような感覚を、次はもっと鮮烈に実現できればいいなと思っています[6]」

新海の手になる雄弁な風景を、すべてのファンが待ち望んでいる。

注

（1）「映画『天気の子』公式サイト」（２０１９年４月閲覧）。https://www.tenkinoko.com/
（2）前掲「映画『天気の子』公式サイト」。
（3）Bendazzi, Giannalberto. *ANIMATION: A WORLD HISTORY*. Vol.3. CRC Press. 2016.
（4）猿渡由紀「「君の名は。」がついに北米公開。批評家は何と言っているか」。https://news.yahoo.co.jp/byline/saruwatariyuki/20170408-00069667/
（5）Box Office Mojo（ウェブサイト）
（6）「［インタビュー］新海誠」『新海誠展　「ほしのこえ」から「君の名は。」まで』図録：１７５～１８２ページ。

あとがき

4年ほど前、私は日本経済新聞に「カラーアニメーションの軌跡」というタイトルのコラムを連載していたことがあります。その中で、新海誠監督の『秒速5センチメートル』を取り上げたのですが、そのことをファンが新海監督に「絶賛されてますよ」と知らせたところ、新海監督が「おお、お知らせありがとうございます、嬉しいです！」とツイートしていました。

これが、新海監督と私との唯一のつながりです。直にお会いしたことは、一度もありません。

私がこれまでアニメをテーマに書いてきた本は、ほぼ歴史に関することで、現代ものをテーマに一冊書いたのは、今回が初めてです。

せっかくいただいた機会だからと、アニメと同じく好きな鉄道や、サラリーマン時代から興味のある地域社会・文化の話題まで盛り込んで、楽しく書かせていただきました。そのぶん、話題を広げすぎて、雑になったり、書き足りないと思ったりしたところも残りました。特に、いわゆるアニメ聖地巡礼については、近年多くの研究書やガイドブックが出ていますが、本書はアニメ聖地巡礼本にはなっていません。しいて言えば、アニメ聖地へ向かうための本、ということになると思います。「点と線」というたとえがありますが、従来のアニメ聖地巡礼は「点」の旅、私のは「線」の旅です。

まだまだ話題は尽きないのですが、これは幸運にも次の機会をいただければ、書いていきたいと考えています。

本文でも述べたように、新海監督の仕事を日本アニメ史から見れば、はっきりとその文脈に乗っかり、その延長線上にある一方で、まったく異質な側面も少なからず備えています。こんな監督は、日本アニメ史100年の中でも稀な存在です。

このため、新海監督が仕事を続け作品を発表していく限り、アニメファンから研究者まで、彼を追いかけていくことになるでしょう。私もその一端に加わることができればと、願っています。

最後に、本書を執筆するにあたってご協力いただいた方々にお礼申し上げるとともに、書籍化を実現していただいた平凡社新書編集部には、特に深く感謝しております。

ありがとうございました。

令和元年6月13日

津堅信之

【著者】
津堅信之（つがた のぶゆき）
1968年兵庫県生まれ。近畿大学農学部卒業。アニメーション研究家。日本大学藝術学部映画学科講師。専門はアニメーション史だが、近年は映画史、大衆文化など、アニメーションを広い領域で研究する。主な著書に、『日本のアニメは何がすごいのか』（祥伝社新書）、『ディズニーを目指した男 大川博』（日本評論社）、『新版 アニメーション学入門』（平凡社新書）など。

平 凡 社 新 書 9 1 6

新海誠の世界を旅する
光と色彩の魔術

発行日――2019年7月12日 初版第1刷

著者―――津堅信之
発行者――下中美都
発行所――株式会社平凡社
東京都千代田区神田神保町3-29 〒101-0051
電話 東京（03）3230-6580［編集］
東京（03）3230-6573［営業］
振替 00180-0-29639
印刷・製本―株式会社東京印書館
装幀―――菊地信義

ISBN978-4-582-85916-4
NDC 分類番号778.77 新書判（17.2cm） 総ページ208
平凡社ホームページ https://www.heibonsha.co.jp/

鳥影

ブラディ・ドール❽

北方謙三

ハルキ文庫

角川春樹事務所

BLOODY DOLL

KITAKATA KENZO

鳥《ちょう》影《えい》

北方謙三

鳥影

BLOODY DOLL

KITAKATA KENZO

目次

1　香り

ありふれた駅だった。

ちょっと古びた階段を昇り、改札口を出ると、駅舎よりはかなり新しい駅ビルに続いている通路があった。

人が多い時間ではない。私は駅ビルの一階のレンタカーのカウンターに行って、白いカローラを借り出し、付近の道路地図を貰《もら》った。それでは、街の詳しい道はわからなかった。中心街は、駅から少し離れたところにあるらしい。駅前には、古い構えの商店がいくつか並んでいるだけだ。

私は小さなスーツケースを助手席に放《ほう》りこみ、コートを脱いだ。晴れていて暖かかった。晴れていなくても、寒さが厳しい土地でないことは知っていた。知っているのはそれぐらいのもので、つまりはまったくのよそ者というわけだ。

それほど広い街とも思えなかった。車を出し、とりあえず港の方へむかってみる。心の底にはかすかなためらいがあり、どうでもいいのだという投げたような気分もある。その気分が移りでもしたように、オートマチックのカローラはのろのろと走り、それが街の風景に溶けこんでいく様子が、運転している私にもぼんやりと見えてくるのだった。

信号待ちの時に、煙草《たばこ》に火をつけた。発進する。ミラーに赤い塊が映り、大きくなってきたので、私は左に車を寄せた。赤い塊は右側を走り抜けていく。独特のエンジン音を響かせた、フェラーリ328だった。この街にも、贅沢《ぜいたく》な車を乗り回す金持ちはいるらしい。

「日吉《ひよし》町は、どう行けばいいのかな？」

交差点に立っている巡査に、窓を降ろして私は訊《たず》ねた。交通整理をしているようでもなく、ただ信号柱の下に立っていただけだ。巡査は私の顔をしばらく見つめ、それから掌《てのひら》の上に指さきで道を描きながら説明してくれた。まったく違う方向へ、走ってきていたようだ。港へ行くのはやめにし、私は巡査が教えてくれた最初の角を曲がった。

「とにかく橋を渡れか」

巡査が言った言葉を、私は呟《つぶや》き返した。ただ道を説明されたのではなく、別の意味もこめられているように思えてくる。

片側四車線の、広い道路を横切った。工場地帯から港へ通じる、産業道路らしい。すぐに、古い住宅街に入った。どこにでもあるような市街。住宅街が終ると、大抵は田か畠《はたけ》になる。橋があった。川のむこう側は田畠《たはた》ではなく、やはり住宅街だった。それも、七、八階建のマンションがいくつも見えた。新興住宅街というやつか。

川沿いから海沿いは三吉《みよし》町で、日吉町はその奥らしい。ところどころ、古い農家に似た建物や門構えがあり、それに隣接するようにマンションが建っていたりする。

電柱の住所表示が、日吉町になった。

私は一度車を停《と》め、ヘッドレストに頭を押しつけて煙草を喫《す》った。マンションやアパートの多い地域だった。子供を自転車に乗せた若い母親が、車のそばをなにか言いながら走り去っていった。子供になにか言い聞かせていたようだが、車にむかって言ったようにも私には思えた。ヘッドレストから頭を動かさず、私は一本の煙草を喫い終えた。服に灰が落ちている。それを掌で払ってから、私はシフトレバーに手をのばした。

アパートは、すぐに見つかった。

安直な造りを白い外観で誤魔化《ごまか》したような、新建材の二階建だった。私は車をアパートの建物の脇《わき》の空地に乗り入れ、ハンドルを握ったまましばらくぼんやりとしていた。それから、コートだけ持って車を降りた。

二階の三号室。チャイム。魚眼から覗《のぞ》いている気配があった。ドアが開いた。

「しばらく、だな」

和子《かずこ》は、足首まであるチェックのガウンを着ていた。化粧気のない顔は、疲れが滲《にじ》み出し、それがかえって淫《みだ》らな印象さえ与えている。

「来てくれたのね」

「呼ばれりゃ来る。俺も馬鹿だね」

「当てにはしてなかった。笑われても当然なんだもん。だけど、言えるのはあんたしかいなかったし。思い切って電話したの」

あんたという馴々《なれなれ》しい呼び方で、蘇《よみがえ》ってくる甘いものはなにもなかった。俺が来たのはと言いかけた時、袖《そで》を引っ張られた。中へ入った。玄関の三和土《たたき》には、出前の丼《どんぶり》が五つ重ねて置いてある。ダイニングキッチンと並ぶようにして、二部屋あった。ひとつの部屋の、勉強机の方に私は眼《め》をやった。和子が遮るように襖《ふすま》を閉じる。

「掛けてよ。とにかく掛けて。いま、お茶を淹《い》れるから」

「お茶なんかいい」

「そうやって落ち着きたいのよ、あたし」

頷《うなず》き、私は煙草をくわえた。吸殻が五つほど入った灰皿が差し出された。ガスにかけたヤカンの湯が沸くまで、吸殻は七つになった。棚の奥から、和子は茶筒を取り出している。

「この辺、お茶は名物なの。あんたがコーヒーを好きなの、勿論《もちろん》憶《おぼ》えてるけど」

「三年とちょっとってことになるのか」

「太一《たいち》も、中学生よ。いま十三」

言われなくても、忘れたことはなかった。太一がいなければ、和子は電話などできなかっただろうし、私も来たりはしなかっただろう。緑茶を淹れるには、湯がちょっと熱すぎるように出された緑茶を、私は少しだけ啜《すす》った。緑茶を淹れるには、湯がちょっと熱すぎるような気がした。

「いまも同じところに住んで、同じ仕事をしてるのね。電話をするまで、あんたに通じるかどうか不安だったわ」

「四十だよ、俺は。いまさら新しいことをはじめられる歳《とし》でもない」

惰性《だせい》のようなものだろう。決まった時間に店を開け、決まった時間に店を閉めていれば、浮き沈みもない商売だ。

「お店は？」

「店長がいるし、システムはできあがってるんだ。実際に働くのは、パートのおばさんたちだしな」

「ちょうど、スーパーに改築しようという時だったものね。場所はいいし、繁盛はするでしょう」

和子は、ようやく私とむき合って腰を降ろした。一緒に暮したのは、十二年だった。厚木の住宅街の中にある食料品店。店舗面積が広く、裏は自宅だったので、ビルに建て替え、一階部分をかなり広いスーパーにすることが可能だった。ビルは四階建で、三階と四階は貸室にしてある。

「商売人としては、成功といってもいいのね。あんたみたいに白けきった人は、間違っても失敗なんかしないだろうと思ってたわ」

ビルができあがる前に、和子は消えた。太一も連れていった。戻ってきたのは一週間目で、ひとりだった。戻ってきたといっても、離婚届に判を貰いにきただけだ。和子は冷静だったが、太一をどうするかという話し合いになった時だけ、眼に狂気が走った。引き裂くなら、太一を道連れに死ぬわ。私はあっさり引きさがり、判を押した。

そのころ私には愛人がいたし、和子も男を作った。どちらが先だったのか、いまさら考えても仕方がないことだった。

いまは愛人が私の二番目の妻になり、九か月になる娘を抱いている。

「金が必要だという話だったが」

「そう。離婚の慰謝料を貰っていなかったのを思い出したの」

「離婚が成立して三年も経《た》ってから、言うべきことじゃないな。つまり時効ってやつだ。おかしなことは言い出さず、貸してくれと素直に言ったらどうかね」

「そうね。五百万、貸して」

「返せる当ては？」

「ないわ」

「他人同士の借金の申し込みじゃ、それも無茶な話だな」

「亭主が死んだの」

「らしいね。新聞に出ていたよ。縛られたまま海に浮いてたって」

「亭主が残した借金が五百万。いま、取り立てられてるわ」

「その亭主の尻拭《しりぬぐ》いを、別れた亭主の俺にしろと言うのかね」

煙草に火をつけ、私は笑った。五百万必要だという電話だけで、三年も音信のなかった別れた妻のところへ、厚木からわざわざ出かけてきた。金など貸せるものか、と言うためにやってきたわけではない。

「どういう種類の借金だったか、わかってるのかね？」

「どうせ、博奕《ばくち》かなにかね」

和子が煙草に火をつけた。昔と同じ、セーラムだった。和子の態度には、なにがなんでも金を借りなければならない、という切羽詰ったものは感じられない。どこか、投げやりでさえあった。

「誰から借りたのか、一応訊《き》いておこうか」

「昔の亭主が、いまの亭主の尻拭いをしてくれるってわけ？」

「決めたわけじゃない」

「決めてるわよ、あんたは。でなきゃ、こんなところまで出てきたりはしないわ。それで条件は、太一を返せってこと？」

「また、道連れで死ぬなんてことを言われても困るしな」

「あの時、あっさり諦《あきら》めたわね」

「ああ」

「親権を主張してもいい立場だった、と思うけど」

「そうしなかったのが、悪いみたいな言い方だな」

笑って、私は煙草を消した。外で子供の遊ぶ声が聞えるほかは、静かなものだった。

ひとりきりの息子の、親権を主張しなかった。裁判に持ちこめば、多分私の親権が認められただろうにだ。和子が、ほかの男のもとに走っても、怒りさえも感じなかった。その後、愛人だった女が結婚したいと言い出したら、領収証に判でも押すように、婚姻届に判を押した。

「突然よね」

「なにが?」

「あんたが、なにもかも白けた、という生き方をするようになったの。店を壊して、ビルに建て替えてスーパーをやるっていうのも、銀行と経営コンサルタントの言うがままになっただけとしか思えなかった」

「それが、白けたってことか?」

「わかんない。あんたとは、十二年一緒に暮した。太一が生まれ、大きくなってきた。そういう人生に、充実感を持ってる時期は確かにあったわ。五年前よ。結婚してちょうど十年経ったころ、あんたは突然なにかに白けたわ。自分自身の人生に、白けた」

「確かに、そのころ女を作った。何人もな。その中のひとりが、いまの女房だが」

「流されたのよ。あたしにはよくわかったわ。どうでもいいって気分で、ただ流されはじめた」

「だからどうだってんだ?」

「そうね。人は、ある時、突然白けたりすることがあるものなのかもね。理由もなにもなく、人生を放り出したりすることが、あっても不思議はないって気もするわ」

「商売は、うまくいってる」

「当たり前でしょう。きちんと数字を管理して、マニュアル通りにやるわけだから。つまりは、失敗もしない人生になっちゃったのよ」

「そういう俺が不満で、男を作り、家を飛び出したのかね?」

「自分がやったことを、弁解する気はないわ。ただ、太一をあんたから取りあげてしまいたいって気にはなった。多分、その瞬間はあんたを憎んでたんだわ」

「子供を取りあげちまうか」

それがこたえたのかどうかさえ、自分では定かではなかった。人生の成行のひとつがそれだろうと、漠然《ばくぜん》と考えただけだ。

「でも、電話をしたら、あんたは来たわ」

「太一のことは、いつも思い出してたよ」

「それだけ?」

「君のことも、と言わせたいのかね？」

「そんなに自惚《うぬぼ》れちゃいないわ。この三年、ひどい男と暮した。それでも、生きてたわ。こんなに老けちゃったけど、生きてた」

「俺は死んでたってことか？」

「自分で決めるのね、それは」

「太一の父親である、という漠然たる自覚はあるような気がするね」

「相変らず、白けっ放しね」

和子が、新しい煙草に火をつけた。ガウンの胸もとから、豊満な乳房の谷間が覗いた。それが、私のなにかをくすぐってくることはなかった。和子が豊かな胸を持った女だった、ということを思い出しただけだ。

「とにかく、借金の相手が誰なのかだけ、訊いておこうか」

煙を吐きながら、口もとだけで笑って、和子が立ちあがった。差し出されたのは一枚の名刺で、それは汚れ、端の方は折れて皺《しわ》になっていた。私はそれを、大して見もせずに胸のポケットに突っこんだ。

「どういう種類の借金なのか、一応調べてみよう」

「白けてるくせに、冷静なのね。白けてるからって言うべきかしら。事務的な処理はきちんとやるのが、習性になっちゃってるんだ」

習性という言葉が、精一杯の和子の皮肉なのかもしれなかった。私は、和子が煙を吐く様子をしばらく見つめていた。茶は冷えている。ほかに語るべきことは、なにも見つからなかった。かたちの上では、自分から女房を奪った男の借金の尻拭いをするという、間抜けでお人よしの役をこなせば、私はただ帰っていくだけだ。

「コーヒー、淹れるわ」

腰をあげようとした気配を察したように、和子が言った。頷き、煙草に火をつけて、私は天井に眼をやった。コーヒーに凝っていたのは、三年前までだ。和子がいなくなってからは、インスタントコーヒーの方が多くなった。もともと、大して好きというわけでもなかったのかもしれない。

「この街にも、おいしいコーヒーを飲ませる店はあるわよ」

フィルターペーパーで、ゆっくりと淹れている。これを急いではいけない、と三年前は口うるさく言っていた。

ドアが音をたてた。飛びこんできたのは、スタジャン姿の少年だった。太一だということがわかるまでに、ちょっと時間がかかった。三年は、私の容姿を大して変えはしなかっただろうが、十歳の少年は大きく変えていた。

「よう」

私が声をかけても、太一は無言だった。和子は、何事もなかったように、フィルターペーパーのコーヒーに、少しずつ湯を注いでいる。

「憶えてないってことはないだろう、俺を」

太一の眼が、かすかに動いた。それだけだった。部屋へ入り、数秒後に同じ恰好《かっこう》のまま出てくると、私に眼もくれず靴を履いた。

「でかくなるもんだ」

出て行く後姿を見送りながら、私は言った。和子がコーヒーカップを差し出してくる。

私は煙草を消し、香りを嗅《か》ぎとろうとした。

「これから、もっと大きくなるわ。中学一年だもの、まだ」

「学校から帰ってきたってことか」

「多分ね」

それ以上、私は太一のことを訊こうとはしなかった。コーヒーの香りで、鼻腔《びこう》をいっぱいにしてみただけだ。過去から匂《にお》ってくるものは、なにもなかった。

2 夕刻

車を市街に戻すと、私はシティホテルに部屋をとり、スーツケースを放りこんだ。

五百万の借金が、五百万で済むとは思えなかった。利子を入れれば、二倍にも三倍にもなっている可能性がある。交渉に手間取ることも考えていた方がいい。私に出せる金は、せいぜい一千万というところだった。

名刺の住所を訪ねることにした。

シティホテルから大して離れていない、駅の近くの小さなビルだった。私は通りに車を停め、階段を昇って三階の事務所へ行った。

ドアを開けると、柄のよくない男が二人いた。少なくとも、私のスーパーの客になりそうな男たちではない。なにか用かという表情でひとりが私の方に顔をむけたが、椅子《いす》から立ちあがろうともしなかった。

「中西清二《なかにしせいじ》氏の借金のことで、話し合いに来たんだがね」

「中西だと」

もうひとりの方も、私に眼をむけてきた。

「弁護士かなにかか、あんた?」

「いや。ただ、中西和子の代理人のようなものだ、と思ってくれていい」

「話し合いってのは、なにかね?」

「返済の方法を、話し合いたいわけさ」

ひとりが、奥のドアに消えた。電話が鳴り、もうひとりが取った。ぞんざいな受け答えで、およそ金貸しを仕事としている会社の社員とは思えない。奥のドアに消えたひとりが、戻ってくると私を促した。

社長室のようなところなのか、事務所よりずっと立派だった。それでも、応接セットはレザークロスで本革張りではなかった。

「どうぞ」

スリーピースで身を包んだ四十がらみの男。名刺にあった、大岩肇《おおいわはじめ》とはこの男のことだろうか。物腰はやわらかいが、眼鏡の奥に冷たい光がある。

「中西のことで、見えられたそうですが」

応接セットに腰を降ろすと、男はそう言ったあとで大岩と名乗った。

「立野良明《たつのよしあき》さん。厚木でスーパーの経営をされている」

私が差し出した名刺を見ながら、大岩が言った。もうひとりの男は、大岩の脇に立ったままだ。大岩はテーブルの煙草を一本とった。男が卓上ライターの火を差し出す。私に視線をむけたまま、大岩は煙を吐いた。

「中西との関係を、まず説明していただきたいですな」

「中西和子の代理人ということで、充分だろうと思いますが」

「なるほどね。で、御用件は？」

「借用証を、まず拝見できませんか？」

「いいですよ。正式なものです。連帯保証人は、妻の和子さんということも明記されております」

大岩が、男にちょっと手で合図した。すでに準備してあったのか、男はデスクの書類をそのまま私のところへ持ってきた。最初から最後まで、私は二度読み返した。

「いまなら、五百万返済すればいいわけですな」

「御冗談を。最後の項目を読んでください。利子の規定のところをね。千五百万の返済が必要ということになる」

「去年の十一月。つまり三か月前だ。それで元金の二倍の利子。しかも、本文の中に書かれた規定ではない。つまり、証書としてこの部分は無効ということになる」

「私が、あとで書き加えた、という意味で言っておられるのかな」

「なんとも言ってはいませんよ。証書として無効な部分だ、と言ってるだけです」

「どうであろうと、それが中西清二の借用証でね」

「元金が返ってくるだけでも、おたくは充分じゃないんですか。中西和子に返済能力はないわけだし」

「元金が、返ってくる?」

「そうですよ」

「誰が、払うんです?」

「私が」

「なぜ?」

「理由を申しあげる必要はありませんな」

私は煙草をくわえ、使い捨てのライターで火をつけた。眼鏡の奥の大岩の眼が、細くなっている。痛いほどの視線だった。私は煙を吐き続けた。大岩の指に挟まれた煙草から、灰がポトリとソファに落ちた。

「なぜなのかな?」

落ちた灰にも、大岩は気づかないようだった。

「五百万なら、その借用証と引き換えで、いつでも払いますよ」

「だから、なぜ?」

それ以上、私はなにも喋《しゃべ》らなかった。なぜ、と大岩はもう一度訊いた。それから、指の間で短くなった煙草に、ようやく気づいて、灰皿に捨てた。

「返していただくのは、千五百万ですよ。五百万では、利子を一部払っていただいたということにしかなりませんな」

気を取り直したように、大岩が言う。私も、灰皿で煙草を消した。今日のところは、このあたりまでの話でいいだろうと思えた。時間はあるのだ。

「明日、またお邪魔しましょう」

「立野さん」

言いかけた大岩が、途中で言葉を呑《の》みこんだ。腰をあげかけた姿勢で私は待ったが、それ以上なにも言おうとしない。

社長室を出、事務所を通って階段を降りた。

晴れた日。ようやく傾きかけた陽光が、街をやけに赤っぽく照らし出している。学校帰りらしい中学生が二人、駅の方から歩いてきた。ちょっとだけ、なにも言わずに飛び出していった太一の姿を思い出した。息子。心に、かすかな痛みがある。自分がまだ、痛みを感じることができる人間であることを確かめるために、いままで太一のことを思い出していたような気がした。

夕方近くなり、街は車が多くなっていた。私はシティホテルの脇を通り抜け、海の方へむかった。海岸通りという表示が出ていたが、海岸が見える前に、私はブレーキを踏んだ。シティホテルから、ほんのちょっとしか走っていない。右に、法律事務所の看板が見えたのだ。

車の少ない時を見計らって、Uターンした。この街にも弁護士くらいはいるだろう、と思っていたが、おあつらえむきに看板が眼に入った。どうせ、どの弁護士が優秀なのかなど、調べる方法はない。

入口のドアを押すと、女の事務員がひとりデスクに腰かけていた。病院の待合室のように、デスクのむかい側の壁沿いに、椅子がいくつか並べられている。

「法律相談に、乗っていただきたいんですがね」

「どういう種類の御相談でしょうか？」

女事務員はすでに中年で、初診の受付けをする看護婦のように、表情を動かさなかった。

「民事。借用証の効力について。相談料は、ここで言っていただければ、払います」

「宇野《うの》は、そういう方面を扱うことがあまりありませんが、在室しておりますので、一応お目にかかれる時間があるかどうか訊いて参ります」

勿体《もったい》ぶった事務所だ。事務員の応対も、充分に礼儀正しく、尊大な雰囲気さえ漂っている。裁判官出身の老弁護士。私はそう見当をつけた。有能かどうかは、話してみるまでわかりそうもない。

「どうぞ。お話だけうかがうそうです」

木のドアが開き、女事務員が言った。

「相談料は、いかほどでしょうか？」

私も、充分に礼儀正しく、しかも中に聞えるような大声で言った。

「相談料の類《たぐ》いは、お受けしておりません。もともと、相談をお受けすることもあまりないものですから」

私はちょっと肩を竦《すく》めた。

私を迎えたのは、顔色の悪い、小肥《こぶと》りの中年男だった。小肥りと見えるのは錯覚かもしれない。手や手首は細く神経質そうで、顔だけむくんだ感じなのだ。

名刺を交換した。宇野という弁護士は、なにも言わず私にソファを手で勧めた。いきなりパイプに火をつけ、濃い煙を続けざまに吐きはじめる。部屋の中が、パイプ煙草の香りでいっぱいになった。

「借用証の効力は、借用証に記載されている通りです。それが法律に基づいて作成されているものなら。法律に反しているものがあれば、その借用証は無効ということになりますが、貸借の事実があれば、借金そのものまで無効とは言えません」

それだけ言って、宇野はまた煙を吐いた。私も煙草に火をつけた。私の吐く煙がどこに消えていくかわからないほど、宇野の吐く煙は濃かった。

「署名の後部に、単純に追加記載された、利子についての条項です」

宇野の眼が、好奇心に似た輝きを帯びた。私の話の内容に興味を持ったとは思えず、私自身に関心を持ったような眼差《まなざ》しだった。

「単純に追加記載された、か。借金に追われてる人は、通常そんな客観的な表現はできないものです。あなた自身の借金というわけではありませんね。ならばなぜ、当事者が私に相談してこないのか。名刺を拝見すると、厚木でスーパーをやっておられる。わざわざこの街まで来られたということだ。最初に秘書が取次ぎに来た時も、おや、と思いましたよ。民事。借用証の効力について。やはり、欠落している。客観的だが、なにか欠落している。

相談を受けたい人間の、切迫した心情のようなものがね。そう思って、会うことにしたんです。うちの事務所では、依頼人の最初の言葉は、的確に私に伝わることになってます」

喋り終ると、宇野はまた濃い煙を吐き続けた。この男がお喋りなのかどうか、よくわからなかった。無駄なことを言ったとは、私には思えない。といって、私の相談の解答にもなっていなかった。

「借金は返します。ただ、不当な利子は避けたい。それが相談の内容です」

「その解答は、最初に申しあげた通りです。それについて、相手方との交渉を私に依頼されるなら、内容を具体的にうかがいたいですな」

「五百万。それが三か月余で、利子も含めて千五百万の返済要求ということになっています」

「千五百万が、一億五千万であろうと、抽象的な話です。利子を不当に取られている、というだけの話だ」

「要するに、人間関係にあなたは興味をお持ちですね」

「仕事を受けるか受けないかの基準は、それです。ただのトラブル処理として、ビジネスで引き受ける弁護士は、この街に何人もいますよ」

私は灰皿で煙草を消した。眼の前にいる、濃い煙を吐きまくる不健康そうな男が、どれほどの弁護士かということは相変らず読めなかった。ただ、事情を話すことに抵抗はない。

実際に依頼するとなると、相手が誰であれ、話さなければならないことだ。

「借金は、中西清二、和子夫妻のものです。中西清二氏は二週間前に、死んで海に浮いています。つまり、中西和子ひとりが返済を迫られている状況でしてね。中西清二氏については、私は詳しく知らない」

「中西和子との関係は？」

「三年前に離婚した、昔の妻です」

宇野の表情が、ちょっと曇ったような感じになった。離婚した妻の借金の尻拭いの相談を持ちかけられたから、とは思えなかった。

「大岩商会か」

誰なのかまだ言っていない相手の名を、宇野が呟いた。

「ほう、御存知ですか」

「立野さん。あなたがどんな理由で、別れた妻の借金を肩代りしようとされているか、私は知らん。ただ、これはあなたの理由に関係ないところで、複雑な問題になっている。そのゴタゴタの中に、大岩と会うことであなたも巻きこまれたかもしれないな」

「どういう意味かな？」

「知らない方がいいな。まだ、巻きこまれたと決まったわけじゃない。言っておきますが、中西和子が抱えている問題は、あなたが五百万の肩代りをしたとしても、解決はしないだろうな。そんな気がする」

「金を払えば、私はこの街を出ていきますよ」

宇野が眼を閉じた。なにか考えているのだろうが、眠りこんだようにも見えた。私は、もう一本煙草に火をつけた。それを吸い終えても、宇野は眼を開こうとしない。

「中西和子の法的な代理人を、引き受けていただけますね？」

「必要があれば」

宇野が眼を開く。パイプをくわえたが、もう火は消えたらしく、濃い煙は出なかった。

「その必要というのは、私が決めますよ、立野さん」

「急いでいるわけじゃないが、時間を無駄にしたくもありませんでね」

「この街に来たことを、後悔するかもしれませんね。私には、あなたが別れた妻の借金の肩代りをするということが、なんとなくわかる。なんとなくですがね。連中には、わからん。なぜ、五百万も出そうとするのか、いろいろ考えるだろうな」

「あなたが言う意味が、私にはよく理解できませんよ」

「おまけに、あなたは私の事務所へ来た。ほかの事務所へは？」

「どこにも。海岸にむかう途中で、看板を見ましたんでね」

「ゴタゴタに飛びこんできた。どこから見てもそういう恰好ですね」

「私にわかるように、話して貰えませんか」

「知らない方がいいな、やはり。知ることになってしまうかもしれないが」

それ以上、訊く気は起きてこなかった。宇野が喋ろうとしないことも、それほど不快ではない。なにか別のことがある。和子が電話をしてきた時に、私はそのことに気づくべきだったのかもしれないのだ。三年も前に別れた亭主に、金の無心をしてくるような女ではない。十二年も一緒に暮した女の性格を、三年の空白が忘れさせてしまったのか。それとも、和子と繋《つな》がりを持つことで、太一とも繋がりを持てると、無意識のうちに考えてしまったのか。

「明日、また大岩商会に行くことになっていましてね」

「それは、やめてください」

「しかし、あなたは中西和子の代理人を、引き受けるとは言われなかった」

「複雑なことがあって、私も整理をつけかねているんです」

「わかりました。明日、大岩商会へ行く前に、ここへ来ましょう。その時、はっきりと返事を聞かせていただきたいですね」

宇野が、かすかに頷《うなず》いたように見えた。

私は腰をあげた。ドアを開けると、女事務員が立って見送った。

3　鍵穴

四人が、私を取り囲んだ。

イタリア料理の店で夕食をとり、シティホテルにむかって歩いている時だった。四人とも、見憶えはない。どこにでもいる、ごく普通の人種としか思えなかった。

「乗りな」

科白《せりふ》は、普通の人種にしてはいささか荒っぽい。映画にでもありそうなシーンだ、と私はなんとなく思った。

「大人しく、乗った方がいいぜ」

なにか起きるような予感は、宇野法律事務所を出てから、ずっとつきまとっている。起きたいまも、不思議な気はしない。背中を押されるままに、私は指された黒塗りの車に乗った。後部座席の真中だった。車はすぐに動き出し、しばらく走ると海岸沿いの通りに入った。

突き当たって右、と私は頭に入れた。それに大した意味はなかった。四人もの男を振りきって逃げることは、不可能に近いだろう。私はひと言も喋らず、ただ窓の外を通り過ぎていく街の明りに眼をやっていた。

道がいくらか明るくなった。港が近いようだ。車は倉庫街に入り、コンテナ置場を通り、埠頭《ふとう》に出た。そこが行き止まりだった。

「降りろ」

まだ映画の続きを見ているような気がする。車を降りるとそのまま腕を引かれ、停泊している貨物船のタラップを昇った。三千トンほどの船か。かすかな震動を感じるのは、発電機が作動しているからなのか。

連れていかれたのは、狭い船室だった。天井が低い。まず感じたのはそれだ。窓はなく、換気のためらしいダクトがひとつあった。

「質問に答えて貰いたいんだがね、立野さん」

船室に入ってきたのは、車の中で私を両側から挟みこんでいた二人の男だった。二人とも三十歳ぐらいで、同じような紺のスーツに、ひとりは赤っぽいネクタイを、もうひとりはブルーのネクタイをしていた。

「なんで、中西の借金の肩代りをする?」

私は黙っていた。黙っていれば痛い目に遭うかもしれない、と思いながら黙っていた。

「答えた方がいいぜ、立野さんよ」

ブルーのネクタイが、にやりと笑った。笑うと口もとに酷薄な感じがあって、いかにも人を痛めつけるのが好きそうに見える。私は男たちから眼をそらし、床の錆《さび》に眼をやった。

錆は点々と浮き出して、ところどころ島の地図でも描いたようになっている。

ずしりと、腹にパンチを食らった。身構えてもいなかったので、胃が逆立ちしたようになった。次にまた、腹を蹴《け》りつけられ、私は壁のベッドまでふっ飛んだ。ベッドと言っても、鎖《つる》で壁に吊した恰好のやつだ。二段らしいが、上のベッドは壁にくっついていて、下だけが使われているようだ。

「こんな真似《まね》、したくねえんだよ。喋ってくれりゃ、それで終りさ」

喋るまい、と私は思った。理由はない。喋りたくないから、としか言いようがなかった。決めてしまえば、なにがあろうと声を発しなければいいだけの話だ。

赤っぽいネクタイが、黒い革の手袋をしているのが見えた。二つの黒い玉のように、拳《こぶし》が私を襲ってきた。こめかみに食らった瞬間、気を失いそうになった。ほとんどの拳は顎《あご》と頬《ほお》だったが、一発だけこめかみに来たのだ。食ったばかりのイタリア料理が、胃から飛び出しそうだ。

「しぶといね、あんた。中西清二みたいに、海に浮いちまいたいのか」

「こいつ、まだひと言も喋ってねえよ」

「まあ、時間をかけりゃ、どんな野郎の口だって開くさ。湯の中に放りこんだ貝みてえにな」

黒い玉が、続けざまに私の顎にぶつかってきた。強いパンチではない。ただ、いつまでも続いた。こらえきれず、私は胃に収まっているイタリア料理を口から噴き出した。

「汚ねえな、この野郎は」

「そういう責め方をするからさ。顎は頭に響いて、誰だって吐いちまうよ」

「いいやり方があるなら、おまえ、やってみてくれよ」

「痛いのがいいんだ。殴ってりゃ、そのうち気を失うしな」

赤とブルーのネクタイ。どちらがどちらだか、声を聞いていてもわからなくなった。指の間に、なにかを挟みこまれた。激痛が走り、私は呻《うめ》きをあげた。指の骨が軋《きし》んでいる。さらに力が加えられた。呻きが、叫びになった。それを、他人のもののように私は聞いていた。一度力が緩み、また痛みが襲いかかってきた。叫びは、言葉ではない。どれだけ叫ぼうと、私は喋ったことにはならないはずだ。

「しぶといね、あんた」

「時間をかけてもいい、と言われてる。あんまり無茶はやるなよ」

「こんな仕事、俺たちにゃむかねえよな。もっと派手なのが、俺たちにゃむいてる。じっとしてるやつを、痛めつけるなんてよ」

「いまは、これが仕事さ」

指の間から、挟まれていたものが消えた。全身に噴き出している汗を、私は感じた。

「こうやってるうちに、喋りたくなる。気絶はしねえしな」

ブルーのネクタイの方が、丸い筒のようなものを指の間に挟んだようだ。なんなのかよくわからなかった。かすかな痛みは、指の間に残っている。

「骨が折れるまで頑張り続けたら？」

「そんなことはあるまいよ」

「いや、こいつ、俺たちと会ってまだひと言も喋ってねえよ。大抵は、怕《こわ》くなってなにか言うもんさ。俺は、ど突いて頭をぼんやりさせた方がいいと思うな」

「じゃ、半分ずつやろうじゃねえか。こいつは休めなくなる。まあ二時間も続けてりゃ、音をあげるだろうさ」

黒い革の手袋。やはり黒い玉に見えた。脇腹、胸、胃。ベッドに腰かけた恰好だった私は、床に転がり落ちた。鉄の冷たい感触が頰に伝わってくる。それも束《つか》の間《ま》だった。靴が、躰《からだ》に食いこんでくる。耐えられず、二度私は吐いた。三度目は、なにも出てこなかった。それでも、靴は躰に食いこみ続けている。

しばらくして、手の指に痛みが走った。容赦なく締めあげられている。かすれた叫び声しか出なかった。

痛みや苦しみがどんなものなのか。いや、死がどんなものなのか。考えることもなく、それがわかる。一頭のけもののようなものだ。それが眼醒《めざ》め、全身を駈《か》け回り、方々を食い荒らす。もう一頭のけものを、私は捜そうとした。恐怖というけもの。見つからなかった。私は、恐怖というけものを失ってしまっていた。いつかはわからない。多分、五年前のあの時。恐怖というけものが大きくなりすぎて、私の躰から飛び出してしまったのだろうか。

手全体に痛みがあった、もうどこの指に筒を挟まれているかもわからなかった。左手が終ると、右手だった。痛みは、けものではなく、かわいい動物のようなものだ。もう、私に馴《な》れはじめようとしている。死も、同じようなものかもしれない。

躰に衝撃が来た。また蹴られはじめたようだ。ひとしきり、それは続いた。途中から、耐えるという意識はなくなった。躰に食いこんでくるものがある。そう感じるだけだ。

「休むか、しばらく」

「おい、立野さんよ。なんで中西の借金を肩代りするんだ。もしかしたら、中西のカミさんが、あれを持ってんじゃあるまいな。あんたが買いとったって、役に立ちゃしねえぞ。どうせ、俺たちに渡すことになるんだ」

「おい、休もう。こいつは、なにか答えられるって状態じゃねえよ」

「まったくだ。半分死んでら」

靴音。鉄の板の上では、やけに大きく聞える。それが遠ざかった。船体は、発電機のためか、かすかに震動している。それが、床に顔を押しつけているとよくわかった。

立ちあがれるだろうか。足を、手を動かしてみた。痛みはあるが、動かせないところはなさそうだ。私はゆっくりと肘《ひじ》を突っ張って上体を起こし、片膝《かたひざ》を立てて腰をあげた。大丈夫だ。歩くこともできそうだった。

木のドア。鍵《かぎ》がかかっていた。鍵穴からむこうが覗けるというやつだ。体当たりでもすれば、簡単に破れそうだが、もの音を聞きつけて誰か来るだろう。狭い部屋の中を歩き回った。釘《くぎ》一本、落ちていなかった。ベッドの下まで覗きこんだが、薄く埃《ほこり》が積んでいるだけだ。上の段のベッド。スプリングがひとつ取れかかっている。私はそれを摑《つか》み、同じ方向に捩《ね》じ曲げては戻すことをくり返した。四十回目ぐらいまでは数えていた。それからどれだけやったのか。ポロリと、スプリングがとれた。靴で踏んで、折れ口のところを少しのばす。先端は、鉤《かぎ》状に曲がっていて、それはのばさない方がよさそうだった。

私はドアのところへ膝をつき、鍵穴にスプリングの端を差しこんだ。靴で踏まなくても、鍵穴の金属の部分を利用すれば、たやすくのばしたり曲げたりできたことに気づいた。

スプリングの先端が、なにかにひっかかる。持ちあげる。降ろす。鍵が動いている気配ではなかった。自分が逃げようとしているのだということに、私はようやく気づいた。はじめは、ただ部屋から出ようとしか思っていなかった。

どれくらいの時間、それを続けたのか。靴音が近づいてきた。私はスプリングをズボンのポケットに突っこみ、床に倒れこんだ。

ドアが開く。

「まだ寝てますよ。ひと言も喋ろうとしやがらねえんで」

「中西のカミさんが持ってると、決まったわけじゃない。あくまで、可能性のひとつだ。だから、借用証なんてもんでカミさんをゆさぶってみた」

「すると、この野郎が現われたってわけですね」

「どうも解せないところもあるんだな。動きが目立ちすぎた。なにも借金の肩代りをしなくても、欲しいものがあるなら直接カミさんから買えばいい。そんなことを考えると、なんだこいつはって感じだな」

「この野郎、宇野法律事務所へ駈けこんだんですぜ」

「それもな、電話連絡で充分だろう。わざわざ、宇野に会いに行った。まあ、川中《かわなか》のところへ駈けこまなかっただけましだが」

「いっそ、中西のカミさんを締めあげてみちゃどうなんです」

「持ってるということが、確認できればな。持ってないのに締めあげりゃ、ほんとに持ってるやつが首をいっそうひっこめちまう」

「持ってるか持ってないか、こいつが喋ってくれるのが一番いいわけですね。だけど、しぶといのか鈍いのかわかりませんよ、こいつ」

「締めあげてみろ、俺の前でだ」

襟首を摑まれた。背後から抱き起こすようにして、立たされた。私は、膝を折って自分から立とうとはしなかった。

上の段のベッドが倒された。ベッドを吊っている鎖に、細紐《ほそひも》で手首を縛りつけられた。大の字に立たされた恰好だ。膝を折って体重をかけると、手首に紐が食いこんでひどく痛む。

続けざまにパンチを浴びた。息をつく暇もないくらいだった。腹、顎、こめかみ、鼻。意識が遠くなった。すると、コップの水を顔にかけられる。それが何度かくり返された。もう、手首の痛みも感じない。眠りたいような気分があるだけだ。

「やっぱり、なんにも言わねえ。続けると死にますぜ」

赤いネクタイの男。私は薄く眼を開いた。ドアのところに立っているのは、大岩肇に間違いはなかった。

「まだ、やりますか？」

赤いネクタイは、息を乱していた。

「俺が代ろう」

ブルーのネクタイだろう。姿は見えなかった。靴が、腹に食いこんできた。それが靴だと感じられる程度に、私はまだ正気を保っているようだ。靴も執拗《しつよう》だった。死ぬかもしれない、となんとなく考えた。恐怖というけものは、やはり私の心の中にも躰の中にもいないようだ。自分の力で、追い出したのではなかった。五年前。あの日。恐怖というけものは大きくなりすぎて、私の心も躰も破って外に出ていった。

「立野さん。あんた、なんのために五百万捨てようとしてんだね？」

耳もとで声がした。執拗に、同じことを何度もくり返している。

「駄目ですよ、社長。こいつに喋る気なんかありません。海に投げこみましょうか」

「慌てるな。この男が何者で、中西やカミさんとどういう関係か、調べなくちゃならん。方法はあるさ。それで、利用できないとわかったら、海に沈んで貰おう」

「締めあげるの、続けていいですか？」

「もういい。こいつが喋らないのはわかった。殺すよりも、利用することを考えよう。しばらくここに繋いでおけ」

ドアが閉められた。出ていくところはまったくわからなかったので、意識がしばらく途絶えていたのかもしれない。

なんとか、膝を立てた。手首に力を入れる。右の細紐の方が、いくらか余裕がありそうだ。右の手首を、こねるように動かし続けた。何回か数えながらやったが、途中ですぐにわからなくなった。

右の手首が、いまの私のすべてだった。ほかに考えることは、なにひとつとしてない。鎖に擦れた細紐が、ギシギシと音をたてている。

不意に、おかしなところへ放り出された。宙に浮いたような感じだ。どこかへ落ちているのだろうか。しかし、どこまでも底はない。宙に浮いているのは、私の右手だった。細紐が切れたのだ、ということにはじめて気づいた。左手首の細紐。解くのに時間がかかった。右手の指さきが、ほとんど動かないのだ。途中で諦め、歯を持っていった。左手首が固定されているだけで、あとは自由だったのだ。

嚙《か》み切れた。私は、ベッドに倒れこんだ。ここがどこで、自分がなにをしているのか、しばらく考えた。

船の中。そしてドアを開けようとしていた。私は、ドアの方に歩きかけ、床に膝をついた。三度それをくり返して、ようやくノブを摑むことができた。ノブは回るが、ドアは開かない。錠。少しずつ、思い出していった。ポケットに、ベッドのスプリングがあるはずだ。

気づくと、鍵穴にスプリングを突っこんでいた。くり返しくり返し、スプリングの先端のひっかかりを確かめ、動かした。

時々、意識が途切れているようだ。それでも、手は動いているのかもしれない。指さきから血が滲みはじめていた。

いままでのひっかかりとはちょっと違う、重い感じがスプリングにあった。なにかが回った。まるで、私の掌の中で回ったような気がした。錠が解けた。それはわかった。次になにをやるのか。

ノブを回してドアを開ける。それから外へ出る。頭の中で、自分の行動を思い浮かべた。ここは船だ。肝腎《かんじん》なことを、忘れかけていた。船ならば、タラップを降りなければならない。海に飛びこむ、という方法もある。

立ちあがった。ほんとうに、揺れる船の上だった。一度ベッドのところまで歩き、ドアのところへ戻った。歩ける。

私はノブを回した。ドアは簡単に開いた。

通路。連れてこられた時どうだったか、必死で思い出そうとした。なにも思い出せない。階段か梯子《はしご》を昇ったり降りたりしなかったか。どこかで曲がったりしなかったか。

歩いてみるしかなかった。鉄のドアがあった。車のハンドルのようなものが付いている。それがドアノブの代りのようだ。回すとドアが開き、風が吹きつけてきた。

いくらか頭がはっきりしてきた。タラップとは反対側に出てきてしまったようだ。その方がよかったのかもしれない。タラップには、見張りがいる可能性がある。

私は手摺《てすり》につかまりながら、階段を降りて前甲板の低いところへ行った。そこで手摺を跨《また》ぎ、ぶらさがった。全身が、ミシミシと音をたてているような気がする。私の手と腕が、七十五キロの体重を支えていられたのはほんの数秒だった。舷側《げんそく》に張りついたような恰好のまま、私は海水の中に滑り落ちた。

泳げばいい。自分に言い聞かせた。浮いているのか泳いでいるのか、自分でもよくわからなかった。全身が凍えはじめている。意識が遠くなった。それから岩壁の明りが眼に入った。そのくり返しだ。

ここで溺《おぼ》れ死ぬのだろう。なんとなくそう思った。太一と、もっとちゃんと挨拶《あいさつ》をしておけばよかった。考えたのは、それくらいのものだ。口に水が入ってきた。

4 縁

小さな部屋の中だった。

私はまだ船の中にいて、しっかりと縛りつけられていた。右腕に、細紐が巻きついている。それから、明るすぎると思った。眩《まぶ》しいのだ。

「眼が醒めたみたいだな」

知らない男だった。私を見降ろして、笑っている。

明りが蛍光灯だった。船の明りは、裸の白熱球だったような気がする。ダイナモ発電機の震動も、波の揺れもなかった。

「名前は？」

私は黙っていた。なにも喋らない。心に決めたことだ。蹴るなら蹴る。殴るなら殴る。はやくやってくれ。待っている時間だけが、苦痛といえば苦痛だ。

「ここがどこだか、わかるかい？」

船の中だ。決まったことだ。

「いま、二月十八日の午前四時だがね。それもわかるかい？」

私は黙っていた。喋らないと決めたのだ。男の手がのびてきて、私の目蓋《まぶた》と頰に指が触れた。予期したより、ずっとやさしく柔らかな触れ方だった。

「認識する力はあるようだ。意志の力さえ、眼には感じられるね。まあ、もうひと眠りすれば、状況を把握することもできるはずだ」

「それで、元に戻るんですか？」

ほかに、もうひとりいるようだ。私の視界の外だった。

私は眼を閉じた。蹴られることも、殴られることもない。なんとなく、それがわかった。どこかで、ほっとしている。ほっとしている自分が、いささか疎《うとま》しくもあった。

「この男の、元の状態というのを、俺は知らんからな。大病院なら、CTスキャンをかけるところさ。俺はただの勘《かん》で、こいつの傷は打撲傷だけだと言ってしまうよ。頑丈な男だな。これだけの打撲を受ければ、大抵は内臓に影響が出るもんだが」

「まあ、死にはしないってことですね」

「気軽に言うじゃないか、坂井《さかい》」

「死ななきゃ、どうってこともありません。下村《しもむら》だって、左手をなくしたのに、なくす前より生きとしてますしね」

「それが、おまえの人間観か」

「そんな大袈裟《おおげさ》なもんじゃありませんが、人間ってのは強いもんだ、と最近は思いはじめてるんですよ」

船だった。ぶらさがり、海に落ちた。そこまで、私は思い出した。泳いだのだろうか。それとも、また船に引き戻されたのだろうか。確かなのは、死んでいないということだけだ。そう思うのは、はじめてではない。五年前。あの日。私は病院で気づき、死ななかったと思った。自分だけが、死ななかった。

あれは喜びだったのか。それとも自嘲《じちよう》に近いものだったのだろうか。

眠っていたようだ。眼が醒めた。窓からは、明るい光が射《さ》しこんでいる。朝だけは、陽《ひ》の当たる部屋のようだ。

「ここは？」

「桜内《さくらうち》という人の、診療所さ。夜中の二時に叩《たた》き起こしたんで、もう仏頂面で帰っちまったよ」

「病院、なのか？」

「まあな」

「あんたは？」

はじめて見る男だった。まだ若い。三十というところか。

「船を見物していたら、あんたが落ちてきた。泳ぎはじめてね。ところが途中で沈んだ。仕方なく、この寒空に俺は海に入ったってわけだ。引っ張りあげた時は、溺死《できし》で顔が脹《ふく》れあがってるんじゃないかと思ったよ。まったくひどい顔で、それはいまも変らないな」

「助けて貰ったわけか」

「成行さ」

男は、私が誰かも、どういう事情だったのかも、訊こうとしなかった。煙草を一本、差し出してきただけだ。左手が、かろうじて持ちあがった。右手には、点滴の針が突き刺さっている。

使いこんだジッポで、男は私の煙草に火をつけ、ブリキの灰皿を胸のところに置いた。

「内臓は大丈夫だそうだ。桜内さんの勘というやつだがね。脳ミソは本人次第だろうと言ってた。眼が醒めて、点滴が終れば、帰っていいそうだ」

「何時だね？」

「九時。四時ごろ、あんたは気づいた。それからは気絶じゃなく、ただ眠ってただけだ」

煙草が、こたえた。肺や胃にこたえたというより、全身にこたえた。三度煙を吐いて、私は煙草を消した。左手の指は、グローブのように腫《は》れていた。右手の指も同じようなものだろう。

「忘れていた。私の名前は、立野という。名刺は服の中だが、濡《ぬ》れてしまっただろうな」

「俺は坂井」

「桜内先生へのお礼は？」

「気がむいた時に、払いに来ればいいんじゃないかな」

煙草のくわえ方が粋《いき》だ。革ジャンパーもいい。ただ、眼の光は暗かった。

「君にも、礼をしなくちゃならないな。命を助けられたんだろうから」

「大して、嬉《うれ》しそうな顔もしてないぜ」

「服も、濡れたんだろう」

「あんたが眠ってる間に、着替えてきたよ」

坂井は、私の胸の上の灰皿で煙草を消し、点滴の量を確かめた。もう、ほとんど残っていない。終れば、帰っていいと言われたことを、私は思い出した。

「私の服、濡れているだろうね？」

「素っ裸さ。そのシーツの下は、なにも着てない。医者ってのは、そうやって躰をみるんだ」

「参ったな。ホテルへ戻らなきゃ、新しい服がない」

「送るよ。乗りかかった船だ」

「頼むわけには、いかないな。もしかすると、ホテルで待ってる連中がいるかもしれない。

君を同じ目に遭わせかねないしね。なんとか着れるものが手に入らないだろうか。そしたら、すぐに人に会って確かめたいことがあるんだ」

坂井は、興味深そうに私を見降ろしていた。また煙草に火をつけ、くわえたまま眼を細めている。

「つまり、あんたはホテルから連れていかれ、船の中でそんな顔にされ、逃げ出したっていうことかい？」

「連れていかれたのは、ホテルからじゃない。どこからでも、同じようなものか。とにかく、まず確かめようと思う」

「なにを？」

「なぜ、私がこんな目に遭ったかをさ」

「理由がわからないのかい？」

「ほんとの理由はね」

くわえ煙草のまま、坂井はちょっと肩を竦めた。それから、部屋の抽出《ひきだし》を開け、白い布を取り出した。白衣だった。

「こいつで、間に合うかな。会わなきゃならないって人間のところまで、俺が送るよ。点滴も、もう終っちまったみたいだ」

「ここは、どこだね？」

「どこって言われても、まあ、街の真中ってことになるのかな」

「シティホテルは、近くか?」

「そこが、あんたの宿か。歩いてだって、十分ってとこだな」

「じゃ、私が行きたいところも、大して遠くないはずだ。宇野という弁護士の事務所だが、道はシティホテルからなら説明できる」

「知ってる」

短くそう言って、坂井は煙草を消した。

私は点滴の針を左手で引き抜き、上体を起こした。筋肉が、バラバラになりそうな気がした。筋肉だけだ。あれだけ蹴られたのに、骨は折れていないようだし、心までバラバラになってもいなかった。

「いい躰をしてるよ。なんかやってたみたいだね」

「山に登っていたよ。五年前まで、かなりの山に登っていた」

私は、坂井が差し出した白衣に袖を通し、桜内という医者のものらしいサンダルを履いた。歩くのに、大して支障はなかった。点滴が効いたようだ。

戸締りをすると、私は坂井について階段を降りていった。赤いフェラーリだった。

「君のか?」

「説明するのは面倒なんで、そういうことにしておこうか。ほんとの持主は、死んだ」

フェラーリのエンジン音があがった。私は躰を屈《かが》め、助手席に乗りこんだ。坂井は、注意深く水温計を覗きこんで、アイドリングをした。二分ほどそうしてから、サイドブレーキを戻し、ゆっくりと発進させた。

二速以上には、入れられないようだった。ドロドロという音をたてながら、フェラーリは裏道を縫っていった。気づいた時、宇野法律事務所の下まで来ていた。

坂井がさきに降りて、階段を昇っていった。どうやら、宇野を知っているらしい。きのうの事務員は、私の顔と身なりを見て、口を開けた。坂井は、事務員を無視して、そのまま奥のドアをノックし、開けた。

「立野さんか」

宇野は、きのう会った時より、表情がすっきりして痩《や》せて見えた。ひと晩眠れば、こんなにも顔が変ってしまう男もいるのか。

「巻きこまれちまったね、やっぱり」

「らしいな。だけど、なんに巻きこまれたのか、肝腎なところが、私にはわかりませんでね。中西和子が、なにか持っているかもしれない。それを、私が借金を肩代りすることで、買い取ろうとしているのではないか。そんなふうに疑われたみたいだった」

「ひどそうだね。ドクのとこか？」

後の半分は坂井にむかって言い、宇野はパイプをくわえた。しかし、火はつけようとしない。しゃぶっているだけだ。

「頑丈な人で、打撲だけで済んでるそうですよ。ドクがそう言うんだから、まあ間違いはないでしょう」

「その身なりを見ると、かなりいろんな経験をしたみたいだ。はじめから、事情を教えておくべきだったかな」

「知っても知らなくても、同じ目に遭わされたでしょうね」

坂井が煙草をくわえたので、私も一本貰った。煙を喫《す》っても、さっきほどこたえはしなかった。宇野も、パイプに火を入れる。あっという間に、部屋は煙で満ちた。

「中西和子の借金の肩代りをする意志は？」

「変りませんな」

「頑固というのでもなさそうだな。どこか、投げちまってる。精神障害の症状のひとつに、無感動というのがあるそうだが、意志というものをとっちまうと、立野さんの症状はぴったりそれに当て嵌《はま》るね」

挑発されている、とは感じなかった。むしろ、正確に私という人間を言い当てているような気がする。

「大岩は、焦りはじめてますね。あれがなくなったってのは、ほんとなんだ」

坂井が言った。つまりは、坂井も宇野がことに関《かかわ》っている程度に、関りを持っているということなのだろう。

「また、なにか起きそうだな。この街が静かになることはないのか」

「社長も、黙りこんでますよ、このところ」

「あいつが暴走すると、収まるものも収まらなくなるぞ。思慮ってもんがないやつだから」

「考え抜いた挙句ですよ、社長が動くのは。宇野さんが、一番よく知ってるじゃないですか」

煙草を一本喫い終えるまで、私は二人の会話に口を挟まなかった。坂井が社長と呼んでいる男が、何者なのかはわからない。

壁の八号ほどの絵。遠山一明《とおやまかずあき》だった。山を描いた一連の作品があるので、私も何枚かは実際に見ている。最近、海を題材にした作品で再び話題になっているが、その中の作品の一枚かもしれない。岩しか描かれていないが、そのむこうに、明確に山ではなく海が感じてとれた。

「俺も、事情を知ってもいいんじゃないかな、宇野さん」

「ほう、立野さんは、私と言うより俺と言った方が、ずっと似合うね。無感動な感じも、それでなくなる」

私は煙草を消し、指を開いては閉じる仕草をくり返した。かなり力が入るようになっている。腫れはまだ戻らず、皮膚が赤黒い色に変色していた。

「別れた女房の借金の肩代りで、こんな指にされちまったんだ。この事務所を訪ねたことも、無関係じゃなかったらしい」

「別れた女房だって」

坂井が声を出した。

「中西清二の妻和子の、三年前までの配偶者がこの人だ」

「なんか、ぼんやり見えてきたな」

「おまえ、事情を説明してやれよ。俺は法廷をひとつ抱えてる。そのために、昨晩透析《とうせき》を済ましたんだ。それから立野さん、中西和子の代理人は、俺が引き受けましょう。もう、大岩商会の事務所にひとりで行ったりしないように」

それだけ言うと、それほど大きくもない鞄《かばん》を重そうに抱えて、宇野は席を立った。

「ホテルまで送りましょうか、立野さん」

ドアの外に宇野の姿が消えてから、坂井が言った。私はテーブルに置かれた坂井の煙草から、もう一本とって火をつけた。

「その前に、着る物でも買っといた方がいいかな。そのまんまのなりじゃ、風邪ひいちまいますよ」

「事情を説明してくれるんじゃなかったのかね?」

「ホテルで話しましょう。宇野さんが法廷に行っちまったんじゃ、仕方ないや」

すぐには腰をあげず、私は煙を吐いていた。壁の絵は、やはり遠山一明だ。懐しさと疎しさが、同時に襲ってくる。この五年、山の絵は見ないようにしていた。たとえ海を描いたところで、遠山一明は私にとっては山の画家だ。

「船が好きなのか、坂井君は？」

「そりゃ好きですが、なぜです？」

「ちょうどいい時、船の見物をしてくれていたと思ってね。真夜中に、船の見物というのも洒落《しゃれ》てるよ」

「立野さんとは、そういう縁だったんでしょう。俺は、そう思いますよ」

「縁ね」

煙草は、まだ短くなっていない。くわえたまま、私は腰をあげた。

5　眠り

バスルームで、はじめて変り果てた自分の顔と御対面した。

眼が、皺のように細くなっている。いびつに脹《ふく》らんだ風船のような顔だ。躰の痣《あざ》も、まるで世界地図のようだった。

セーターにズボンを穿《は》いた。それで、なんとか人間らしくなった。バスルームから出てきた私を見て、坂井がくわえていた煙草を消した。ルームサービスで頼んだ、サンドイッチとミルクはすでに届いていた。

腹が減っている。そう思ったが、食いはじめるとあまり入らなかった。坂井は、あっという間にひと皿平らげ、私の皿の残った分にも手を出した。

「この街は、なぜだか知らないけど、土地に関するトラブルが多くて。ただのトラブルで済みゃいいんだけど、死人も出てるんですよ」

坂井が頼んだのはコーヒーで、ポットに二杯分は入っていたようだ。私は、チビチビとミルクを飲んでいた。

「街はずれから、広大な工場地帯が拡《ひろ》がってます。もともと、工場誘致政策からそうなったらしいんだけど、大企業の工場だけで十一あるんです。それに下請の工場なんか入れると、いくつあるかわかったもんじゃない。人口も、急激に膨脹《ぼうちょう》したそうです。この十年で三倍になってるってんだから。俺も、そのひとりですけどね」

「別れた女房の、借金の尻拭いに来ただけだよ、俺は」

「みたいですね。だけど、くすぶっていた焚火《たきび》に、油をぶちこんだみたいなものだったかもしれませんよ」

坂井は、ポットのコーヒーを、全部カップに注《つ》いだ。ツインルームのシングルユースだが、テーブルと椅子は窓とベッドの間のわずかな隙間《すきま》に置かれていて、二人の男が対座するにはいかにも狭苦しいという感じだった。

「工場地帯と反対側、ちょうど街を挟んだって感じのとこですがね。そこの山が三つ、なにか建てられることになるらしいんです。公的な機関の建物ですよ。なんだか具体的には知りませんが、とにかく山を三つ国家が買収しようってんです」

「その前に、業者が入って利ザヤってやつを稼ぐ。買収合戦のあと、値あがりした土地を国が買う。裏では政治家が暗躍する。絵に描《か》いたような、日本の利権構造だな」

「同じようなことが、一年ほど前にもあったんです。いまは病院になってますがね。そこを民間の資本が買収して、ホテルを建てようとした。キナ臭い話でしたがね。ホテルの建設計画は、名目だけだったのかもしれない」

「病院は、建ったんだろう？」

「建ちましたよ。桜内先生だって、週に三日はその病院に出てます」

「そんなことのくり返しか」

「どうして、土地で揉《も》めてばかりなんだと思ってたんですがね。国が山を三つも買い取るとなると、頷けることはいろいろあります」

「全貌《ぜんぼう》が見えはじめたってわけだ」

「まだまだでしょう。街ごと買収されるんじゃないかって気がするぐらいです」

「それで、山はもう業者が買ってしまってるのか？」

「三分の一は国有林で、残りの三分の二のうち、七割は買収されてるって話です。ところが、最後の三割が問題でしてね。場所も、真中の山の南斜面なんです。そこの地主が、頑固に土地にしがみついてた」

「まあ、値あがりが見込めるわけだからな」

「国がなにか造るらしいというのだって、曖昧《あいまい》なもんですよ。裏で絵図を描いてるやつは、自分が思うところに持っていくまで、十年かかってもいい、と思ってるかもしれません」

私のカップのミルクは、ようやくなくなった。躰が痛みはじめている。胃も重苦しい。点滴の中に、どんな薬が入っていたのか。薬が切れたとしか思えなかった。

「うちの社長が、その土地を買って、自分で持っていようとしたんですよ。ほとんど、契約寸前まで行ったんだ。ところが、突然、中西清二にさらわれちまった」

「儲《もう》け損ったわけだ」

「社長は、金になんか関心はありません。ただ、その土地を持ってようとしただけです。社長が持ってりゃ、誰も手を出せませんからね」

「社員が、フェラーリ328なんかを乗り回してる会社だろう。まともとは思えないな」

「まあ、いいですよ。この街にいるかぎり、いつか社長には会うでしょうし。とにかく、中西は、社長と大岩商会に話を持ちかけてきたんです」

「よくわからんな。そんな土地を買える中西清二が、なんで五百万の借金なんかがあるんだ。五百万で、土地を買ったわけじゃあるまい」

「五億と言われてますよ。それが、十年後には百億になるかもしれない。中西は、地主の爺《じい》さんが熱海《あたみ》の芸者に産ませた子供で、認知もされてます。あとでわかったことですがね。社長は、中西の話がえげつなかったんで相手にしなかったんですが、大岩商会は相手にしたみたいでしてね」

「中西は、どうやって親父《おやじ》を誑《たぶら》かしたんだ？」

「わかりませんね。とにかく、中西は権利証を持ってたんです。親父としちゃ、遺産相続をさせたつもりだったのかもしれませんよ。なにしろ、それから一週間で死んじまったんだから。病死ですよ。桜内さんの患者で、できたばかりの病院で死んでいったんです。死ぬ前に、自分が死ぬという予感が働いたのかもしれない。心筋梗塞《こうそく》ってやつですけど」

「ほかに、相続権のある人間は？」

「いません。子供はいなかったんです。中西にしちゃ、自分の人生にはじめて神が微笑《ほほえ》みかけてくれたって気分だったでしょう。もっとも、親父との仲は悪くなかったって話ですが」

「わかったよ。つまりは、その土地の権利証が、いま所在不明ってわけだ」

「大岩商会は、社長がひそかに買ったと疑ったこともあったみたいです。はっきりさせるために、中西を締めあげたんだと、俺は思ってますけどね」

「それは、十一月に中西が借金をする前の話かね？」

「同時進行でしょうね。中西は、うちの社長にも借金を申しこんだんですよ。社長は断りましたがね。おかしな男だったな。土地を売っちまえば、何億って入ったのに」

「わかった。話の大筋は、ほぼわかったよ。可能性として、中西和子が権利証を握っている確率が高い。そう考えられるな」

「どうですかね、それは」

躰の痛みがひどくなっていた。点滴の中に入っていた薬のひとつが、鎮痛剤だったに違いない、と私は思った。胃の方は、なんとか落ち着いた感じだ。

「権利証を持ってるんなら、なんで借金の尻拭いなんかを頼まなけりゃならないんです。売れば、何十倍もの釣りができますよ」

土地がどうなろうと、そんなことは私にはどうでもよかった。なぜ、和子が私に尻拭いを頼んできたのか。ほんとうに権利証など持ってはいないのか。考えているのは、それだけだった。

背中が、痙攣《けいれん》したような感じになった。それから痛みが湧《わ》き出してくる。ちょっと肩を動かした。それでいくらか楽になった。

「中西清二は、おかしなことを言ってたそうです。自分が死んだら、土地は絶対に動かせなくなるってね。親父の葬式の時らしいですが。どうも、いろんな計算をして、計算に溺れちまうようなやつだったんじゃないか、と俺は思ってます」

「殺されるところまで、計算はできなかったってことかな」

「殺されたってのは、ちょっと違うと思うんです。逃げ出そうとして溺れたってのが、ほんとじゃないかな。屍体《したい》の発見のされ方から考えても、そうですよ。大岩は、中西を殺すところまで、肚《はら》は決めていなかったはずです。土地が手に入らなきゃ、大損ですからね。あのあたり、大岩はもうかなり買ってるんですよ」

「とにかく、借金を片付けたいな、俺は」

「中西和子の代理人は宇野さんになった。てことは、簡単には片付かないってことです。うちの社長とは違う意味で、面倒な人です。俺は好きですけどね」

「躰でも悪いみたいじゃないか」

「腎臓《じんぞう》がね、二つとも駄目なんです。人工腎臓ってやつで、透析するんですよ。でなけりゃ、尿毒症とかで死んじまう。キドニーって呼ばれてます。社長がつけたニックネームでね」

　痛みよりも、気怠《けだる》さの方が耐え難くなってきた。宇野がどれほど面倒な弁護士であろうと、とにかく借金の方だけは片付けて貰う。この気怠さから逃れるためには、それしか方法がないような気になってきた。坂井は、まだ喋り続けている。ほとんど、私には言葉が聞きとれなくなっていた。

「じゃ、俺はこれで」

最後の、その科白《せりふ》だけが耳に入ってきた。

「助けられた借りは、忘れない」

「成行でやっただけのことです。気にしないでください」

ちょっと片手をあげて、坂井は部屋から出ていった。椅子に座ったまま、私は眠りこみそうになった。手が届くところにあるベッドに潜りこむために、ありったけの気力をふりしぼらなければならなかった。

ベッドへ入ると、視界が回ったような気分になった。眠れるかどうか、考える時間すらなかった。

眼醒めたのは、夜だった。腕時計をなくしてしまっていることに気づいた。結婚三周年の記念に、いまの女房がくれたやつだ。

腹が減っている。ステーキとパンとスープをルームサービスで頼んだ。ベッドサイドの据えつけのデジタルは、午後八時十分を示していた。

註文《ちゆうもん》した夕食が届くのを待つ間、私はシャワーを使った。髭《ひげ》を当たろうと思ったが、どう見ても、それで男前があがるとは思えなかった。むしろ、無精髭が痣を隠してくれそうだ。

胃に食べ物は入っていった。いくらかひっかかるような感じがあるが、スープだけでなく、ステーキもパンも入った。腹が満ちたという思いはない。これ以上食べたいとも思わない。ただ食べた。その方が、体力がつくだろうと思ったからだ。山に登っていたころの習性を、躰が忘れていないのだろうか。

食事を終えると、私はまた眠気に襲われた。

ベッドに横たわって、まどろんだ。なぜ生きているのか。なぜ、生きるために食ったりするのか。哲学的な命題として考えたわけではなかった。まどろみの中で、私を責めてくるものがある。おまえだけ、なぜ生き残ろうとしたのか。生き残ることが、あの時一番大事なことだったのか。

長くは続かなかった。私は眠りに落ちていた。深夜に一度眼醒め、また同じことが頭に浮かんだが、やはり眠ることはできて、気づいた時は朝だった。

熱いシャワーを使った。躰がしゃんとなってきた。痛みは、鈍いものになっている。痣だけは濃い。腫れはいくらかひいたのか。

私はセーターにジャンパーという恰好で下へ降りて、フライドエッグとベーコンとコーヒーの朝食をとった。食欲は普通で、途中でひっかかるような感じも消えている。

桜内の診療所のサンダルを、そのまま履いていた。まず靴を買わなければならない。服も下着も、ひと組買った方がいいだろう。それからなにをやるべきか、しばらく考えた。

大岩商会に、のこのこ出かけていくのも馬鹿げている。また船に連れていかれることを、歓迎はしないが、それならそれでいいという気はあるのだ。だが、宇野が和子の代理人を引き受けると言った。

時間をかけてコーヒーを飲み、頭の中を少し整理した。中西清二という男が、どうしてもはっきりと見えてこなかった。一攫《いっかく》千金を狙《ねら》い、それもできるかぎり額を吊りあげようとして、結局、欲に押し潰《つぶ》されてしまった男。

ただ、やり方が稚拙だった。まるで中学生というところだ。中西清二がどんな職業の男だったかも、私は知りはしなかった。なにも知らず、ただ和子の借金を清算してやればいいとだけ考えて、私はこの街に来たのだ。私も、中西と同じように稚拙《ちせつ》と言っていい。

二杯目のコーヒーを飲み干すと、私は腰をあげた。

6　薄皮と塩

日吉町のアパート。ドアの外からでも、自分が押したチャイムがよく聞えた。

和子は、一昨日と同じガウンを着て出てきた。やはり化粧気はなく、髪も寝乱れていた。全身に、淫《みだ》らな疲れが滲《にじ》んでいると、私には思えた。

「ごめんなさい。仕事がこのところ遅くて。こんな街でも、朝方まで騒ごうっていう人種がいるのよ」

アパートの中も、一昨日とまったく変らなかった。店屋物《てんやもの》の丼《どんぶり》が消えているくらいか。和子は、茶ではなくコーヒーを淹《い》れはじめた。どこか疲れたような仕草。三年前には、この女は気怠《けだる》さを人に見せたりはしなかった。

「きのう、宇野という弁護士がやってきたわ。私の法的代理人になったってね。依頼した憶《おぼ》えはない、と私は言ったわよ」

「断ったのか」

「それでも、大岩商会との交渉は勝手にやるって。強引で尊大《そんだい》な男よね。中西も、あの男は嫌っていたわ」

コーヒーが出された。私は、たちのぼる湯気にじっと眼《め》をやっていた。コーヒーの香りだけしかしなかった。

「中西という人のことだが」

「ひどい男。誰に訊《き》いても、そう答えるでしょうね。生活のほとんどは、私が働いて支えていたようなものだし」

「それでも、君は好きだった？」

「腐れ縁ってやつね。それに、セックスには捨て難いものがあったわ。本気でヒモになろうとすれば、なんとかなったかもしれないのに」

「ヒモ同然じゃないか」

「やさしくて、なりきれなかった。なんとか、ヒモの状態から抜け出そうとあがいてたわ。本質的なところで、やさしさを捨てきれなかったのね」

私は、コーヒーを口に運んだ。

太一は学校なのだろう。私がこの街にやってきたのは、太一がいたからだといえなくもない。親の都合で勝手に振り回されている少年。その片割れが私なのだ。

「なぜ、俺に電話した？」

「なぜかしら。未練ってやつかな。とにかく、あんたのことしか頭に浮かばなかった。そう言えば、嬉《うれ》しがってくれる？」

「金にいささか余裕がある。電話で話しながら、俺はただそう考えただけだよ。人が考えることには、なにかもとのものがあるのかもしれないが、それをほじくり出そうとも思わなかった」

「そんな顔になっても、まだ白けてるのね」

「復讐戦《ふくしゅうせん》でもやれというのか？」

「そんな顔にされていく間に、自分がちょっとは見えたんじゃないか、と思っただけよ」

「どんな顔になろうと、俺はいつも俺さ」

なんのために、和子は三年ぶりに私に電話してきたのか。金のためだけではない。それは私が勝手に思いはじめたことで、定かではなかった。

「なぜ、大岩商会なんかから金を借りたんだ。金に困っていたのか?」

「この三年は、貧乏を絵に描《か》いたようなものだったわ。でも生きてた。あたしも太一も」

「人によって、それぞれあるもんさ、生きる意味ってやつは」

和子も、コーヒーカップに手をのばした。マニキュアが落ちた長い爪《つめ》が、いかにも不健康という色をしているのに、私は眼をむけていた。マニキュアは、爪の表面の呼吸を抑える。いつまでもマニキュアをしていると、ほんとうの爪の色は失ってしまうのだ。

「俺になにがあったか、一度話したことがあったよな」

「大したことだったの、死ななかったあんたにとって?」

「死ななかったから、大したことだったのかもしれない」

和子がセーラムに火をつけた。色の褪《あ》せた唇から、煙がトロリとした感じで流れ出してきた。煙の行方を追おうとしかけて、私は途中でやめた。消えていくだけ。わかりきったことだ。

和子のガウンの胸が少しはだけて、二つの隆起の谷間が覗《のぞ》いている。私は和子との十二年間の夫婦生活を思い出し、躰《からだ》の底にかすかな情欲の火を感じた。それが大きく燃えあがってくることはなかった。私も煙草《たばこ》に火をつけ、トロリとした煙を吐いた。口から強く吐き出さなければ、煙はそんな感じになる。私が和子に教えたことだ。結婚して四年目に、和子は煙草を喫《す》いはじめた。

「例の権利証は、君が持ってるのか?」

「それをあんたが買う。いきなり大岩商会に行けば、大岩はそう考えずにはいられなかったでしょうね。もう、心配はいらないわ。昔、結婚した相手だったって、調べはついたでしょうから」

「心配はしてないよ」

コーヒーを口に含んだ。昔、コーヒーが好きだったころ、私は飲み方にまでこだわったものだった。淹れてどれくらいの時間で飲みはじめ、飲み終えるのはどれくらいの時間がいいのか。人が生きることに似て、目的も意味もなかった。それでもこだわることが、大事だと思っていた。そして、コーヒーがうまかった。

「権利証なんてもん、もともとなかったものよ」

「中西清二に親父《おやじ》がいて、地主だった。その事実は曲げようがないだろう」

「みんな、そう思ってるだけかもね。曲げられない事実なんて、中西が死んだことくらいよ。あたしは、そう思ってる」

「持ってるのか?」

「知らないわ」

「おかしな街だよ、ここは」

和子が煙草を消し、私も消した。コーヒーが、まだカップに半分ほど残っている。それを、私はひと息で飲み干した。すっかり冷えてしまっていたのだ。

「抱いてみる、あたしを？」

「もっと若い男を捜せよ。あるいは、もっと金持ちか」

自分が、中途半端などとは思っていなかった。すべてを較《くら》べることに、関心がなくなっただけだ。関心がなくなれば、若かろうが金持ちだろうが、どうでもいいことだった。

「ずっと上手になったわよ」

「権利証は？」

「知らないと、何度言わせる気？」

「君が俺に電話をしてきた。金の無心なんか、君の柄じゃないよな。電話を受けた時、それに気づかなかったのが、いまじゃ不思議だったと思ってる」

「もう、よして」

「よすさ。俺は君の借金の清算にきた。清算して帰ろうと思ってる。いまも、それは同じだよ。ただ、君と話をして、なにがしかの金を置いていけば、それでも清算になるという気がしてきたね」

「ならないわ」

「なぜ？」

「十二年の時間。あんたが出すお金には、その時間の重さがない」

「過ぎたことに、なにか求めてしまう。それは意味があることなのか?」

「自分で、考えて」

私は頷《うなず》いた。頷いただけだ。部屋の中に、重苦しい空気が流れているわけではない。ひと晩きりの情事のあとの、気怠さに似たものがあるだけだ。

躰の痛みは、かなり軽くなっていた。きのうの痛みと較べると、痛くないと言ってもいい。

和子が、コーヒーカップをさげた。帰れということなのか。私は、別れた女房になにを求められているのか。そしてそれに応じようとすることで、なにを求めているのか。気持は、気怠いままだった。頑《かたくな》に流し台の前に立ってふりむこうともしない和子の背中に眼をやりながら、私は腰をあげた。

すでに昼食時だったが、私の胃にはまだ朝のフライドエッグが残っていた。

私は車を転がして日吉町から三吉町へ抜け、海岸沿いの道路に突き当たると、右へ曲がった。夏は海水浴場になる砂浜なのか。海の家の所在を告げる看板がいくつか立てられたままで、くすんだ色になっていた。

ドライブするには、快適な道だ。左に海や松林を見ながら三十分ほど走ると、モーテル街と呼んでもいいようなところに出た。外観のきらびやかさを競うようなモーテルが、十数軒並んでいる。それからさきは松林の中の単調な道で、五十キロばかり走ると原子力発電所があるらしい。

私は、松林の中の脇道《わきみち》に尻《しり》を突っ込んで方向を変え、同じ道を戻った。海が右側になった。海水浴場を過ぎると、道は緩やかな登りになり、右の松林が深くなった。そこは半島になって海に突き出しているらしく、その半島が風を遮って、海水浴場の海は穏やかなのだろう、と私は思った。

下りになり、また右手に海が現われた。

不意に、一軒だけ建物が見えた。海にむかって建てられたコンクリート造りで、おまけにブルーと白のペンキを塗ってある。コーヒーの店のようだった。

惹《ひ》きつけられたように私はハンドルを右に切り、駐車場に車を滑りこませた。

サンタモニカあたりの感覚の店だ、となんとなく思った。『レナ』というらしい。白く塗った木の扉。天井からぶらさがった、三枚羽根の旧式扇風機。外観といい、内装といい、ひとつ間違えば鼻持ちならないところで、洒落《しゃれ》ていた。サンタモニカだととっさに思ったが、私はアメリカは西海岸しか知らない。東側は知りはしないのだ。

カウンターと四つのテーブル。客はほかにいなくて、註文《ちゅうもん》を取りにきたのは、ちょっと婀娜《あだ》っぽい感じのする中年女だった。

「外のテラスでも、コーヒーが飲めるようになってますね」

「夏の、人が多い時期だけですわ」

「いい店ですね」

奥の壁に、素描《そびょう》が一枚かけてある。どう見ても、それは遠山一明としか思えなかった。

「いろんな豆が揃《そろ》えてあるんですか？」

「種類はひとつだけで、自家焙煎《ばいせん》です。ほかには、フレッシュジュースが何種類か」

「コーヒーを」

女は頷き、カウンターの中に戻っていった。しばらくすると、香ばしい匂《にお》いが漂ってきた。分厚いフライパンのようなもので、直接焙煎しているようだ。註文を受けてから、その分の豆だけを焙煎するらしい。

海の方に眼をやって、私は香りが近づいてくるのを待っていた。カップが置かれた。なんとも言い様のない香りだった。凝ったカップの中で、コーヒーは澄んでいた。澄んでいるというのも妙なものだが、よく見るとコーヒーにも澄んだものと濁ったものがあるのだ。

「よろしかったら」

女が、小さな皿を差し出してきた。塩だ。ひとつまみだけ、私はカップに塩を入れた。

「私の好みが、なぜわかったんです？」

塩が、余計な苦みを消す、と私は思っていた。

「これがお好みの方は、結構いらっしゃいますわ」

「ほう」

「焙煎しながら、薄皮をピンセットで取り除いてありますの。それでも、余計な苦さがまだ残ってしまって」

ひと粒ずつ、豆から薄皮を取り除くというのは、かなりの手間だ。薄皮が悪いことはわかっていても、面倒でそのままにしてしまう。それに、自分で焙煎しなければできないことでもあった。いくら私が凝ったといっても、その日に焙煎した豆を買ってくるぐらいだったのだ。

あるかなきかのほほえみを残して、女はカウンターの中に戻った。私はカップに指を当て、コーヒーの温度を測った。三分後に飲みはじめ、二分で飲んでしまうのがいい。待つ間、私は香りで鼻腔《びこう》をいっぱいにし続けた。コーヒーは、香水と似ている。淹れたてと、しばらく経《た》ってからと、明らかに香りが変ってくるのだ。その変化も、コーヒー好きにとっては大事なことだった。

「もう一杯、いただけますか」

カップをさげに来た女に言った。黙って、女は頷いた。

二杯目のコーヒーを飲み干したころ、駐車場でエンジン音がし、大柄な男がひとりで入ってきた。常連らしく、カウンターに腰を降ろし、ブツブツとなにか言った。

「ここじゃないとしたら、どこなんだ、キドニーのやつ」

キドニーというのが、宇野のニックネームであることを、私は思い出した。男は、私に眼をくれようともしない。私と同じ歳恰好《としかっこう》だと思えた。

「未亡人のところでしょう、きっと」

「どこまでやろうって気なんだ、あいつ」

「みんな同じですね。男って、みんな同じなんだわ」

言った内容は、宇野が未亡人を口説きにいったという感じだったが、女の言葉のニュアンスはまったく別のものだった。

「俺がなにか言うと、あいつはすぐ意地になる。だから、やりたいようにやらせてるんだがね」

「みんな、やりたいようにやり、生きたいように生きてますよ。うちの亭主も」

「秋山《あきやま》は、堅実な実業家だ。時々、常識からはずれたりするがね。それはそれで、あの男のルールってやつだろう」

女は結婚していて、秋山という名なのだということが、私にはわかった。ドアが開き、女の子がひとり入ってきた。どう見ても高校生だ。女の子は、カウンターに入り、エプロンをつけた母娘《おやこ》だろう。顔立ちは似ていないが、どこか、どうしようもなく似ているところがある。

「安見《やすみ》、俺のとこでアルバイトをしないか。おまえなら、中年の客がたかってくるぞ」

「本気にして行ったら、川中さん、どうしていいかわからなくなるくせに」

川中という名を、どこかで聞いたような気がしたが、思い出せなかった。安見がカウンターを出たので、それを追った川中の視線が私の方にむいた。束の間《つかま》、眼が合った。人を引きこむような、湖水を思わせる眼だ。いかなる表情も、読みとれない。ただ、若い娘を相手に冗談を飛ばす、明るいだけの男ではないことは、眼が証明していた。見るものは、すべて見てしまったという眼だ。

買ったばかりの、三千五百円のデジタル時計に眼をやり、私は腰をあげた。安見と呼ばれた娘が、私の顔を覗きこんでくる。金を払いながら、女が一度も私の異様な顔に特別の視線をむけなかったことに気づいた。

ドアを引いて外へ出た。

駐車場の私のカローラのそばに、黒いポルシェ911ターボがうずくまっていた。高級車が多い街だ。それも、地方都市ではめずらしいのだろう、と私は思った。

7　息子

車を停《と》め、助手席側のウインドを降ろして、私は口笛を吹いた。

ひとりで歩いていた太一が、ふりかえった。車の中に私の姿を認めても、大して表情は変えなかった。口笛は、三年前までよく合図に使っていたものだ。

「乗れよ」

束の間、ためらう気配を示し、それから太一は車に乗りこんできた。通学鞄《かばん》を膝《ひざ》の上に置いている。

「そこの中学だろうと見当をつけていたんだが、当たったな」

私の痣《あざ》だらけの顔を、太一は見ないようにしているようだった。私は煙草に火をつけた。

太一のスタジャンと同じものを捜したのだが、繁華街のデパートには売っていなかった。

「ライオンズのファンか、太一は？」

「別に」

「そのスタジャン、この街には売ってないようだな。俺も買おうと思ったんだが」

私が着ているのは、ごくありふれたベージュのジャンパーだった。茶色のズボンに茶色の靴。デパートの店員に任せると、ごくありふれた色の取り合わせを選んでくれた。

「ライオンズは、悪いチームじゃない」

「そうかもね」

「チームワークがいい」

私と一緒に暮していたころ、太一は野球に興味など示さなかった。どんなものに熱中していたのか、記憶はない。次第に家族が遠くなっていった。いや、私が遠ざかろうとしてしまったのか。

「三年会わないと、でかくなるもんだ」

「それを見物に来たわけじゃないんでしょう？」

太一が、私にむかってはじめて喋《しゃべ》ったまともな言葉だった。

「おまえに会える、とは思ってたよ。どこかで、愉《たの》しみにしていただろう」

「ぼくは、知らなかった。立野さんが来るなんてね」

息子に、苗字《みょうじ》で呼ばれた。かすかに、心がなにかに刺された。ダッシュボードの灰皿で、私は煙草を消した。

「パパって言えないのか？」

「いまは、俺、中西って苗字だから」

「三年前まで、立野太一だった。それは曲げられないことだぜ」

「三年前、まではね」

太一は、窓の外に眼をむけていたが、別段降りたいような素ぶりは見せなかった。

「俺、立野って苗字に戻ろうかな。中西でいても、いいことがありそうには思えないし」

「どうしてもそれを望むというなら、不可能なことじゃない。だけど、おまえは本気でそんなことを言ってるわけじゃなさそうだ。俺を相手に拗《す》ねて見せてるだけだろう」

「ほかに、喋ることもないし」

「母さんには、おまえしかついてないんだぞ」

「男を、見つけてりゃいいさ」

「本気で言ってるのか？」

太一は、相変らず外に眼をやっている。説教をする資格が自分にあるのか、と私は考えはじめていた。どう生きようと、それは太一の人生だ。それぞれ好きなように生きていく。これからは、そうなるしかないだろう。

「中西清二さんを、パパと呼んだのか？」

「あの人のことは、喋りたくないよ」

「なぜ？」

「なぜでもさ。あの人のことは喋らない。そう決めたんだ」

「いい人だったのか？」

「喋らない、と言ったはずだよ。それに、悪口は聞きたくないし」

「わかった。おまえの話をしようじゃないか。いま熱中してるのはなんだ。野球か？」

「勉強」

「やりたいことは？」

「勉強」

「中学一年というと、そろそろガールフレンドでもできたんじゃないのか。俺のころは、高校生になってもウロウロしてるのがいくらでもいたがね。いまじゃ、中一でもデートしたりするそうじゃないか」

「しないね」

「なぜ？」

「勉強が忙しいから」

「成績はいいのか？」

「ひどいもんさ。進級させないって、教師から脅されてる。やつら、点数だけしか頭にないし。俺は、白紙で答案出してやろうかと思ってるよ」

「その程度か。三年ぶりに会った父親を困らせるために思いつくことって、おまえにゃその程度しかないのか」

太一は窓の外を見ていた。一度も、私の顔をまともに見ようとはしない。私の顔や躰がどんな状態なのか、きのう宇野から聞いたのかもしれない。

中西清二が死んだことは、太一にとっては大事件だったはずだ。それとも、他人事《ひとごと》なのだろうか。中西清二が、どれほど父親の役を果していたのか、私は知らない。ただ、中西の悪口は聞きたくない、と太一は言った。

「俺は、シティホテルに泊ってる。部屋番号を、おまえに教えておこう」

「なんのために？」

「俺に相談したいことが、これからなにか起きるかもしれない。いくらかは、力になれるはずだ」

太一は、ちょっと鼻さきで笑った。苗字を呼ばれた時ほど、心に刺さってくるものはなかった。名刺に部屋番号を書きこんで、太一のスタジャンのポケットに放《ほう》りこむ。太一はそれに触れようとはしなかったが、捨てる気もなさそうだった。

「この街は、好きか？」

「三年住んでたってだけだよ」

「中西さんは、この街の人だったわけだな？」

それさえも、私は知らなかった。和子と中西が、どこでどんなふうにして知り合ったのかも、離婚の時に訊きはしなかった。

中学生らしいグループが五人、車のそばを通っていった。大声で言い合いをしている。

それにも、太一は関心を示さなかった。

「お母さんが勤めてる店、知ってるか？」

「うちへ来ればいいじゃない、用事があるなら。店なんかに行くことないと思うけどな」

「俺に、お母さんの働いている姿を、見せたくないってわけか」

「シティホテルのそばだよ。『リラ』って店さ。お母さんに酌をさせて、飲めばいいじゃないかよ。新しい客がついたって、お母さん喜ぶよ」

「酒は、怪我《けが》によくない」

「ひどい顔だね」

「そうだろうさ。眠ってばかりで、今朝、ようやく起きあがれたんだ。この歳になると、怪我も結構こたえるよ」

「この街に来て、後悔した？」

「別に」

「いい恰好を見せようと思ったら、逆に恰好悪くなっちまったくせに」

「俺がなぜ来たか、おまえ知ってるのか？」

「いや」

大岩商会の取り立ては、多分、日吉町のアパートにも行っただろう。母親がなにに直面しているか、太一はわかっているに違いない。わかっていても、子供である太一には、まだなにもできない。

「いずれ、大人になるさ、おまえも」

「どういう意味？」

「誰だって、子供のころはあるって話だ」

「行っていいかな、もう？」

ハンドルに手をかけて眺めていた。

「ああ」

黙って、太一は車を降りた。太一がふりむきもせずに歩いていく後姿を、私はハンドルに手をかけて眺めていた。

港へ出て、『レナ』のある方向とは反対の方へ車をむけた。ずっと海沿いの道らしい。岩礁に、鳥の群れがいた。道沿いには家はあまりなく、リゾートふうのマンションなどが散在しているだけだ。

曲がりくねった道を走り続けると、前方にホテルが見えた。道を挟んだむかい側には、ヨットハーバーもある。

ホテル・キーラーゴ。仰々しい看板ではなかった。駐車場の表示がある方へ、私は車を入れた。シティホテルより、こちらの方がずっと格調がありそうだ。駐車場からエントランスまでの通路も、手入れが行き届いている。

レストランは一階で、むかいのヨットハーバーに繋《つな》がれたヨットがよく見えた。私は窓際の席で、遅い昼食を註文した。オックステイルのスープと、ビーフストロガノフ。料理も、こちらの方がずっと凝っている。

食欲は完全に戻っていた。痛みも、ちょっとした肩凝り程度にしか感じない。私の体力も、捨てたものではないのかもしれない。

「ほう、羨《うらや》ましい食欲だな」

言われてふり返ると、宇野が立っていた。きちっとスーツを着た男と一緒だ。陽焼《ひや》けしていて、蒼白《あおじろ》くむくんだ宇野の顔とは対照的だが、歳はそれほど変らないように見える。

「食後のコーヒーを頼んであるだろう。同席させて貰《もら》ってもいいかな？」

私が頷く前に、宇野は腰を降ろしていた。もうひとりの男は、きちんと頭を下げてから席についた。

「タフな男さ。桜内のとこから、やつの白衣を剝《は》ぎ取って、俺の事務所へやってきたんだぜ。白衣の下は素っ裸さ。普通の人間なら、十日も入院しようって怪我だったのに、もうこってりしたものを食って、走り回ってる。ただ、タフさをどうやって使えばいいか、自分でも思いあぐねているようだがな」

「この街は、はじめてですか？」

もうひとりの男は、秋山と名乗り、そう訊いてきた。

「できるだけ、近づかないようにしていました。いろんな事情があって」

「なかなかいいところですよ。事件さえ起きなければ」

「ところが、のべつまくなしに事件だ。うんざりするね、まったく」

「和子には、断られたそうだね、キドニー」

「よしてくれ。まだニックネームで呼ばれるような間柄じゃない」

「素っ裸の上に白衣を着て事務所へ行った時から、俺、おまえの仲だよ。そう決めた」

「まあ、そんなのは嫌いじゃないが」

私の食器がさげられ、コーヒーが三つテーブルに置かれた。そこそこのコーヒーだった。

「面白くもない街だが、ひとつだけ発見をしたよ。抜群にうまいコーヒーを出す店がある。街道沿いの、『レナ』っていう、いっぷう変った店だ」

「それは光栄ですな。あそこは、私の家内がやっている店でして」

「じゃ、あの高校生はお嬢さん？」

「なぜか、手伝いたがりましてね。母親と一緒に働こうというのは、まあ悪いことじゃないし」

「コーヒーは、やはり手間ですよ。そう思いました」

「私のやり方です、あれは。フロリダでホテルをやってましてね。やはり、うまいコーヒーを出すと、お客様に喜んでいただけた」

ホテルの名前がキーラーゴだということが、ようやく納得がいった。コーヒーを口に運ぶ。キドニーは、ほとんど口をつけなかった。

「失礼だが、『レナ』のコーヒーとはかなり違いますね」

「そうなのさ。秋山は商売人なんだ。見りゃわかるだろう。ホテルじゃ、誰でも大抵コーヒーを註文する。よほどまずくないかぎり、文句も言わない。この街一番のホテルのコーヒーよりうまい。そういう評判を立てて女房の店を繁盛させるために、わざわざまずいもんを出してる。俺は、『レナ』のコーヒーしか飲まないことにしてる」

「手間がかかりすぎて、ホテルで出せるようなものではないんですよ」

「わかります」

私は煙草に火をつけた。キドニーは、すでにパイプの煙をまき散らしている。

それにしても、キドニーというのは、まったく印象的なニックネームだった。呼んでみれば、それがよくわかる。

「ところでおまえの昔の女房は、半殺しにされてもおまえがまだ白けきっている、と呆《あき》れてたな。俺は別に驚かないがね。その程度に白けたやつは、何人も見てきた。そんなやつらばかりが集まる街でね、ここは」

「断られても、今日も出かけていったのか」

「俺が代理人になれば、借金の話はすぐに方が付くよ。それをなぜ断るのか。おまえが試されている、と俺は思ったね。なにを試されているのかは、自分で考えてみろ。それとは別に、新しいことを発見してね。中西清二は、土地の権利証を手にした時に、この秋山にも借金を申しこんでるんだ」

「三人に、申しこんだというわけか」

「えげつない男だと思うが、三人が三人とも貸してくれたとしても、高《たか》が千五百万だ。その時の様子を、秋山に訊いてたところさ」

「問題の土地は、このさきの古いヨットハーバー、いまは病院になってますがね、そことうちのホテルの間にある、広大な地域なんです。だから、私もその土地を欲しがるだろう、と考えたみたいですね」

キドニーの煙に対抗するために、次々に私は煙草に火をつけた。秋山は一本喫《す》ったきりだ。レストランに入った時は、まだ数組の客がいたが、いまは私たちだけだった。

「試されてるような気がしましたよ。あるいは、値踏みをされているような気分がね。それが不愉快で、私は相手にしませんでしたが」

「中西清二とは、どんな印象の男でした？」

「気弱そうで、非常に神経質でしたね。私の部屋の灰皿が、ちょっと濡《ぬ》れていたんですが、それをティッシュペーパーできれいに拭《ふ》きとってから、煙草をくわえましたよ。フィルターを噛《か》む癖もあったな。緊張した時に出る癖だろうと思いましたが」

ホテルマンらしく、秋山の言葉遣いは丁寧で、それでもキドニーが同席しているせいか、どこかに砕けたものがあった。

「和子のヒモみたいな男だった」

「それは、その時の状況がそうだった、というだけではありませんかね。ホテルをやっていると自然に人を見るようになりますが、ヒモでいられるようなタイプではなかったと思います。つまり、自尊心ってやつが、隠しても隠しても見えましてね」

「つまりはそういうことさ、立野。おまえがぶん殴られた以外に、特別なことはなにも起きてはいない。いろんな予兆を孕《はら》んではいるがね。それが、この街のいまの状況だ」

「なんとなく、わかった。俺は俺で、白けたまま、なにが起きるかよく見てやろう。もともと、あまり好きになれそうもない街だと思っていたんだ」

「好きにならなくても、溺《おぼ》れちまう。性悪女みたいなものさ、この街は。秋山だって、この街へ流れ着いた時は、またどこへ流れていくかわからん、という雰囲気を持ってたもんだ。それが、性悪女に溺れてこのザマさ。紳士面して、ホテルのオーナーなんかやってる柄じゃない」

秋山は、苦笑しただけだった。キドニーのパイプに対抗できず、私は煙草を喫うのをやめた。ボーイが、秋山を呼びにきた。電話でも入ったのだろう。秋山は、私にちょっと頭を下げて席を立った。

「いいホテルだろう。いまのボーイだって、具体的なことはなにひとつ言おうとしなかった。従業員教育ってやつが、行き届いてるのさ」

「嫌いだという顔をしながら、ほんとうは好き。まるでガキの恋愛みたいな感情を持ってるんじゃないか、キドニー」

「秋山に対してか。それともこの街に対してか？」

「この街にさ」

「いい観察眼だよ、立野。ただ白けてるってだけじゃなさそうだ」

「ところでキドニー、川中がおまえを捜してたぞ」

「川中。こいつが問題さ。この街を性悪女にしてる張本人だ。川中さえいなけりゃ、俺の人生だって確実に違ったものになってるな。川中とは、いつ会ったんだ？」

「会ったわけじゃない。俺が『レナ』でコーヒーを飲んでいる時、黒いポルシェでやってきて、秋山さんの奥方と喋ってた。おまえがどこに行ったんだろうってな」

「それなら、気にする必要はない。なにかあると、お互いに見るのもおぞましいと思っている顔《つら》を突き合わせる。それが、俺と川中の腐れ縁みたいなもんだ」

　パイプの灰を、キドニーは灰皿に落とした。

「それより、中西和子にはなにかあるな。それも、金の絡んだような、生臭いことじゃない。生臭いことで、人間はあんなに頑になれないもんさ」

「わざわざ俺に聞かせる意味は？」

「自分で考えろよ」

「皮肉屋ってだけじゃなさそうだな」

「権利証がどこか、必死になって捜してる連中がいる。なにか起きるとしたら、あの女のところからだな。生臭い連中には、あの女の頑さがわからないだろう。あの女が権利証を持っていると、連中にゃどうしても考えられないんだ」

「おまえは、持ってると思ってるわけだ」

「客観的に判断すると、そうだ。なぜ、あの女が権利証を使わないのかというところが、よく読めないがね。このままだと、あの女は借金の返済に躰を持っていかれるね」

「しかしな」

「権利証は、煙草の煙とは違う。しっかりと、誰かが抱いている。中西和子以外に考えられないじゃないか」

あまりうまくもないコーヒーは、とっくに冷えていた。私はそれを口に流しこんだ。キドニーは、ヨットハーバーの方に眼をむけている。パイプから、もう煙は出ていなかった。暗い眼だ。この街で会う男たちは、みんなどこか暗いものを漂わせているような気がする。

「いやな予感がするんだよ、立野。そして、俺の予感ってやつは、あまりはずれることはない。人間が、どうしようもなく愚かだと思いはじめたころから、俺の予感ははずれなくなった」

「和子に、なにか起きるってことか?」

「もしそうだとしても、それはほんの一部さ。それぐらいのもんだ」

「俺は、この街をもっとよく知る必要がある、と思いはじめてるよ。大岩商会から、借用証を買い戻せるなら、いま金を出してもいい」

「甘い男だな、立野。別れた女房を、金で買い戻そうってのか」

「買い戻すのは、借用証だけでいい。自分がなぜそうするのか、考えるのはやめにした。借用証を買い戻しちまえば、俺にとっちゃすべて終ったってことだ」

「なにかに、こだわりはじめたんだ。つまり、トラブルを待ってたのさ。トラブルに首を突っこむことで、失ったなにかを取り戻せるかもしれない、と無意識のうちに考えてたんだ。人間というやつは、いつまでも白けてるってわけにはいかない動物でね」

「厚木には、娘がいるんだよ、キドニー」

「よそうか、もう。なんだって、こう気が滅入《めい》りそうな話ばかりなんだ」

キドニーが、またパイプに火を入れた。濃く、香りの強い煙。厚木には、確かに娘がいる。私の顔を見て、パパと呼びかけてくるのに、そう何か月も待たなくてもいいだろう。片眼だけ開けて、現実というやつは見ていた方がいいのだ。自分に言い聞かせた。和子のことも、太一のことも、片眼で見ていればいい現実だ。

「ひとつだけ教えておくが、大岩なんて男は雑魚《ざこ》だ。俺がその気になれば、中西和子の借金問題も、電話一本でケリがつけられる。借金問題だけならな」

「街の顔役ってわけだ」

「そんな意味じゃない。大岩の後ろにはもっと手強《てごわ》いのがいて、大岩が愚図ついてりゃ、そいつが出てくる可能性もある」

「誰だね、そいつは？」

「出てくればわかるさ。俺と川中を懐柔《かいじゅう》しようとして失敗したから、すぐには出てこないとは思うが。川中の前にぶらさげた餌《えさ》は、この街の市長って職だった」

「おまえには、キドニー？」

「健康な人間の腎臓が二つ」

濃い煙で、キドニーの表情が一瞬かすんだように見えた。

8　対面

品のない店だった。

水割りの作り方にも、出し方にも品がなかったし、女たちの服にも品がなかった。おまけに客まで品がないとくれば、それはそれで納得できることだが、客たちの大部分は、たとえ装ったものであろうと、一応品性を保っていた。スーツの襟では、大企業として知られた会社のバッジが光っている。

ジャンパー姿で、ひどい御面相の私は、お情けで店に入れて貰ったようなものだった。

「あの人、名前はなんていう？」

そばに来た、まだ十代としか思えないような女に、私は和子の名前を訊いた。源氏名《げんじな》ということも考えられる。

「そうだ。その朝子だ。指名、頼むよ」

「ああ、朝子《あさこ》さん」

女は、いささか不服そうだったが、黒服のマネージャーを呼んだ。

和子は、四人の客の席に、若い女の子と一緒についていた。とうに、私には気づいているはずだ。黒服が、耳打ちしているのが見えた。和子は頷いている。

濃すぎる水割りを、私はちょっとだけ口に含んだ。本格的に飲めば、やはりまだ傷に響くだろう。痛みが、うっとうしいものと感じられた。たとえば、汗を嗅《か》ぎつけてしつこくたかってくる蚊のようなものだ。そんな蚊は、できることなら近づいて欲しくなかった。

「いらっしゃいませ」

周囲に聞えるような声で、和子はそう言った。次に耳もとでなにか囁《ささや》くに違いないと思ったが、黙ってそばに腰を降ろした。

「ひどい店だな」

「嗤《わら》いに来たってわけ？」

「やっぱり、よく話した方がいいと思う」

「こんなひどいとこで、お酒を飲みながら？」

入念な化粧をしているせいか、和子は歳よりも四つ五つ若く見えた。私がくわえた煙草に、マッチの火を差し出してくる。きれいにマニキュアされた指だった。

「酒は、ただ頼んだだけだ。ここへ来たのは、部屋では、君がもう会わないような気がしてね」

「どうして?」

「そんな気がしたってだけのことさ」

音楽が流れていた。十年ほど前に流行した映画音楽だ。照明は暗く、店の隅の方の客や女の顔は、よく見定められなかった。

「ここじゃ、朝子よ」

「知ってる。多分源氏名だろうと思ってた」

「和子じゃない。つまり、別の人間だってことよ」

「いいさ、それで。俺は、毎晩ここへ来て、朝子を指名するよ」

「勝手にすることね。あたしの売上げがのびて、店に喜ばれるわ」

「俺は、いろいろ考えはじめたよ。なぜ君と別れたのか。なぜ君の電話でこの街へやってきたのか。考えはじめたところで、もう考えるのはやめようと思った。考えてみてわかることじゃないからだ。考えてわかる程度のことなら、俺たちは別れてもいなかっただろうし」

「なにか、飲んでもよくって?」

私が頷くと、和子はボーイを呼んで水割りを頼んだ。酒は、弱い方ではなかった。私の晩酌を、ちょっとばかり失敬するようなことはよくやっていたし、寝る前にはウイスキーを二杯ばかりひっかけていた。酔い潰《つぶ》れるほど飲んだのは、見たことがない。和子の水割りは、私のものと較べてかなり色が薄かった。なにも言わなかったら、ダブルで持ってきたらしい。

「俺はしばらく、この街にいることになると思う。それだけ伝えるために、ここへ来たんだ」

「そう」

「太一とは会った。勝手に待伏せしてな。この店のことを教えてくれたのは、太一だ」

「言ってたわ。まともに見られないような顔になって、いい気味だって」

「太一とは、よく話すのか？」

「擦れ違いね。大抵、夕方あの子は戻ってくるわ。あたしが出かけるころにね。早く戻ってきても、しめきった部屋に閉じこもってる」

「太一と会う権利が、俺にはあると思う」

「本人が、いいというんならね」

煙草をくわえると、和子がまたマッチの火を差し出してきた。煙草に火をつけるのが仕事だとは、この店では言いきれないようだ。隣りのボックスの客は、そばの女の胸に手を入れている。和子の服も、胸の大きく開いた露骨なものだった。

「ここが、この街じゃ最高級の店かね？」

「人によってでしょう、高級かどうかっていうのは。値段が同じくらいの店なら、もう一軒あるわ。『ブラディ・ドール』という店。そっちの方が、あんたの好みにぴったりね」

「酒場は、ずいぶんとあるようだがね」

「最高級と言われてるのは、二軒。なにが高級かって、胸までしか触らせないところね」

「なるほどな。それが高級ってのは、やっぱりいけすかない街だ」

「店の規則よ。胸までしか触らせちゃいけないってね。営業方針といった方がいいかしら。大きな胸が好きだって男はいるもので、あたしは結構人気があるの。きのうきた坊やなんか、店にいる間、ずっと胸に手を入れて、眼をつぶってたわ。あんたも、客なら触っていいのよ」

口もとだけで、和子が笑った。

私は、疲れを感じはじめていた。痛みが薄らぎ、食欲が戻ったといっても、ほんとうに回復するまでには、まだ二、三日はかかりそうだ。

「これは、立野さんでしたか」

暗がりから声をかけられたような気分になった。大岩の声。眼を閉じていてもわかる。

私はゆっくりとふりむいた。若い男と老人を従えて、ダークのスリーピース姿の大岩が立っていた。眼鏡の奥の表情までは読めない。

私は腰をあげた。若い男が、遮るように私と大岩の間に立った。大岩の眼に、かすかに嘲《あざ》けるような光があった。

「挨拶《あいさつ》をしようと思ってましたよ、大岩さんに」

「ほう。どこへ話を持っていかれても、この街じゃ取り合っちゃくれないと思いますがね」

警察に訴えても無駄だ。そう言っているつもりのようだ。若い男の躰を、私は押しのけた。手を払われそうになったが、大岩は若い男の肩に手を置いた。

「立野さんは、私に挨拶しようとされているだけだ。どいてなさい。それに、乱暴なぞされると、すぐに留置場に入らなければならないことも、よく御存知だし」

睨《にら》み合った。それだけだった。

「すっかり、躰を毀《こわ》しちまいましてね」

「中西和子さんが、別れた奥さんだったと教えていただければ、私どもも悩まなくて済んだんですがね」

「恥しいもんでしてね。別れた女房を追って、この街まで来たなんて思われるのは」

「まあ、経済力はおありのようだ。借金の清算については、いつでも応じますよ。いまの状態じゃ、中西和子さんは質に入れられてるようなもんですが、借金がきれいになれば、つまりは買い戻せるというわけです」

「千五百万でしたな？」

「まあ、ちょっとなら、考えないこともありませんが」

大岩の口もとが、かすかに綻《ほころ》んだ。負け犬を見るような顔だ。私も笑い返した。

「雑魚って言った男がいますよ、あんたのことをね」

「聞き捨てならんという感じですな。誰が言いました？」

「みんな言ってる。言わない連中も、心の中では間違いなくそう思ってる」

「あんたは？」

大岩の慇懃《いんぎん》さが、すでに崩れはじめている。やはり雑魚だ。もう一度、私は笑った。この顔では、笑っても笑ったようには見えないかもしれない。

「雑魚なんてもんじゃない。それ以下さ」

「言ってくれるね、立野さん」

「そこの若いのを、俺にけしかけたらどうだね。飛びかかりたくて、ウズウズしてるようだぜ」

「私がその気になれば、あんたは三秒と立ってられないよ。甘く見るのも、いい加減にしておくんだな」

「甘く見ちゃいない。甘くないってことは、俺の躰がよく知ってる。だからって、俺が怕《こわ》がるとは思わないでくれよ」

「足りなかったかな、あれじゃ」

「充分過ぎるよ。だから、あんたにお釣りを返さなきゃならん。あんたにお似合いの、薄汚いお釣りを返そう」

若い男が踏み出してきた。また殴られる。それは、いまの躰にはつらいことだ。しかし、はじめてしまった。さすがに、街の一端《いっぱし》の顔役なのか、店の人間も止めに入らない。

「自分でやる度胸もない。まあ、そうだろうな。あんたみたいな男が、世間じゃダニなんて呼ばれるのさ。小心で、卑怯《ひきょう》で、弱いやつばかりを痛めつけようとする」

手を出しかかった若い男を、大岩が思い直したように止めた。

「ここで殴られて、警察を呼ぶか。捨身でむかおうというのはほめてもいいが、そんな幼稚な手に私は乗らんよ」

私はほっとしていた。私というより、私の躰が、殴られずにほっとしていた。衝撃に備えて全身に力を入れると、やはり方々に痛みが走る。

「とにかく、私も商売でね。貸した金は返して貰わなきゃならん。これは合法的なことだよ。明日から、本腰を入れて返済の催促をさせて貰おう」

「合法的かどうかは、俺の弁護士と話し合ってくれ」

「弁護士ね。まあどんな弁護士でも、貸借の事実までは消せないだろうね。合法的なんだから」

「俺の弁護士は、一筋縄じゃいかないよ」

「どんな人なのか、名前だけでも聞いておこうか」

「キドニーさ。知ってるだろう。宇野という、この街の弁護士だよ」

キドニーの名を言った瞬間、大岩の顔がちょっと強張ったのを、私は見逃さなかった。キドニーは、はったり屋ではないらしい。

「とにかく、弁護士と話し合え、大岩。おまえに対する釣りは、いずれ俺が自分で返す」

大岩は、しばらく私を見つめていた。私は三度目の笑みを、大岩に投げかけた。

大岩が踵《きびす》を返した。二人のお供もそれに付いていく。三人の姿が消えてから、私は腰を降ろした。和子は、グラスを持ったまま、横をむいていた。朝子が中西和子だということを、店の人間も客もほとんど知らないのかもしれない。私は煙草をくわえ、自分で火をつけた。指の腫《は》れは、かなりひいている。内出血の赤黒い痕《あと》を除けば、ふだんの私と変らない指だ。

「どういう気よ。恰好をつけたってわけ?」

「キドニーは、君が頼もうと頼むまいと、代理人をやるだろう。気にする必要はない」

「それじゃなく、大岩に喧嘩《けんか》を売ったあんたのことよ」

「喧嘩を売ってきたのは、むこうさ。そう思わないか?」

「放っておけば、ただの挨拶で済んだのに」

「俺の顔を見てみろよ。ただの挨拶で済ませたら、それこそ尻尾《しっぽ》を巻いた負け犬ってやつだ。俺は、鈍いのかもしれないな。この街で、なにからはじめればいいのか、やっとわかったよ。殴られた。死ぬほど殴られた。殴られたってとこから、俺ははじめるよ。ほかのことは、考えない」

「馬鹿なことよ」

「違うな。ここ何年かで、俺が自分からなにかやろうと思ったことは、ほとんどなかった。久しぶりだよ。本気で、自分からなにかやることが、いまの俺には必要だ」

「あたしが自分から呼んどいて、馬鹿なこともないわね」

「君には関係ない。君のためになにかしようと、俺は考えていないよ。やりたいことをやる。いまはそれだけなんだ」

「男って、みんなそうね」

「中西清二もか?」

「太一も」

「女はそれに振り回されるだけ、なんて言うんじゃあるまいな」

「言わないわ。これでも強いのよ、あたし。でも、自分の強さを知ってるっていうのも、またむなしいものよ」

「君は、いい女になった。俺と、無理矢理別れようとした時よりはね。俺はそう思う」

「だからなんなの。いや、いい女って、なんなの？」

「わからんね。だが、中西清二って男を、俺はちょっと見直そうかと思ってる。女は、男によって変る。君がいい女になった根もとのところに、中西清二がいるはずだ」

氷が溶けてもまだ濃い水割りを、私は半分ほど胃に流しこんだ。痛み。うっとうしいとばかりは言っていられない。いま私にあるのは、この痛みと、全身の痣だけではないのか。

「死なないでね。借金なんかどうでもいいから」

「俺が、死ぬわけないだろう」

「同じ科白《せりふ》を、中西も言ったわ。それから二日後には、死んでた」

「運ってやつさ。俺も、中西清二のように海に浮いたかもしれん。しかし、浮かなかった。これはただ、運の差だ。自分の運が強いことを、うらめしいと思ったこともあるがね」

「太一が見てるわ」

「どういう意味だね？」

水割りの残りを、私は飲み干した。目ざとく見つけたボーイが、すぐにお代りを運んでくる。そのくせ、吸殻の転がった灰皿は替えようとしなかった。

二杯目。ほとんど喋らず、私はグラスを傾けた。酔いはない。しかし、躰が芯《しん》の方で疼《うず》きはじめている。

「帰るの？」

ここで顰《しか》めっ面をしたくない。思ったが、言わなかった。出入口のところで勘定を払った。高いのか安いのか、よくわからない。和子の乳房に触れたとしても、同じだろう。外まで見送ってきたのは、和子だけだった。私は片手を振っただけで、振りかえらずに歩いた。シティホテルは、すぐそばだった。

フロントでキーを受け取り、四階の部屋に入ると、着ているものを全部脱ぎ捨てた。眼を醒《さま》している。心の中で、確かに眼を醒したものがある。空腹、という状態に似ていた。腹を満たすために、なにをやればいいのか。

アルコールによる躰の疼き。疼きというより、火照《ほて》りに近いものかもしれない。私はバスルームに飛びこみ、シャワーの栓をひねった。

9　核心

ホテル・キーラーゴから、さらに海沿いの道が続いていて、四キロほど走ると右手に小さな病院があった。小さいといっても二階建の鉄筋コンクリート造りで、海からの風を避けるためにあまり背を高くしなかったという感じだった。入院設備もあるようだ。沖田蒲生《おきたがもう》病院と、小さな看板が出ている。

海沿い四キロ、内陸にむかって八キロの土地が、なにが計画されているのか知らないが、ハイエナが群がっている土地だという話だった。いまはまだ、変哲もない畠《はたけ》と山だ。

私は病院の前でUターンし、一キロほど戻って、車を山道に入れた。農道だが、簡易舗装がしてある。耕運機ぐらいなら、擦れ違える広さもあった。

畠が途切れると、雑木林だった。道は曲がりくねっている。三十戸ほどの小さな集落が、最初の峠を越えると見えてきた。樹間に屋根が見え隠れする。のどかな風景だが、三十戸のほとんどは、代々の土地を売り払ったのだという。

山深い感じになった。実際、この奥はさらに深いはずだ。山ひとつを越えると、空気から土の色まで、これほどに変るものなのか。

小高くなった場所に、二十基ほどの墓があった。それから集落だった。山の中を通っている道が一本あって、それが生活道路になっているようだ。

「野村《のむら》さんの家は、どこかな？」

遊んでいる子供。私の質問より、顔の痣の方が興味深そうだった。ひとりが、古いトタン葺《ぶ》きの家を指さした。住んでいる人間が誰もいないことは、一見しただけでわかる。命の匂いのようなものが、消えてしまっていた。

私は野村家の前に車を停め、錆《さび》の出たトタン屋根を見あげた。隣りの家の窓から、中年の女が覗いている。周囲は広い土地なのに、家々は肩を寄せ合っているという感じだ。

「野村剛造《ごうぞう》さんを、御存知ですか？」

窓から覗いていた中年女は、びっくりしたように頷いた。

「じゃ、中西清二さんは？」

女がまた頷く。頷くだけで、出てこようとはしなかった。女の代りに、腰の曲がりかけた老人が出てきた。

「このあたりは全部買収されたって話だけど、あの墓のあるところもですか？」

「あそこを売れるか、罰当たりが」

「ほんとに、売られてないのかな。登記の書類を調べたことがありますか？」

「あそこは、誰のもんでもねえぞ。昔から墓があって、死ねばそこに入ることになってる。誰も、買うことも売ることもできねえんだよ」

「野村剛造さんを、御存知ですね？」

「ガキの時分から、一緒に歳をとってきた。てめえのことより、よく知ってるかもしれねえ」

「あの人、熱海の芸者に子供を産ませたでしょう」

「知らねえな」

一万円札を一枚、私は老人に握らせた。老人の口もとが卑屈に崩れ、黄色い前歯が二本見えた。鼠《ねずみ》のような歯だ、と私は思った。

「景気がいい時があってな。山じゃミカンや自然薯《じねんじょ》がいくらでもとれたし、材木も売れた。

そのころ、俺らはよく熱海なんかで遊んだもんよ」

「じゃ、そのころ野村さんは」

中西清二の歳を考えると、戦後五年経ったころのことだろう。こんな集落に、景気がいいことがあったのか。

「おまけに奥の畠が売れてな。ダムを造るんで、補償金が出たのよ。みんなその金で家を建て替え、遊び回ったもんだ。戦争で、愉しむことも知らない連中ばかりだったんで、熱海へくり出すくらいのもんだったがな」

「そこで、中西清二の母親と会ったわけだ」

「あの人は、芸者じゃなかった。子供を育てなきゃならんので、芸者になったのさ」

「野村さんは、結婚してたんですね？」

それは、役所で調べてきていた。結婚して娘がひとりできたが、のちに二人とも死亡している。母と娘の死んだ日が、同じだった。

「女房だって、悪い女じゃなかったよ。ただ娘がね。小児マヒってやつさ。ひどかったよ。女房は、疲れたんだろう。いまみてえに、いろんな治療ができるわけじゃねえ。家の中で寝たきりの娘を見てたら、死にたくもなるだろうさ」

「自殺だった？」

「無理心中ってやつだな。ホリドールを飲んだんだよ、山の中で」

「ホリドールって?」

「農薬さ。いまじゃ使われてねえが、あのころは田にも畠にもホリドールを撒《ま》いたもんだ」

「娘の将来を悲観しての無理心中がすべてだった、と考えていいんですね」

「熱海の女のことも、女房の頭の中にゃあっただろう。剛造は、山も売りかねねえ勢いだったからな。補償金なんてもんは、しばらく遊んだら、きれいに消えちまったし」

「山を、売ろうとしてたんですか?」

「あのころはな。芸者を落籍《ひか》せようとしてたんだ。清二が生まれて、女がひとりで育ててるのを、見るに見兼ねたんだ。やさしい男だったさ。女の方も、そこまでして落籍せてくれなくてもいいって、断ったって話だ。女房と娘が死んだ。病気で死んだんなら、あの人が後添いに入っただろう。病気だったらな」

「自殺だったってことに、二人ともこだわっちまったんですね?」

「自分を責めたんだろうな、二人とも。剛造は、あれからずっとここでひとり暮しだったよ。若い者《もん》とは口も利かなくなった」

何年も放置されたというわけではないから、家はまた住もうと思えば住めそうだった。ただ、どこか外のものを拒絶している雰囲気が漂っている。

「村の人とは、うまくいってなかったんですか?」

「あんまり付き合わなかったたってだけよ。いつも山を見て回ってて、山菜だの栗だのを採っては、清二に送ったりしてたらしい。清二は、時々様子を見にきてたよ。あんたが登ってきた農道を通ってな。泊っていくこともあったが、一緒に暮したりはしなかった。一度、女房と男の子を連れてきた時も、ここに三日ばかり泊ってたな。もう、三年も前になるか。俺は剛造のことはよく知ってるが、清二が結婚して子供がいたってのは、その時はじめて知って、たまげたぜ」

「中西清二は、なぜ剛造さんと一緒に暮さなかったんだろう。剛造さんは血圧で二度倒れたって話なのに」

中西清二の母親は、十年も前に死んでいた。清二が、母親と同じこだわりを持ち続けたとは考えにくい。やはり野村剛造が、こだわりを捨てなかったのか。

「清二は、事業に失敗してな。剛造に頼るかたちじゃ、一緒に住むわけにゃいかねえと思ってたんだろうな。あの人が、そう言い遺したに違いねえよ。そういう人だった」

新しい事業をはじめるために、中西清二はできるだけ多くの金を欲しいと思ったのか。それで方々へ借金を申しこみ、金払いのよさそうなところを探ったのか。それとも、山の土地がどれほどの価値があるのか、無担保での借金を申しこむことで、探ろうとしたのか。いまのところ、中西清二が新しい事業を計画していたという話は、どこにもない。

「みんな金持ちになったんだね、ここは？」

「そんなこたあねえ。なにができるかわかりもしねえのに、買うって話だけ殺到してきやがって、ほんとに儲《もう》けるのは、土地を持ってる人間じゃねえよ。株だのなんだのって、売ったやつらは手を出す。それで消えちまうだろうさ。俺も剛造も、そういう金がどれだけ身につかねえか、いやというほど知っちまった。ダムの補償金でな。俺は売るなと言ったが、若い者《もん》は言うことを聞かねえ。札束をチラつかされると、転んじまうんだ。そういうもんよ、人間ってのは」

私が煙草をくわえると、老人は骨ばった指を出してきて、一本取った。野村剛造がどういう老人だったのか、わかりようはない。眼の前の老人を見て、野村剛造を連想するのも無理がありそうだった。

「野村さんの土地があれば、ここにはなにも建ちはしないでしょう」

「もう、ねえよ。清二が殺された。土地だって奪《と》られてるさ。剛造は、どれだけ脅されたか知れたもんじゃねえよ。頑張れたのは、いつ死んでもいいと思ってたからさ」

「そんなに、ひどかったですか?」

「いやがらせだわな、要するに。朝行ってみると、山の樹《き》が倒されてる。家からボヤは出る。それでも首を縦に振らねえとなると、夜中にわざわざ戸を叩《たた》いたり、刃物で脅したりしやがるんだ。どこがなにをやってるか、わからねえよ。毎日のように、何人も来たからな。それとは別に、買手と称するやつらが、菓子折なんか持ってきやがる。血圧はあがるわな。それが、心臓にきたのよ」

老人は、うまそうに煙を吐いた。

私は、ちょっと躰をのばした。もう夕方になっている。昨夜はぐっすりと眠り、眼醒めた時間も遅かった。ベッドの上で躰が強張《こわば》ったようになっていて、動くとバラバラになりそうな気がしたほどだ。時間をかけて、筋肉をほぐした。それで、ほぼ調子は戻った。一日、興信所の職員のような真似《まね》をしていたが、その間も機会があれば躰をのばすようにしていた。

「一万円で、いろいろと訊きやがったもんだ」

「一万円と、煙草が一本。俺が何者だか、警戒する気にはなりませんか？」

「ならねえな。なくすものが、なんにもなくなっちまったんでよ。人間ってのは、そんなもんさ」

「なるほどね」

一日の収穫は、大したものではなかった。もともと、なにを調べればいいか、はっきり固まってはいなかったのだ。とりあえず、野村剛造と中西清二のことを訊いて回った。徒《と》労《ろう》だったかもしれない、という気はどこかにある。すべてが徒労で、徒労の中に別なものを見つけようとしているのだ、という気もある。

「ありがとう。助かりましたよ」

「どうってことねえや。あんたが刑事だろうが、暴力団だろうが、不動産屋の手先だろうが、ここにゃもうなんもねえ。来るだけ無駄ってやつだが、金を払ってくれりゃ、知ってることはなんでも喋るぜ」

これ以上、老人にいい思いをさせることはできそうもなかった。

車を出した。肌寒いが、私はウインドを降ろして、風に当たりながら山道を下っていった。すぐに海が見えてくる。夕陽を浴びて、鮮やかな光を照りかえす海。そこにむかって走っていく。海沿いの街道に出ても、私はまだウインドを降ろしたままだった。ホテル・キーラーゴ。ちょっと早目の夕食をとることにした。どう考えても、シティホテルのレストランより、こちらの方がうまそうだったからだ。

前菜を終えスープを飲んでいる時、キドニーと桜内が連れ立って入ってきた。

「私立探偵みたいなことを、やってるそうじゃないか、立野」

キドニーの喋り方は、相変らず皮肉っぽかった。断りもせずに、二人とも私の前に腰を降ろす。

「やはり、人間は体力だな。あれだけ袋叩きに遭った男が、もう平気で動き回ってる。もっとも、動けるなら動いた方がいい。その方が、躰が本来持ってる治癒力が大きくなるんだ」

「桜内先生。言われた通り、脳ミソは俺次第だし、躰の方は大したことありませんでしたよ」

「どこかの骨が折れてたり、内臓がひとつでも破れてたりしたら、こんなに早く動き回ることはできなかった。運がいい。それも頭に入れておいた方がいいな。君をいたぶった連中は、君を殺すまいとしたわけじゃない。殺してもいいという殴り方だったね」

「その運を、動き回って使い果してしまおうと思ってましてね」

「ドク、こいつに理性って注射を打ってやれよ。きのうの夜は、『リラ』で大岩に正面から喧嘩を売ったそうだ。おまけに、俺の名前まで使ってな」

さすがに、キドニーの情報は早かった。

「手術《オペ》だな。開頭した方がいい」

「和子の代理人の件は」

「大岩は、取り立ての姿勢を見せてない。おまえが俺の名前を出したことは、それなりに効果があったさ」

キドニーと桜内の前には、コーヒーだけが運ばれてきた。食事にやってきたのではないようだ。

私は、四百グラムのサーロインステーキにナイフを入れた。ステーキを食いたい。胃がそう言っていた。

「川中さんに会いたいんだがな」

ない。


「知らんよ」

キドニーが横をむいた。キドニーと川中がどういう間柄なのか、私にはまだよくわかっていなかった。川中という男については、『レナ』で見かけた以外、ほとんどなにも知らない。

「六時半に、『ブラディ・ドール』という店へ行ってみろ」

桜内が言った。私は頷き、二切れ目の肉を口に入れた。

「なにを調べてる、立野。秋山にも会いに来たそうじゃないか？」

「中西清二が、ほんとうはどういう男だったのか、ということを」

「それで、なにがわかる？」

「俺なりに、事の次第が理解できそうな気がする。死んでしまったが、いまだに中西清二が核心にいるような気がしてね」

「誰も核心になどいるものか。それに、おまえが現われなきゃ、この街はもうしばらく見せかけの平和を保てたはずだ」

「俺が、反吐《へど》が出るまで殴られた以外、なにも起きちゃいないじゃないか」

「大岩が無能だってことが、みんなにわかりはじめた。特に、大岩の背後にいる男にな。それは大きなことだ」

「いずれ、そうなったはずだよ」

キドニーは、めずらしくパイプを口にしていなかった。私の皿の肉は、ほとんどなくなりかかっている。最後のひと切れを口に入れると、私は煙草に火をつけた。

「パイプを、どこかに置いてきちまった。長いことパイプをやってるがね。なくしたのは二度目だよ」

「なくしたのは、パイプだけかね？」

「いろんなものを、なくしたさ。誇りってやつを除けばな」

「このごろ、キドニーは変ってきた。誇りなんて言葉は、鼻さきで笑う男だったよ。俺がはじめて会った時は」

桜内も煙草をくわえた。

「食事は、ドク？」

「キドニーと一緒じゃ、うまいものもまずくなる。俺の女が来るのを待ってるとこさ。俺の女は、この先の病院で婦長をしててね」

「沖田蒲生病院？」

「今度殴られたら、そこに運んで貰うといい。手術《オペ》もできる。血が好きな女でね。君のような患者は大歓迎さ」

コーヒーが運ばれてきた。コーヒーだけは、『レナ』へ行って飲みたいものだった。それでも、食後のコーヒーと煙草が、うまいと感じるようになった。

「結論は？」

「中西清二という男についてのか。まだ出ていないね」

「死んだ人間だ。結論はひとつでいい。もういない。それだけさ」

言って、キドニーが横をむいた。私は、コーヒーを半分ほど啜《すす》り、腰をあげた。

「坂井に会ったら、俺が用事だと言ってたと伝えてくれ」

「会ったらな、キドニー」

いまから走っていけば、六時半前にシティホテルに着くだろう。フロントで、『ブラディ・ドール』の場所を訊けばいい。

外は、もう暗くなっていた。

10　白い手

左手に白い手袋をした男だった。

タキシードがよく似合っている。白い手袋だけが異質で、結婚式に遅れた花婿というところだった。それを狙《ねら》っているのかもしれない。無表情な顔は、服装に崩れたところがなければ、凄味《すごみ》さえも漂わせそうだ。

「開店は七時からでございますが」

物腰はやわらかで、非の打ちどころのない態度だが、やはり底に無気味なものがある。

「川中さんに、会いたいんだがね」

「それならば、奥のカウンターにおります」

男の白い手が、私を店の中に請じ入れた。

落ち着いた造りの店だ。『リラ』と同じような店だろうと思っていたが、少なくとも造りにはずっと品性が感じられる。

開店前の店の中は静かで、月曜の朝の教会のようだった。カウンターに、男がひとり腰を降ろしている。私は歩み寄り、大きな背中の後ろに立った。その時はじめて、カウンターの中にいる赤いベストのバーテンが、坂井であることに気づいた。キドニーが、気軽に伝言を頼んだ意味もわかった。

「キドニーが、用事だと言ってた。さっきまで、ホテル・キーラーゴのレストランにいたよ」

坂井が頷くのと、川中がふりむくのが同時だった。

「立野です」

「二度目ですな」

短く川中はそう言い、白い歯を見せて笑った。人懐っこい、しかし底に淋《さび》しさの漂うような笑顔だった。そして眼。やはり湖水のように深い色をしている。

「ここのバーテンが、本職かね？」

「本職ったって、仕事はこれしかありませんのでね。なにをお作りいたしますか？」

営業用なのか、坂井の口調はやけに丁寧だった。

「川中さんは？」

「それはシェイクしたドライ・マティニーで、メニューには載せてございません。つまり、社長専用ということで」

川中のことも、今日一日で多少調べた。この店のほかにも、レストランなど数店舗を所有している。ホテル・キーラーゴの前のヨットハーバーも、川中のものだ。

坂井が言っていた社長というのが、川中のことだった。坂井の本業がバーテンなら、そういうことになる。

「おたくの社員は、フェラーリ328を乗り回しているんですね。俺はそれに助けられたんで、別に嫌味で言ってるわけじゃないけど」

「あれは、叶《かのう》という殺し屋のものでね。癌《がん》で早晩死ぬという男を庇《かば》って、撃たれた。代りに死んだのさ。ほんのわずか、悲しくなるほど短い時間、庇ってやった男の寿命をのばしただけだったけどね」

「東京でさえも、滅多に見ない車だ」

「叶がかわいがってた。イタリア娘は、色男がお守りしなけりゃ、すぐに機嫌を悪くする。

そうしてくれと、叶も言い遺した」

　赤いベストにボータイ姿の坂井は、まったく表情を動かさなかった。

「水割り」

「かしこまりました」

　氷の入ったグラスが私の前に置かれ、ワイルド・ターキーが注《つ》がれた。鮮やかな手並みだ。水の量もぴったりだと思えた。『リラ』の、濃すぎる水割りとはかなり違う。

「中西清二について、いろいろ調べてるみたいだね」

　川中へ入る情報は、キドニーのものよりもっと詳しいのかもしれない。

「死んでもういない男だ。キドニーはそう言ったよ」

「生きてるよ、中西清二は」

「どういう意味かな」

「誰かの心の中で、ちゃんと生きてるような気がする。自分をそうやって忘れないでいる人間を持っていた。そんな男だったかもしれない、と俺は中西が死んだ時に思った」

「なるほど」

「俺に、中西について喋らせたいんだろう。だから喋った」

「それで、全部かね？」

「そう、全部だ」

川中が、また白い歯を見せた。私は、水割りを半分ほどひと息で飲んだ。水とウイスキーの調合が、絶妙だった。計量カップで測りもせずに、坂井はこれをやってのけたのだ。

「なんとなく、いやな街だね、ここは。来る早々、ひどい御面相にされちまうし」

「なかなかなもんさ。タイトルマッチで善戦したボクサーってとこかな。その無精髭《ぶしょうひげ》が、ちょっともの悲しくていいじゃないか」

「少しは、痣隠しになるかと思ってね」

髭は濃い方で、丸一日剃《そ》らないとかなりザラついてくる。いまはもう、触れた感じがやわらかくなるほどのびていた。

午前中秋山と会って、中西清二のほんとうの印象を訊いた。わからない、と秋山は言った。借金の申し込みそのものは、臆面《おくめん》のない不愉快なものだったらしいが、それだけではない感じも持ったという。言葉では説明しにくい感じだったと、秋山は言った。

川中の言い方は、もっと抽象的だと言えたし、逆に心情的な分だけ具体的とも言える。借金の申し込みは別として、川中は中西清二に好意に近い感情すら持っているようだ。キドニーは、中西清二にいい感じを持っていない。ただ会ったのは、土地問題が表面化する二年も前のことで、失敗した中西の事業の後始末を頼まれたようだ。キドニーはそれを受けず、別の弁護士がやっていた。

そして私は、中西清二に会っていない。太一が、中西については喋りたくないし悪口も聞きたくない、と言ったことだけが、わだかまりのように心に残っているだけだ。

「この街じゃ、川中さんは力を持ってるらしいね」

「俺は、のんびりと生きたいだけだよ。君も、俺と大して変らん歳だな。そんなふうに思うことはないかね」

「思ってそうできるものならね」

「まったくだ」

「爺《じじ》むさくのんびりもできないんで、つい力を求めてしまう。つまりは、人間の欲望にはかぎりがないってことじゃないのかな」

「そういう欲望から、解放されているように見えるな、君は」

「そのために、いろんなものをなくした。なくしたものの方が大きかったかもしれない、といまは思ってるよ」

「得るものより、なくすものが小さい人生なんて、実はむなしいものだって気がする。ここで、君と人生論なんかやっても仕方ないが」

「そうだね」

グラスを空けた。坂井が私に眼をくれる。頷くと、素速くターキーの水割りが出された。

店の奥から、中年男が出てきた。グレンチェックのブレザーに粋《いき》なアスコット。従業員には見えないが、客のようでもなかった。男はちょっと川中と眼を合わせると、ピアノの方へむかっていった。アップライトの、凝ったピアノが置いてある。

ポツン、と音が聞えた。それが二つになり、三つになった。少しずつ、リズムに乗ってくる。気紛《きまぐ》れに、鍵盤《けんばん》を叩いたというわけではなさそうだった。曲になった。私の知らない曲だが、なぜか懐しいような思いが襲ってくる。

二杯目の水割りを、私はひと息で空けた。坂井は、三杯目を黙って作った。

音が、押しつけがましくもなく、私の心に少しずつ食いこんできた。この懐しさはなんなのか、と私は考えていた。ピアニストの男は、眼を閉じて、軽く指を動かしている。

雪。夏の日。眩《まぶ》しすぎる光。情景が、不意に浮かんできた。それがさらに別の情景になっていくのを、私は無理に抑えこんだ。

眼を閉じる。波のように、なにかが押し寄せてくる。それは音であり、同時に音以外のなにかだった。心に満ちてくる思いがある。むなしさとも、悲しさとも違っていた。満ちた思いは、グラスからこぼれる水のように、私の胸を、腹を、脚を、全身を濡らしていった。懐しさ。そうとしか言い様がなかった。心も躰も、音に共振をはじめている。

指さきで、眼を擦《こす》った。指さきが濡れている。それ以上に、別のなにかが濡れている。

かすかな声が、私ののどの奥から出た。呻《うめ》きのようでもあり、叫びのようでもあった。

音が、不意に熄《や》んだ。

束の間、静寂が店の中を支配した。また、ポツリと音がした。同じように、それが曲になっていく。『マイ・マン』。ジャズのスタンダードナンバーだ。

私は眼を開け、三杯目の水割りを空けた。掌《てのひら》で、顔全体に涙を擦りつけた。

「今夜のソルティ・ドッグは、立野さんにつけておけ、坂井。立野さんには、沢村《さわむら》先生に奢《おご》る資格があるようだ。それにしても、このところ先生の演奏は感傷的すぎるな。とうとう、泣くやつまで現われた」

坂井が、スノースタイルのソルティ・ドッグを、鮮やかな手際で作った。呼ばれたボーイが、それをピアノのところへ運んでいく。

曲が終った。ピアニストは、ソルティ・ドッグをちょっと持ちあげ、私の方にむけて翳《かざ》す恰好をした。私も、四杯目の水割りを宙に翳した。

「俺は行くよ。またな、立野さん」

「ああ」

川中が腰をあげ、立ち去っていった。私の横のスツールが、急にむなしいものになった。男がひとり、いなくなっただけでだ。

「あのピアニストは？」

「沢村明敏《あきとし》。聞いたことありませんか？」

名前は知っていた。こんな街の、こんな店で演奏しているのか。一流のミュージシャンとして、私はその名を聞いたことがある。

「あの人にソルティ・ドッグを奢れるのは、この街に何人かしかいません。宇野さんも、社長についてはいろいろ言いながら、沢村明敏にピアノを弾かせられるということについては、態度で認めてますよ。時々、聴きにきたりするんです」

軽い曲が流れていた。

店がはじまる時刻になったらしく、女の子が二人奥から出てきた。客はまだ入ってこない。女の子たちの質は、『リラ』とかなり違うような気がする。

「まさか、女の子が二人ってことはないんだろう?」

「二十数人います。ただ、お客様のそばにずらりと並ぶようなことはいたしませんで、フロアマネージャーが、状況を見て配置していきます」

「矢鱈《やたら》、丁寧な喋り方をするんだな、店じゃ」

「そういうものですよ。まあ、営業用だと思ってください」

フロアマネージャーをやっているのが、左手に白い手袋をした男なのだろうか。おかしな店だが、嫌いではなかった。

「俺も、もう行こう」

腰をあげると、ピアノを弾きながら、沢村明敏があるかなきかの笑みを投げかけてきた。

私も、笑い返した。

「おかしな街だ」

外は風が吹いていた。

通りかかったタクシーを停めて、私は『リラ』と行先を告げた。幸い、運転手は店の名を知っていた。『リラ』も、この街ではやはり一流で通用している店なのだろう。

歩けば十五分ほどかかりそうな距離を、タクシーは三分足らずで走った。

店に入ると、私はきのうと同じ席に腰を降ろし、朝子を指名した。休みだ、という返事がかえってきた。

仕方なく、私はそばにきた女とつまらない話をしながら、濃いダブルの水割りをチビチビと飲んだ。ダブルで、ほんのちょっと水を入れるくらいなら、ストレートで飲んで、チェイサーと交互に飲《や》ればいいのだ。私には、この店が一流だとはどうしても思えなかった。

二十分ほどで、私は店を出た。

通りからは、シティホテルのレストランの明りが見えている。日吉町のアパートへ行こう、と私は思っていた。それならば、一度ホテルの駐車場に入れた車を出した方が、帰りが安心だった。和子がなぜ店を休んだのかは、大して考えなかった。

シティホテルまで五十メートルほどのところで、男が三人私を遮った。後ろにも二人出てきた。五人。とても相手にできる数ではない。それでも、また貨物船に連れこまれるのは、ごめんだった。

「通して貰えないかな」

「ほう、今夜は喋れるじゃねえか」

赤いネクタイの男。はっきり憶えていた。ブルーのネクタイの方はいないようだ。

「車に乗るか、それともそこの路地にするか、どっちがいい?」

「両方ともいやだね。俺はホテルに戻るところでね」

「きのう、社長にまともに喧嘩を売ったんだよ、あんた」

「自分で買えもしない腰抜けが、犬を寄越《よこ》したってわけか」

「喋る時はよく喋るんだね。もっとも、そうやって喋っていられるのは、ただ運がいいからだよ」

そんなことは、私の方がよくわかっていた。三人が、ちょっと前へ踏み出してくる。ビルとビルの間の路地へ、私を追いこむ恰好だった。

どこまでやる気なのか。ただ殴るだけか。それとも、殴って動けなくした私を、車に連れこむ気なのか。選べることは、ひとつしかなかった。命があるかぎり、闘うことだ。

「後悔もできねえんだよ、あんた。わかるかい。後悔もできなくなっちまうんだ」

「しないさ」

「できないんだよ、馬鹿」

どう考えても、路地に走りこむしかなかった。そこだけ、道があけられているのだ。路地の奥がどうなっているのか、私が知るはずもなかった。路地の入口に駐《と》めてある、幌付《ほろつ》きの軽トラックが見えるだけだ。

私は、数歩退《さ》がり、路地に飛びこむ恰好を見せながら、反転して一番右側にいた男に躰をぶっつけた。そいつは三メートルほど吹っ飛んだが、残りの四人の動きは速かった。ホテルにむかって突っ走ろうとした私は、タックルされて舗道に這《は》いつくばった。跳ね起きる。路地に走りこむしかなかった。

軽トラックの脇。走り抜けた。そこで、路地が行き止まりになっていることに、私は気づいた。

間の抜けた話だった。私が死ぬ場所になるかもしれない狭い場所を、私はぼんやりと見回した。武器になりそうなものは、なにもなかった。

五人が、ゆっくりと路地の中に入ってきた。罠《わな》にかかった獲物を、確かめにやってきたという感じだ。何人、倒せるだろうか。ひとりか、うまくいけば二人。それ以上は無理だろう。

「ひとりで、なにができると思ってる。え、おまえひとりでよ」

なにができるのか、やってみなければわかりはしない。もう、口に出しては言わなかった。腰を低くし、身構えただけだ。

「やる気なんだよ、このおっさん」

誰が言ったか、よくわからなかった。右の男。低い姿勢のまま、私はぶつかっていった。

飛んできた足には構わなかった。腰に抱きつく。持ちあげる。そのまま、コンクリートの壁にぶつかるように突っ走った。鈍い音がした。放り出した男の額から血が噴き出している。下腹を、二度続けざまに蹴《け》りあげた。

肉のぶつかる音がした。ふりむき、壁を背にして、私は身構えた。躰に衝撃はない。なにが起きたのか。瞬間、判断に迷った。五つの人影。しかし、ひとりは倒れて、呻いているのではないのか。立っている人影が五つだ。

「てめえはっ」

喚《わめ》き声《ごえ》と同時に、肉を打つ音がした。ひとりが、ゆっくりと崩れるように倒れた。突き出された手が、白かったような気がした。

もうひとりの男。『ブラディ・ドール』のフロアマネージャーだ。

なにが起きているのか。明らかに、状況は私に有利に展開している。立っている三人の男は、どちらにむかえばいいのか、戸惑いを見せていた。つまり、私は助けられているということなのか。

路面を蹴る靴音がした。

白い手が、闇《やみ》で舞った。骨の砕ける鈍い音が、確かに私の耳にまで届いた。脇腹を押さえて、もうひとりうずくまった。低い呻きがあがる。

「ひとり、お願いしますよ、立野さん」

落ち着いた声だった。その声に背中を押されたように、私は踏み出していた。拳《こぶし》が飛んでくる。耳を掠《かす》めた。熱い感じが、しばらく残っていた。私がむかい合っているのは、赤いネクタイの男だ。もう一度、私は踏み出した。拳。よく見えた。肩の上でかわした瞬間、躰がぶつかり合った。間髪を入れず、私は膝を突きあげた。男の躰が二つに折れかかる。そこを抱えあげた。壁に突進していく。男の躰を叩きつけた。二度、三度と叩きつけた。路面に投げ降ろす。躰を丸めかかった男の下腹を蹴りあげた。

呼吸が乱れていた。ふりかえると、二つの人影がむき合っているのが見えた。ひとりの足が、宙に舞いあがった。もうひとりが、人形のように横に蹴り飛ばされた。鮮やかなものだ。

赤いネクタイが、呻きながら躰を起こそうとしている。全体重を乗せて、私は蹴りあげた。男の躰が、丸太のように転がっていく。それでも、蹴り続けた。コンクリートの壁のところまで転がり、男は動けなくなった。

髪を摑《つか》んで、上体を引き起こした。拳を叩きこむ。男の後頭部が、壁に当たって鈍い音をたてた。五発、六発と続けた。なにかが、私の中で切れている。殺す気になっていた。拳に、骨が砕けるような感触がある。男の躰が、壁を擦りながら横に倒れた。靴を蹴りこんだ。靴のさきにも、骨が砕ける感触があった。男は、もう声もあげず、身動きもしない。

両肩を押さえられた。

「いいでしょう、もう。三本ばかり骨が折れてますよ。続けると、内臓が破裂します」

まるで天候の話でもするような、落ち着いた声だった。

「残りの四人も、一応、腕を折っておきます」

それも、穏やかな口調だった。ひとりが手首を持って引き起こされた。白い手袋が、宙を躍った。肘《ひじ》。そこに吸いこまれていく。手首を握られたままの男の腕が、一瞬長くなったように見え、それから不自然に捩《ね》じ曲がった。激しい喘《あえ》ぎが聞えた。同じようにして、三人の男の右腕が折られていった。

「行きましょう。大通りの方から、目撃している人間が何人かいます」

そこまで、私は気づかなかった。何事もなかったような顔で大通りに出ると、私は男と肩を並べて歩きはじめた。

「ずっと、俺を尾行《つけ》てたのかね？」

「二十分ほどで、『リラ』を出られたという連絡が入りましたので。死ぬ気だから守れ、と社長に言われています」

「死ぬ気なんかない」

「坂井が助けたあと、街を出るどころか、いろいろと調べはじめた。それは、つまり死ぬ気になったということです」

「しかし、川中さんは、なぜ？」

「死ぬ気になった男を、黙って見ていられないだけです」

シティホテルとは、反対の方角だった。五百メートルほど歩くと、黒いスカイラインが道端にうずくまっていた。

「送りますよ、ホテルまで」

「仕事はいいのかね？」

「坂井がいますよ。申し遅れましたが、下村と言います」

頷き、私は助手席に乗りこんだ。

シフトレバーを動かす時も、下村の手は開いた恰好のままだった。

「すごいね、君の左手は」

「義手でしてね。手首を切り落としたのは、桜内さんですよ」

車が発進した。開いたままの義手で、下村は鮮やかにギアチェンジをやる。四速まであげ、ホテルのそばで二段落としたが、回転を合わせているせいか、変速ショックはまったくなかった。エンジンが哮《ほ》えただけだ。

「ちょっと重いですが、ブロンズ製の義手でしてね。面白がって、社長が木製のものと二つ註文したんですよ。ブロンズの方が気に入っています。ちょっとした凶器ですからね。男ってやつは、凶器のひとつやふたつ持ってるものでしょう」

「打たれる方は、たまらんな。それにしても、川中さんはそれを乱闘用に作ってくれたのかね？」

「さあ。気に入らなければ、壁にでも飾ってろと言ってました」

「礼を、言うべきだろうな」

「社長に言われたから、やったことです」

「それでも、俺は助けられた」

ホテルの玄関の前だが、ドアボーイなどいない。ホテル・キーラーゴには、身のこなしの軽いドアボーイがいた。

「いつ狙われるかわからない。そう思っていてください」

「気をつけるよ」

私が降りてドアを閉めると、車は静かに滑り出していった。

部屋へ戻った。日吉町のアパートを訪ねるのは、明日にしようと思った。ちょっとのびをすると、背中に亀裂《きれつ》が入るような音がした。氷の板が割れていく時のようだ。それだけだった。新しい怪我は、ほとんどしていない。

11 拉致

午前十一時に近くなったころ、私はホテルを出て日吉町へむかった。

二度行ったきりだが、自分の街のように地理はよく憶《おぼ》えていた。

アパート。大して古くはないが、見るたびに安直な造りが目立ってきた。チャイムを鳴らす。いつものガウンで、いつものように淫《みだ》らな疲れを漂わせた和子が出てくる、と私は思っていた。ノブが回り、ドアが開いた。太一の顔が出てきた。

「お母さんは、病気か？」

太一が、首を振った。部屋の中に、ほかに人の気配は感じられない。

「おまえ、学校はどうしたんだ？」

「休んだ」

「土曜だからって、休んでいいもんじゃないぞ。お母さんは、出かけたのか？」

「きのうの夕方から」

「おまえは、ずっと部屋で待ってたってわけか」

店は休んでいた。いやな予感が、顔に出ないように私は注意していた。

「店に行ったきりか」

「店には行ってないよ。仕度をしてないもん。お風呂に入って着替えてから、いつも店に行くんだ。きのうは、俺がちょうど帰ってきたとこで、おふくろは俺の夕めしのおかずを買いに行くとこだった」

「普段着ってやつだな」

「サンダル履いてね」

「ひとりで、待ち続けてたのか。なんで、俺に連絡しなかった」

「なにか、やってくれるのかよ？」

太一の眼《め》に、不意に反抗的な光が宿った。それをはぐらかすように、私は階段の方へ視線をやった。

「とにかく、入れてくれないか」

太一が、摑《つか》んでいたドアのノブを放した。私は玄関に入り、靴を脱いだ。三和土《たたき》には、黒いハイヒールがひとつ置いてある。

「心当たりはないのか？」

太一が首を振った。たとえ店に出ていたとしても、帰りが異常に遅いと言っていい。店には出ず、服も普段着なのだ。

「電話、借りるぞ」

キドニーの事務所にかけた。誰も出ない。土曜日は休みなのかもしれなかった。自宅の番号はわからなかった。川中も坂井もわからない。

秋山にかけた。土曜のこの時間、席にいそうな男というのは、ホテルの社長ぐらいのものだ。交換手からさらに二人経て、ようやく秋山に繫《つな》がった。

「キドニーを大至急捜したい。急いでる」

「なにがあったんだね？」

「和子が、中西和子がいなくなった」

「いつからだ？」

「きのうの夕方からだよ」

束《つか》の間《ま》、秋山は沈黙した。催促するように、私は受話器を指で叩《たた》いた。かすかな息遣いが聞えてくる。中西和子が消えたそうだ。そう言っているのが聞えた。

「ここへ来いよ、立野さん。

「息子がいるんだ。俺の、息子だよ」

また、秋山が沈黙した。私は、受話器を指で叩き続けた。

「いま、どこだね？」

「日吉町だ。和子のアパートさ」

「わかった。息子までここへ連れてきてしまうのは、ちょっとまずいかもしれん。『レナ』に預けてきてくれないか。女房には、俺から連絡をしておく。ホテルは、裏から入ってくれ。従業員や業者の通用門が、正面入口の五十メートルほど先にある。尾行には気をつけろ。尾行されているようだったら、中止して連絡を取り直す」

「キドニーの連絡さきは？」

「ない。やつはいま病院で、まだ数時間は出てこれないだろう。人工透析を途中でやめるわけにはいかんだろうし」

「中西和子の代理人が、キドニーだ」

「わかってる。透析が終れば、やつもここへ来るようにしておく」

電話を切った。太一は、自分の部屋の勉強机で、私に背をむけていた。私の声は、はっきりと聞えていたはずだ。

「行くぞ、太一」

太一がふりむいた。眼に、拒否の色がある。私は太一の部屋に入っていって、肩に手を置いた。まだ小さな肩だ。ふとそう思った。

「いまは、つべこべ喋《しゃべ》ってる暇はない。とにかく、急がなきゃならん事態だ。面倒をかけるなら、パンチを食らわして担いでいくからな」

「ここで待った方が」

「駄目だ。おまえが攫《さら》われでもしたら、状況はさらに複雑になる」

「おふくろは、攫われたの？」

「まだわからん。いまからそれを確かめる。おまえは、俺の言う通りにしろ。いいな、約束だ」

太一が立ちあがった。ライオンズのスタジャンを着こむ。背が、まだ私の顎《あご》のあたりだ。三年前別れた時は、片手で抱きあげることも難しくなかった。

「急ぐぞ」

車に乗り込んだ。太一は、部屋の鍵《かぎ》をきちんとスタジャンの内ポケットに入れ、チャックをしていた。

道はわかっている。とにかく海沿いの街道に出て、左へ行けば『レナ』で、さらにそのまま進めば、ホテル・キーラーゴだ。

「きのう会った時、お母さんはなにも言ってなかったのか。なんでもいい。思い出せるものは全部思い出せ」

「俺が帰ってきたら出ていくってとこだったし、気にするなと言われたぐらいかな」

「なにをだ？」

「電話。借金を返せっていう電話だよ。うちには借金があるみたい。俺が出ても、ひどいこと言ってる。聞いてて、かっとすることがあるよ。それを気にするなって」

「ずっと、電話は続いてたのか？」

「しばらくなかったみたいだけど、きのうは何度もあったと思う。俺が出てからは、あともう一回かかってきただけだけど」

太一が出ることで、和子の外出を確認しようとしたのか。

「催促の電話の声は、ひとりだけか？」

「いろんな声だった」

「ほかには?」

太一は、考え続けているようだった。シートベルトを、のばしたり縮めたりしている。住宅街の中の道を縫った。昼食時なのか、人の姿はあまりない。海。それより前に、長く続く松林が見えてくる。それから海沿いの街道。海のそばに、あまり家はない。潮風を避けるためか。

「郵便局へ、行ったかもしれない。手紙を持ってたから」

「手紙は、ポストに放《ほう》りこめばいい」

「切手が貼《は》ってなかった。宛名《あてな》は、ぼくの知らない人だったよ。重谷《しげたに》とか重野《しげの》とか、重っていう字だけよく憶えてる」

「近所に、切手は売ってないんだな?」

「ママが行く方にはね」

和子のことをママと呼び、自分のことを俺ではなくぼくと言っている。動揺がそうさせているのか。

ほかに訊《き》くことは思いつかなかった。和子には、よく手紙を書く習慣があった。はじめて和子と出会い、再会するまでの間に、私は三通手紙を貰《もら》った。結婚してからも、金沢にいる伯父とか、山形にいる友だちとかに、よく手紙を書いていた。しかし私の記憶に、重谷も重野もない。

坂を登り、降りた。前方に『レナ』が見えてきた。駐車場に車を突っ込むと、太一は怪《け》訝《げん》な表情で私を見あげてきた。

「おまえは、この店で待て」

「いやだ」

「俺は人に会わなくちゃならん。お母さんが見つかりそうだったら、すぐにこの店に連絡を入れる。それまで、ここのママさんの言う通りにしてろ」

「いやだよ」

「いやでも、そうしろ。まだガキだ、おまえは」

渋々、太一は車を降りた。秋山の女房と娘が出てきた。

「もしかすると、こいつなにも食ってないかもしれません」

「心配なさらないで、そんなこと」

頭を下げ、私は車を急発進させた。

いまのところ、尾行はない。車が少なかったので、それを確認するのはたやすかった。これから港のそばを通る間、車が増える。それからまた海沿いの街道に出た時、何台の車が付いてくるのか。

ミラーに注意していた。二台。白い車。左の路肩に寄って、私はその二台をやりすごした。たまたま、同じ方向に走っている車だったようだ。

後ろに車がいない状態で、私は走ることにした。車がいれば、やりすごしてしまう。多少の時間は食うが、それが尾行を防ぐには一番いいような気がした。追い抜いていった車に、不審な動きはなかった。

ホテル・キーラーゴ。エントランスに通じる入口を通り過ぎ、職員専用と表示の出た入口から入れた。並んでいる車の中に、川中の黒いポルシェは見当たらない。

社長室は、すぐにわかった。

ノックをし、返事も聞かずに私はノブを回した。川中の大きな背中が、すぐ眼の前にあった。秋山は、窓辺にワイシャツ姿で立っている。

「尾行は?」

「ない。しかし、なんでそんなことを気にするんだ?」

「大岩肇の背後にいた男が、この街へやってきたよ。きのうから来ていたらしいが、情報を摑んだのは、三時間ほど前のことだ」

窓際に立ったまま、顔だけ私の方にむけて、秋山は喋っていた。川中は、なにも言わず部屋を歩き回っている。

「中西和子のことがなけりゃ、川中はひとりでその男を殺しに行きかねないところだった。いまだって、そいつの首を締めあげたくて、躰《からだ》がウズウズしてるってとこだろう」

「和子は、攫われたと思うしかないな」

「大岩は焦ってる。御大《おんたい》が後ろで見ているからな」

「土地の権利証がどこなのか、無理に訊き出す気なんだな」

私は、ソファに腰を降ろした。秋山が電話をとった。相手はすぐに出て、短い受け答えをして切った。

「中西太一、というより君の息子は、家内のところで大人しくしてるそうだ。いま、安見が作ったスパゲティを食ってるところさ」

「わかった」

「早いとこ、中西太一を動かしておいてよかった。中西和子がどうしても吐かないとなれば、太一の方を締めあげて、母親の愛情に訴えようとしたかもしれないし」

私は煙草《たばこ》に火をつけた。川中は、相変らずなにも喋らない。

「大岩商会は？」

「チンピラが何人かいるだけだ。まず、中西和子がどこかが問題だな」

「船かもしれん」

「船じゃない」

川中が、はじめて口を開いた。

「おまえが連れこまれた船は、もう出ちまったし、大河内《おおこうち》に関係ある会社の船は、いまのところ一隻も入っていない」

「大河内ってのは？」

「そいつが、大岩の後ろにいるやつだ。大河内義隆《よしたか》。名前ぐらいは、聞いたことがあるんじゃないのか」

言いながら、秋山も煙草に火をつけた。

大河内義隆なら、名前も顔も知っている。新聞の一面によく写真が出ている、保守党の代議士だった。

「大河内は、いまどこにいる？」

「山の中腹の、海の見える場所に、別荘がある。ただ、そこには大岩も中西和子もいないぜ。大河内というのは、そんな馬鹿じゃない。いるのは新聞記者と、二人か三人の秘書と、それからもしかすると護衛のＳＰだ」

「ＳＰがいたところで、なんの不思議もないな」

ようやく、川中もソファに腰を降ろした。和子の居所を捜し出せるのか。まずそれだった。居所がわからなければ、助け出す方法も考えられない。

「岬のビーチハウスは、最初に調べさせた。あそこは、何度も拉致《らち》事件に使われているしな。『レナ』のさきにある岬だよ」

川中は憂鬱《ゆううつ》そうだった。短く刈りあげた頭に時々手をやっている。

「坂井が、若いのを十五、六人使って捜してる。下村も、五人ばかりで捜してる。待つしかないな。俺たちが走り回っても、二十人が二十三人になるだけのことだ」

「下村に、助けられたよ。その時、和子はもう拉致されてたはずだ」

「怪力の持主だそうじゃないか。下村が呆《あき》れてたよ」

「やつの白い左手もな」

和子の居所がわからないかぎり、手の打ちようがなかった。

電話が鳴り、秋山が飛びついた。どうしようもない、もう一昼夜になろうとしてる。秋山は、そう言っていた。

「キドニーだ」

電話を切って秋山が言った。

「さすがに情報は早いな。透析を受けながら、やつは電話をしてきた。大河内が出てきたことも、すでに摑んでたよ。透析を終えれば、やつの頭はクリアになる。なにか方法を思いつくかもしれんぞ」

「そう願いたいね。こうやってじっと待ってるのは、精神衛生によくない」

「いま大河内を叩いてみろ。三倍叩き返されるのがオチだ」

「わかってる」

川中は、私以上に苛立《いらだ》っているように見えた。長い煙草を乱暴に消し、すぐにまた新しい煙草をくわえたりしている。

私は電話をとって『レナ』の番号を回し、太一を呼んで貰った。

「しっかりしてろ。おまえは男だぞ」

「見つかりそうもないの、ママ?」

「捜してるところさ」

「ぼくは、大丈夫だよ」

それ以上、太一はなにも言わなかった。私も、言う言葉を見つけられない。電話を切って、しばらくじっとしていた。

「息子か」

川中が、ぽつりと言った。部屋の中は静かで、煙草の煙を吐く音まで聞えてきそうな気がした。

12　芝居

電話が鳴ったのは、一時間ほどしてからだった。キドニーからだ。秋山が受け答えをした。ほとんど、頷《うなず》いているだけだ。

「捜し出すのは無理だろう、と言ってる。やつらだって考えてるだろうってな。捜索願を出したところで、警察も家出人扱いをするに違いないとも言ってた。十五分で、ここに着くそうだ。電話は車の中からさ」

透析が終り、こちらへむかっているということだろう。キドニーがやってきたとしても、なにか新しくはじまるとは思えなかった。せめて、大岩肇だけでも見つかれば、私も動くことはできる。

坂井から、一度電話が入った。四、五人を大岩商会に張りつかせているが、なにも動きがないという。

「三人集まればなんとか、と言うが」

ノックもせずに、キドニーが入ってきた。

「中西和子を見つけるのは、無理だ。いくら三人で智恵《ちえ》を絞ったところで、偶然性に頼るしかないさ。やつら、中西和子を隠してるんだからな。つまり、中西和子が土地の権利証を持っている、と踏んだんだ」

「それで？」

川中は眼を閉じていた。

「むこうが、動かなきゃならんようにする。つまり、中西和子は権利証を持っていない。とすると、連中は中西和子を取引に使うしかなくなる。連中の動きも見えてくるさ」

「和子が権利証を持ってる、というのがおまえの意見じゃなかったのか、キドニー」

くわえていた煙草を消して、私は言った。

「論理的に考えれば、結論はそうなる。しかし、現実はしばしば論理を超える。中西清二が、三人に借金を申しこんだのも、論理的な説明は加えにくい。この件は、はじめから論理を超えてる、と思おうじゃないか」

キドニーがパイプに火を入れた。

「権利証を持ってるのは、おまえだよ、立野。中西和子の元の亭主だろう。適役だ。そしておまえは、川中と秋山の二人を天秤《てんびん》にかけ、高く出す方に土地を売ろうとしている」

「少しずつ、わかってきた」

眼を閉じたまま、川中が言った。パイプの煙が漂い、部屋の中は霧でもかかったようになった。

「俺と秋山が、どこかで談合している。その間、立野は別のどこかで待っている。そういうかたちを作ればいいわけだ」

「しかしな、このアイデアには、賭《か》けの要素が非常に多い。権利証を立野が握っているということになれば、中西和子は用済みだ。中西和子を使って、大河内は取引をしようとはしないぜ」

「じゃ、誰を？」

「おまえの息子さ。血が繋がってる。その方が確実だと計算する男だよ、大河内は」

「太一は、いま『レナ』にいる。そのことは、誰も知らないと思う」

「なら、中西和子が用済みにされる危険だけだ。それを決める権利は、俺たちにはない。立野、おまえが決めることだ」

しばらく、私は考えた。なにか別な方法はないのか。しかし、時間が経《た》てば経つほど、危険だとも思える。

「やろう」

「わかった。まず立野が潜伏する場所だ。岬のさきの、ラブホテルにしよう。川中と秋山が会う場所は、俺の事務所でいい。二人とも、できるかぎり現金を集める素ぶりをしろ。土曜だから、億という金は無理だろうが、五千万でいいと思う。手付けってやつだ」

「俺たちが金を集めている、というところから噂《うわさ》が拡《ひろ》がるわけだな」

「無理に拡げると、かえって怪しまれる。大河内というのは、周到な男だからな」

決まった。決まったら、やってみるしかなかった。

連絡方法を打ち合わせ、私がまずホテル・キーラーゴを出た。

海沿いの街道を突っ走る。尾行にはずっと気を配っていたが、それらしい車は見当たらない。港を過ぎ、さらに走り続け、やがて『レナ』の近くになった。ミラーの中で、オートバイが一台大きくなってくる。黒い、フルフェイスのヘルメット。合図していた。シェーカーを振る手の動き。坂井だとすぐにわかった。

「これ、持っていってくださいよ」

ウインドを降ろすと、坂井はポケットから摑み出したものを私に押しつけようとした。掌《てのひら》に隠れてしまうぐらいの、小さな拳銃《けんじゅう》だった。

「いらんよ。使い方も知らん」

「大河内は、プロを使います。最後の最後で、そんな連中を相手には、これが役に立つかもしれない。こいつとは別に、なにか武器になるものも身につけてください」

「プロといってもな」

「この間、大河内が絡んできた時は、狙撃《そげき》のプロから爆破のプロまで使いましたよ」

肉体ひとつ。気持はそうだが、実際には拳銃が役に立つことがあるかもしれない。私は手を出した。冷たい手触りだった。

「引金を引けば、弾は出ます。二発だけですがね」

「これを届けるために、追いかけてきたのかね？」

「いや。『レナ』へ行きます。あと二人来ますがね。息子さんは、俺に任せてください」

「頼むよ」

それはさらりと言えた。

「なぜ、フェラーリを乗り回さない？」

「ふだんは、フェラーリで派手に走る。仕事の時は、目立たないようにする。あのフェラーリの飼主がそうしていました。だから俺も、同じように扱ってやってるんです」

私は拳銃をジャンパーのポケットに落としこみ、車を出した。見えてきた。『レナ』。私は速度も落とさず走り抜けた。いま太一に会ったところで、語ることはなにもない。

海水浴場を過ぎると、モーテルの建物がいくつか見えてきた。指定されたモーテルに、私は車を入れた。

鏡張りの部屋だった。ひとりで鏡の中の自分を見つめていた。髭《ひげ》がかなりのびている。痣《あざ》は濃くなっていたが、消える前は大抵そうなのだ。天井にも床にも、鏡があった。私は、車載工具の中から選び出してきた、スパナをベルトに差しこんだ。それから、丸い大きなベッドに、ジャンパーを着たまま横たわった。

なにも考えてはいなかった。神経を、針ネズミのように立てているだけだ。ドアを閉めきると、部屋の中は意外なほど静かだった。シティホテルの方が、よほど隣りのもの音が聞えてくる。

土曜日の午後、駐車場には、六台ばかりの車が並んでいた。客がいないはずはないのだ。私の白いカローラが目立つことはないはずだった。

眼を閉じた。天井の鏡の自分を、眺めているのがいやになったのだ。眼を閉じても、浮かんでくるものはなにもなかった。私はただ待ち続けた。

電話が鳴った。

「秋山だ。川中はもう来たか？」

「いや」

「車でそっちへむかっているところだ。権利証はそこだな？」

「ああ」

ジャンパーの内ポケットに、ホテル・キーラーゴのパンフレットを入れた、茶封筒を突っこんでいた。芝居が、すでにはじまっていることに、私は気づいた。安物のデジタルは、うんざりするほど正確に、午後四時を指している。

「土曜で、銀行が閉っている。用意できたのは五千万だ」

ほんとうは、二、三百万というところだろう。新聞紙の札束。大岩には、それでも上等すぎるぐらいだ。

「早いとこ、この街から出たいんだ。いまがチャンスってやつだよ。手付けは五千万でいい」

秋山は、自動車電話で話しているはずだった。そして自動車電話というやつは、盗聴がたやすいのだ。盗聴されていることを見越した芝居だった。

秋山と川中が金を集めている。一時間半ほど前から、この街の金融業者の間で噂が走りはじめたはずだ。それが大河内や大岩に届かなかったとしたら、この試みは空振りということになる。

「川中が、そっちへさきに着いたら？」

「そりゃ、権利証は川中のものになる」

「少し色をつけてもいい」

「あんたら、宇野のところで話し合ったろう。色をつけるってのは、抜《ぬ》け駈《が》けになるんじゃないのか」

「君にとって、損はないはずだ」

「川中も、同じことを言うような気がするな」

「川中がさきに着いたら、川中が呈示した上乗せ分の二倍、上乗せしよう」

「そんなもんかい？」

「なにが？」

「男同士の友情ってやつさ。あんた、川中とは無二の親友って話じゃないか」

「ビジネスは、別さ」

「とにかく急げよ。さきに着いた方と、売買契約を結ぶ。のんびりしていて、いいことがあるとは思えないんでね」

電話を切った。秋山の車のスピードはあがっただろう。メタルグレーのボルボ。そう言っていたが、見てはいない。川中のポルシェも、いまごろどこかを派手に突っ走っているはずだ。

いまの電話で、私がモーテルに潜んでいることが、盗聴した連中にわかっただろうか、と私は考えた。ことさら、どこのモーテルなどという言葉は入れないようにしていた。大河内が周到な男だというなら、なんらかの方法を講じているだろう。

私はまたベッドに横たわり、眼を閉じた。やはり、浮かんでくるものはなにもなかった。どれほどの時間、そうしていただろうか。

ドアがノックされた。執拗《しつよう》なノックだ。秋山や川中と決めた合図ではない。何事もなく秋山がここへ辿《たど》り着けば、次には秋山が、茶封筒を持って連中の標的になる。そう決めてあったので、合図のノックも打ち合わせておいたのだ。

私はベッドから身を起こし、ドアのそばに立った。

「誰だね？」

「秋山です」

小さな声だが、明らかに秋山の声とは質が違っていた。ドアの錠を解いた。いきなり、風が私の全身を打った。躍りこんできたのは、四人の男だった。ひとりを除いて、みんなまだ若い。

大河内は、私が潜伏しそうな場所に、人数を分散して配置していたに違いない。

「部屋を出ろ。時間はやれん。抵抗すれば、足をぶち抜いて担いでいくぞ」

私は、命じられた通りにした。ドアの並んだ廊下を歩き、外へ出る。クリーム色のグロリアが待っていた。いつかの夜のように、私は後部座席に押しこまれた。エンジン。セルだけが喚《わめ》きたてたが、エンジンはかからなかった。

「どうした」

年嵩《としかさ》の男が言った。

オートバイが五台、滑りこんできた。モーテルの建物からも、八人出てきた。ありふれた、グレーのスーツ姿の男。ただ、左手には白い手袋をしている。

「動くわけねえさ。早いとこ降りな」

年嵩の男が、胸のポケットに手を入れようとしたが、白い手袋がその手を押さえた。

「俺の手と、同じようになりたいのか」

四枚のドアが、全部外から開けられた。

四人は、分散して車に乗せられた。私は自分のカローラに乗りこみ、エンジンをかけた。助手席に下村が乗りこんでくる。

「かかったな」

「短い時間で、勝負しようとしたのがよかったんでしょう」

「だが、雑魚だぜ」

「三人はね。ひとりだけ、大岩直属の男がいますよ」

「あの年嵩のやつだな」

四台の車。私は最後の車に付いていった。駐車場に残ったのは、一台の車だけだった。それには、年齢も容姿もわからないが、二人の男女が乗っていて、いまごろは裸で抱き合った自分たちの姿を、鏡に映したりしているに違いない。

「あの男を締めあげれば、大岩の居所は吐くでしょう」

大河内の居所など、もともと知りはしない。ビッグボスが大河内だということさえ、知らないだろう。

「やはり周到だな、大河内は。潜伏できそうなところには、すべて人を配置しているはずだ」

「それに、遊軍ですね。秋山さんは、事故に巻きこまれたそうですよ。ただボルボですからね。国産の乗用車とは強さが違う」

「どこへ行くんだ？」

「岬のビーチハウスですよ。先端にある四軒は、社長の所有物でしてね」

「そこで、あの男に吐かせるのか？」

「四人で四軒。都合よく決まったもんだ。別々に締めあげた方が、心理的な面で効果があります」

海水浴場。やがて登り坂にさしかかった。

「ひとつ、訊いていいか？」

「なんです？」

「君はどうして、オートマチックの車に乗らない？」

「奇妙な時に、奇妙な質問ですね。クラッチを踏む足も切断されたら、オートマチックの車に乗ることも考えてみます」

先頭の車が右へ曲がり、四台もそれに続いた。松林を抜けると、三十軒ほどのビーチハウスが並んでいるのが見えた。

「どうしますか。立野さん。締めあげるのをそばで見ているというのは、いやなものですよ。自分が、人間ではなくなったような気がします」

「君がやるのか？」

「必要ならばね。社長からは、短い時間でケリをつけろと言われていますし」

「俺は、一度人間でなくなってしまう必要があるみたいなんだ。気が進まないというなら、俺があいつを締めあげてやってもいい」

「俺は、人間でなくなってしまっています。つまり、適任なんですよ。社長は、そう考えたんでしょう」

前の車が停《とま》った。私もブレーキを蹴飛《けと》ばした。下村の上体が前のめりになる。

「頼みますから、俺を挑発しないでくださいよ。俺は、社長が俺に命じた通りのことをやるだけです」

「わかったよ」

私は車のエンジンを切った。年嵩の男は、岬の先端にあるビーチハウスへ連れこまれたようだ。私は車を降りると、下村のさきに立って、そのビーチハウスへ入っていった。すでに年嵩の男はビニールロープで縛りあげられていて、手首からさきの色が、ドス黒く変色していた。

「全部が芝居でね。つまりは、君たちも、自分で意識するかどうかは別として、重要な登場人物の役をこなしてくれた。ひとつ断っておくが、この芝居は、本物の屍体《したい》も必要としていてね」

「殺したければ、殺せよ」

「いい覚悟だ。意地があるから、誰でもはじめは同じ態度だよ。結論も同じだけど、過程がまるで違っちまっていてね。あんたは、一番残酷な過程を経験するということになっちまったな」

すでに、言葉による拷問がはじまっていた。実際の暴力より、言葉による締めあげの方が、効果的なのかもしれない。

「あんたが連れてた三人は、まだ若い。あの三人がかわいいなら、こちらの質問に大人しく答えることだね」

隣りのビーチハウスから、不意にいやな声があがった。すでに、なにかがはじまっているらしい。私は外に出て、煙草をくわえた。風が強い。岬の突端だからなのか。

すでに、午後六時になろうとしていた。和子の居所だけ訊き出せればいい、と私は思っていた。煙草を一本喫《す》い終える間に、年嵩の男もいやな叫び声をあげはじめていた。人間でなくなったような気分。下村もうまいことを言うものだ。

短くなった煙草を消し、私はまた家の中に入っていった。

13　事実

車に乗ろうとすると、不意にパッシングを浴びた。

「乗れよ」

車の後部座席から、キドニーが顔を出す。暗くてよく見えないが、運転しているのは川中のようだ。左ハンドルの車だった。

「俺には、用事がある」

「表面的には、同じ用事だと思う。中の意味は違ったとしてもだ。俺は、中西和子の代理人だよ」

「ひとりで、行くべきなんだ」

「気持はわかる。しかし、ひとりでやるわけにはいかん。俺が余計なお世話をすることなんか、人生にそうないはずだ」

「なぜ？」

「俺が腎臓《じんぞう》を失った時と、同じ眼をしてる。なにを失ったのかは、知らん。知ろうとも思わん。ただ、同じ眼をしてるんだよ」

「ひとりで、行かせてくれ」

「どうしてもおまえが拒絶するなら、中西和子の法的な代理人の権利を主張するぞ。三年前に離婚した亭主と、どちらの立場が強いと思う」

「理屈はこねるなよ、キドニー」

「そうだろう。だから、黙って車に乗れよ」

私は車に乗った。左ハンドルの車で、川中はふりむきもしなかった。

「俺とおまえと二人で行くより、ひとり野蛮なのがいた方がいいかもしれん。川中はつまり、運転手ってわけだ。ポルシェなんていう品のない車で、よく山の中を走り回ってるから、道も実によく知ってる」

ひとりで行こうとしても、高井《たかい》という場所を、私はよく知らないのだった。行き着くまでに、何人もに道を尋ねなければならないだろう。その気になれば、キドニーと川中の方がずっとさきに着いてしまう。

「この車には電話がある。なにかあれば、便利だよ」

「山の中だろう。移動電話が繋がらないことを知らないのか」

「ところが繋がる。一番海寄りの山の頂上に、移動電話の中継点があってね。大抵の場所からは、高速道路よりもクリアに繋がってしまう」

車は、シトロエンCXパラスで、色はブルーのようだ。キドニーの趣味なのだろう。岬から街道に出ると、川中はすぐに山道のような狭い道に車を入れた。やわらかなサスペンションが、傷んだ舗装の凹凸を吸収する。乗り心地の悪い車ではなかった。

「高井というところは、遠いのか、川中？」

「三十分というところかな。できるだけ急ぐが、それくらいはみてくれ」

ロールが深くなった。きついコーナーだがハンドリングを一発で決めている。車体は傾きながらも、しっかりと安定していた。

「こんな運転なら、三十分もかからんぞ、川中。三十分なら、俺でも行ける」

「任せておけよ、キドニー。ハンドルを握っているのは俺だ」

「秋山さんは？」

「街の外を走り回ってる。大河内は、まだおまえを押さえたと思ってるはずだ。モーテルでおまえを押さえたはずの四人が、不意に消えちまった。おまえに会おうとしていた秋山は、ただ走り回ってる。つまりそういうことさ。人数が多くなりすぎると面倒なんで、秋山が引きつけてるんだ」

年嵩の男を締めあげて、和子や大岩が高井というところの山荘にいる、と吐かせたのは下村だった。ほとんど表情も変えず、下村は男の後頭部をブロンズ製の義手で小刻みに軽く叩き続けたのだった。男は汗をかき、突然叫び声をあげ、十五分ほどすると激しくのたうち回った。それでも下村は、後頭部を叩き続けたのだ。男が洗いざらい吐くまで、二十分で済んだ。若い方の男たちも、それぞれに締めあげられたが、ひとりだけが高井の山荘を知っていた。残りの二人は、大岩商会に出入りしているチンピラにすぎなかった。

闇《やみ》が深い。ハイビームに、雑木林が薙《な》ぎ倒されていく。コーナーのたびにロールが深くなるが、安定を崩すことはなかった。切り増しも切り戻しもしていないからだ。川中は、コーナーのすべてを知り尽しているらしい。

和子のことは、考えないようにしていた。考えてどうなるものでもない。居所を確かめ、助け出せばいいだけのことだ。

「俺の車を、荒っぽく扱ってくれるじゃないか、川中。このフランス娘は、俺しか乗せたことがないんだからな」

「かなりの性悪女だ。おまえにお似合いだよ、キドニー」

キドニーと川中の仲が、どうなっているのか、測り難かった。仲がいいとか悪いとか、そういうところとはまったく違う次元で、二人は結びついているように見える。

「道が、違うんじゃないか、川中？」

「まだ、二十分経っていないだろう。三十分みてくれと言ったはずだ」

「どういう気だ。これじゃ、ずっと上にあがっていくだけだぞ」

「山荘の反対側に、下り道がある。そこを、エンジンを切り、ライトも消して近づいていく。下りだからできることさ」

「なるほどね。感心するほどのことじゃないが、方法としては頷ける」

道が急な登りになり、ひとしきり曲がりくねって登ると、平坦《へいたん》になった。二叉《ふたまた》になった道の右へ車を入れたところで、川中はエンジンを切り、ライトも消した。電気スイッチだけ入れているようだ。そうしていなければ、ブレーキオイルが送られなくなる。

「どうしたんだ。なぜ行かない？」

「いままで、ライトが照らすところを見てきた。これからは、ライトがない。歩いてたって、転びそうなところだぞ。闇に眼を馴《な》らすわけさ」

「スモールライトでも、駄目か？」

「ライターの火だって、この闇じゃよく見えちまうね。まあ、月があってよかった」

風が強かった。木の枝が擦《こす》れ合って音をたてている。闇の中では、それがいっそう大きなものに聞えた。三人の息遣い。それも大きい。三分ほど経って、川中がギアをローに入れるのがわかった。車が、ゆっくりと滑り出していく。リアウインドが赤い。ブレーキランプは点灯しているのだ。

「路肩に乗りあげるな、川中」

「黙ってろ」

ブレーキランプが点灯するのは瞬間的で、坂がゆるやかになると、川中は電気スイッチも切った。ローのエンジンの抵抗だけで、車が停りそうになる。すると川中はギアをニュートラルに戻す。何度かそれをくり返したところで、サイドブレーキを引いた。

前方には、さっきから明りが見えている。

「百メートルってとこだろう。気づかれずに近づけた。いいか、キドニー、玄関のところの明りが見えるな。俺があそこに出て手を振ったら、エンジンをかけて、ニュートラルで思いきり空ぶかしをしろ」

「ギアの入ってない車のアクセルを踏むのが、おまえがくれる俺の役か」

「適役さ」

「手荒なことは、おまえに任せよう」

「山荘のそば二十メートルばかりのところで、立野には待って貰う」

「待てよ。中の様子なら、俺が探る。それこそ、俺の役だ」

「違うな。はっきり言うが、中の様子を見て、元亭主は逆上するかもしれん。なんのために、三人で来たか考えてくれ。最後の最後まで、連中に気づかれたくないからだ」

それが和子にとって一番安全だということは、私にもわかった。第一にやらなければならないことは、和子を助け出すことだ。おまえも来てくれ。武器になりそうなものは持ってるか？」

「俺が玄関の明りの中に姿を見せたら、

「スパナと、ちょっとした飛び道具だ」

「坂井のデリンジャーか。使わなければならん時は、使え。判断は任せる」

私と川中は、音をたてないようにして車を降りた。

山荘にむかって、擦り足で進んでいく。ちょっと離れると、川中の姿は闇に溶けこんでしまう。並んで歩いた方がよさそうだ。

川中の手が、私の肩にのびてきた。ちょっとだけ、指に力が加えられた。

川中が、ひとりで山荘に近づいていった。私は闇の中にうずくまり、じっと山荘に眼を注いだ。身動きをしただけで、音がやけに大きく聞える。

待ち続けた。山荘からは、かすかに音楽が聞えはじめた。十分。それくらい待ったのか。

川中の姿は、まだ現われない。十五分。ようやく玄関の光の中に、川中の姿が現われた。

私は這《は》うようにして、山荘に近づいていった。

平屋だが、ちょっと床が高く、玄関までは六段ほど階段を昇らなければならなかった。

川中は、ドアのそばの壁にぴったりと張りついている。私がそばに行くと、川中は指を四本出した。四人いる。そういうことだろう。和子は、と言葉が出そうになった。川中が、私のベルトのスパナを指さした。私は、スパナを右手に握った。

川中の手が、宙で躍った。

セルを回す音。すぐそばのように聞えた。エンジンがかかり、すさまじい大きさになった。山荘の中で、人の動く気配があった。エンジン音は波打つように上下した。

ドアが開いた。飛び出してきたひとりに、いきなり川中が組みついた。乱暴すぎる。一瞬、私はそう思った。二人目。出てきたところに、スパナを食らわせた。呻《うめ》き。それでも私にむかってこようとする。ポケットに突っこまれた男の手に、私は渾身《こんしん》の力でスパナを叩きこんだ。骨が砕ける感触があった。崩れかかった男の腹を、さらに蹴りあげる。川中が、家の中に飛びこんだ。私も続いた。

むかってきた二人のうちのひとりに、川中は続けざまに三発肘《ひじ》を入れた。もうひとり。大岩だった。私の顔を見て、背中をむけた。部屋の中の毛布。端から素足が覗《のぞ》いていた。和子。それを見た瞬間に、わかった。ほかのことも、わかった。

躰の中で、なにかが暴れ回った。大岩が飛び出していった裏口に、私は叫び声をあげながら突進した。大岩の後姿。闇に呑《の》まれかかっている。ふりむいた大岩の顔に、私はスパナを投げつけた。それは大岩の鬢《びん》のあたりを掠《かす》め、眼鏡を弾《はじ》き飛ばした。

斜面を転がるように駈け降りていく大岩に、やっと追いついた。躰ごとぶつかった。大岩が前のめりに倒れ、転がっていく。私は倒れなかった。大岩に追いつき、蹴りつける。

大岩は、丸太のように斜面を転がっていく。追いついては、蹴りつけた。数メートルの落差を、大岩は落ち、その躰の上に私は全体重を乗せて飛び降りた。がっという、息を吐くような音がした。さらに蹴りつける。頭の方から、大岩は落ちていった。

追いつき、蹴りつけようとした足を、私は途中で止めた。山荘の明りが、かすかに届いている。大岩の眼が、見開かれたままだ。息をしていなかった。それがはっきりとわかった。

息が乱れている。何度か深く息を吸い、私は斜面を登っていった。

キドニーのシトロエンは、玄関前に停っていた。三人の男たちの躰が転がっている。川中もキドニーも、山荘の中にいた。川中のやり方が乱暴すぎた理由が、私にはよくわかっていた。

毛布を、私はちょっとだけ持ちあげた。和子は裸で、首と手を奇妙な感じに曲げていた。それを直してやろうとしたが、硬直して動かなかった。眼は閉じている。

私は、和子のそばに腰を降ろした。

十二年、夫婦として一緒に暮した女だった。結局は、私という男のせいでこうなったのか。束の間、そんな思いが襲ってきた。定めのようなものだろう、という気持もどこかにある。

私は、まだこの女に魅《ひ》かれていたのだろうか。それとも、この女が産んだ私の息子を、忘れることができなかったのだろうか。この街へ、来てしまった。私が来たことによって、いろいろなことがはじまった。

肩を叩かれた。川中だった。

私は腰をあげ、煙草をくわえた。川中がライターの火を出してくる。キドニーは、椅子《いす》に腰を降ろしてじっとしていた。

「車の電話を借りるよ、キドニー。太一をここへ呼ばなきゃならん」

「よせよ。検屍《けんし》が終って、棺に納められたところで、対面させりゃいいだろう」

「母親がどんなふうにして死んだか、あれには知る権利がある。仕方のないことさ。そういう星だってことだろう」

それ以上、キドニーはなにも言おうとしなかった。横をむき、椅子の上でちょっと躰を動かしただけだ。

「俺がかけよう。『レナ』には坂井がいる。坂井に連れてこさせりゃいい」

「ついでに、警察にもな。俺は、大岩を蹴り殺したよ」

「大岩は死んでなかった。いまは死んでるがね。俺とキドニーが見た時は、立ちあがって逃げようとしていたよ。また転がり落ちて、木の幹にでも頭をぶっつけたらしい。そこで死んじまった」

「よせよ。よしてくれ。自分がやったことを、隠そうって気はない。隠して生きようとしたんで、俺はこの女とも別れることになった。沢山だよ、隠すのは」

「しかし、事実は事実さ」

「そんな事実は」

「俺も、証言するよ。川中が言ったことは、間違ってない」

「平気な顔をしてろというのか、キドニー」

「警察は、現場を詳しく検証する。証言も集める。おまえがなんと言ったところで、事実ってやつはそうやって作られるんだ」

「俺は、殺人者のレッテルを貼られて、当然なんだよ。遅すぎたくらいだ」

「おまえのことについては、なにも知らん。ただ、ここでの事実は、俺と川中の証言があるかぎり、曲げることはできんよ」

「助ける気なら、かえって残酷なことだ」

「勝手に苦しめばいいさ」

キドニーが、また横をむいた。

川中が、外へ出ていく。玄関に転がった三人は、もう正気を取り戻したのだろうか。だとしても、すぐに動くことはできないだろう。

「俺は、大岩を殺したよ」

「そんな事実を作るなよ、立野」

「残酷だな、おまえは」

「むごい友情というのも、あるものだ」

私はもう一度、和子のそばに腰を降ろした。やわらかだった胸まで、固く硬直している。すでに和子ではなく、ひとつの物体にすぎなかった。

「坂井が、おまえの息子を連れてくる。死んだことは、伝えておくように言ったよ」

川中が戻ってきて言った。

相変らず、風が強い。時々、空が鳴っていた。海は荒れているだろう。なんの意味もなく、私はそう思った。

14　父と子

骨にした和子を、村の野村家の墓に納めた。中西清二も、そこに葬られたというから、和子の行先はそこしかなかった。太一と二人だけで、ほかには誰も来ていない。

「いつか、野村家と中西家と、並んで彫られた墓石を建てなきゃならんな」

かすかに、太一が頷いたようだった。

「こんな話を聞きたくはないだろうが、おまえをどうするかって問題が出てくる。まだ、ひとりで暮すことを許される年齢じゃないんだ」

「ひとりでいいよ」

「よくないさ。ただ、急いで決めることはない。おまえの考えも、ゆっくり聞くことにする」

墓地は、村の家々を見降ろすところにある。死に方が問題にされたのか、村の人間は遠くから見ているだけで、ひとりもやってこなかった。中西清二はともかく、和子はここに一度しかやってきたことがないのだ。

「なにを考えてる？」

「なにも」

「お母さんを助けられなかった。それは悪かったと思ってる」

「死んでたんだ、もう。ぼくが『レナ』へ連れていかれた時は、死んでたんでしょう」

「警察の検屍では、二十一日の午後一時から三時の間、ということになってた。ただ、俺が助けられなかったというのは、そのことだけじゃない。いろんな意味で、俺はお母さんを助けられなかった」

「助けるとか、助けないとかいう問題じゃなかったような気もするけどな」

和子の屍体を見た時、太一は肩をふるわせはしたが、涙は流さなかった。屍体の状態が、尋常ではなかったからなのか。それとも、懸命に涙をこらえたのか、私にはわからなかった。なにも言わず、検屍官に促されるまで立ち尽していただけだ。

「遠いね」

「なにが」

「海。近くて、遠い。ここからじゃ、どうやったって見えないもん」

「潮風ぐらい、たまには吹いてくるかもしれん」

山をひとつ越えてくる間に、風に含まれた潮の香は、すっかり消えてしまっているだろう。だから、どうしようもなく遠いとも言える。

「行こうか」

私は、太一の肩にちょっと手をかけた。

墓地の横には、大きな欅《けやき》があった。その下の小径《こみち》を降りて、私と太一は車のところへ戻ってきた。

「ぼくは、ほんとは不良じゃないよ。成績は中くらいで、学校じゃみんなに大人しいと思われて、ライオンズのファンで。こんなこと、引き取って欲しくて言ってるわけじゃないんだ。ほんとはどういう男の子か、知ってる人がいなくなってしまったから」

「最初に会った時から、おまえを不良だなんて思っちゃいないさ」

「おやじさんのこと、好きだったよ」

私のことであるはずがなかった。中西清二。三年間は、太一の父親だった。

「この街へ来た時、ぼくは四年生だった。なんとなく目障りだったらしくて、よく苛《いじ》められた。一度、おやじさんが出てきて、これは俺の息子だ、と怒鳴ったことがあったんだ」

「嬉《うれ》しかったのか、それが」

「おかしな気分だったけど、いやじゃなかった。爺《じい》さんが、同じことをよく言ったんだって。熱海で、芸者の子だと苛められてると、どんな時でも爺さんは飛び出してきて、俺の息子だと怒鳴ったって。近所じゅうに聞える声でね」

「行こう、太一。風が冷たくなってきた」

ちょっと分別臭い表情で太一は頷き、助手席に乗りこんできた。子供が三人、遠くから車の方を見ている。大人たちの眼も、どこかにあるに違いない。

エンジンをかけ、車を出した。

太一は、ぼんやりと前方を見つめている。狭い農道を登り、下りにさしかかった。樹木の間に、夕方の光線を受けた海が見え隠れしはじめた。なぜか、幼いころから何度も見たことがある光景のような気がした。私は厚木で生まれ、厚木で育った。海を見るのは、海水浴へ行った時ぐらいだったのだ。

「きれいだな。この街へ来て、きれいだなと思うものには、あまり会わなかったが」

「雲の間から、月の光が海を照らしてるのを、見たことがあるよ。海が光って、それがまた雲を照らして。そこだけ、明るいんだ。なにか、とても明るいところに思えた」

「いつだ？」

「六年生の時。おやじさんに、夜釣りに連れていって貰った。釣りはせずに、ぼんやりと明るいところだけを見ていたんだよ」

「おやじさんと呼んでたのか、中西さんを？」

「最初は、中西さんだった。ママが、おやじさんと呼びはじめたんだ」

「おやじさんか」

「みんなが言ってるほど、悪い人じゃなかったよ。甘くはなかったけど、ほんとはやさしいんだと思えることが、何度もあったもん」

海沿いの街道に出た。

月曜日の夕方で、車はいくらか多いような気がする。スピードの取締りをやっていて、何台かが捕まっているのが見えた。みんなが、制限速度以下で走るので、道は多少混雑しているというわけだった。

「会いたかったな、一度」

「え？」

「おやじさんにさ。なにか教えて貰えたような気がする」

中西がやっていたのは、偽ブランドのベルトのバックルや、財布を作る仕事だった。原価は安く、ブランドのイメージで売値は高い。つまり利幅が大きいということだった。そんなものが、長く続くはずもなかった。二度警察の捜索を受けて、倒産している。

中西が和子と結婚したのは、倒産後、借金取りに追い回されているころだった。そんな中西と、なぜ和子が結婚する気になったのかも不思議だった。

　ホテル・キーラーゴが見えてきた。

　隣り合わせの部屋が二つとってあって、ひとつには太一が、もうひとつには私がいた。高井にある山荘から日吉町のアパートに戻ってみると、部屋が滅茶苦茶に荒されていたのだ。徹底した荒しようで、天井も畳も動かされていた。

「安見ちゃんとは、友だちになったのか？」

「親切にして貰ってる」

「いい子だ。お母さんにそっくりで」

「義理のお母さんだって。ほんとのお母さんは、フロリダで死んだって」

　顔も骨格も似てはいない。しかし母娘《おやこ》という感じは色濃くあった。本物より本物らしい母娘だ。

「なにも知らんな、俺は」

「この街へ来て、何日？」

「忘れたよ」

　ホテル・キーラーゴの駐車場に車を入れ、エントランスまで太一と肩を並べて歩いた。

　和子が死んだというだけで、状況はなにも変っていない。土地は、法律的に言えば太一が相続することになるが、権利証は見つかっていない。

「いいの、こんなとこに泊っていて?」

「おまえの部屋は、格安だ。というよりほとんど無料に近いな。安見ちゃんのお父さんが、好意でそうしてくれた。俺の部屋は、正規料金を取られているがね。だから、金のことは気にしなくていい」

一階のレストランに、ぽつんと座っているキドニーの姿が見えた。

大河内はどう出てくるのか。権利証は、私のところにあると思われても、なんの不思議もなかった。ホテル・キーラーゴに泊っていれば、すでに秋山と取引が成立したと思われているかもしれない。

「夕めしは一緒に食おう。そこのレストランで六時だ」

太一が頷いた。私はフロントで鍵を受け取っただけで、エレベーターには乗らずレストランに入っていった。

「ひとつ、疑問があるんだがね」

断りもせずキドニーの前に腰を降ろし、私は言った。

「おまえは、この街のいろんな連中に恨まれている。川中には、下村や坂井がいるし、その下に何十人もの若い連中もいる。殺しにくいよな。だけどおまえは、いつでも殺せそうなところにいる」

「そんなことか」

キドニーが、パイプの火皿《ボウル》からマッチ棒を使って灰を掻《か》き落とした。

「俺が死ねば、連中の秘密が出てくる。この街で活躍している連中の大半は、弱味を握られてるんだ、俺に」

「だろうと思うよ」

「極端な話、俺を殺そうとしただけで、そうさせたやつの弱味は暴かれる。川中の保険より、ずっと強力だと思うがね」

「全員のなにかが、暴かれるのか？」

「川中と大河内を除けばな」

「秋山は？」

「あいつは友だちだ。川中は、友だちとはいえん。隙《すき》があれば、俺は川中を潰《つぶ》すだろうし、川中も俺に対して容赦はしないだろう」

「むごい友情というやつもある、と言っていたな」

答えず、キドニーはパイプに火を入れた。さすがに、広いレストランでは、いくら煙を吐いても籠《こも》るようなことはなさそうだ。

「大河内がおまえを殺しても、もっかは弱味が出ちまうようなことはないわけだ」

「人間の関係ってやつは、すべて力のバランスさ。そういう点で大河内は賢明だし、バランスが崩れかかったら、俺も注意するようにしている」

「ならば、大河内はなぜ中西和子を殺させたりしたんだろう。どこかで、極端にバランスが崩れたかな?」

「中西清二の場合は、殺されたというより、自分で死んだようなものだ。縛られたまま逃げ出してな。おまえも、そうなるところを坂井に助けられた。中西和子の場合は、大岩の尻《しり》を強烈に叩いたんだと思うな。それでちゃんと走れる馬もいりゃ、どこを走ってるのかわからなくなる馬もいる」

「大岩は、やはり雑魚だったのか」

「そんなことは、はじめからわかってる。大河内に弱いところがあるとすれば、この街で人に恵まれていないことだな。川中や秋山と対等にやり合える男がひとりでもいたら、状況は変ってただろう」

「本格的な暴力組織というやつが、この街にはないのか?」

「一番古いのが、五十人ばかりの構成員を抱えてる博徒一家さ。ここには大きくなれる芽はあった。この街が膨脹《ぼうちょう》していくのと同時に、近代化された組織に変ることもできたんだ。ところが、芽は摘まれたよ。摘んだのが、川中だ。ほかには、大岩商会のようなものが、次々にできては潰れていく。いまでも、不動産関係や飲食関係に、やがては組織暴力に発展していく可能性を持った集団が、いくつかあるよ」

「大きくなりきれないということか？」

「大きくなろうとすると、大抵はなにか起こして、どこかとぶつかる。この街じゃ、それが川中なんだ」

「川中のおかげってことになるじゃないか」

「この街が、いつも混乱を抱えてしまうのがな。大きな力がないから、散発的にいろんなところで、いろんなことが起きる。それも、しょっちゅうだ」

「だから、政治屋が介在しやすい土壌も作られてるわけだ。小さな力しかなければ、政治屋に頼ろうとするだろうし、非常に使いやすい暴力装置になる」

「暴力装置か。俺たちの年代なら、それは警察権力と国家の関係で使われた言葉だ。この街じゃ、つまりは荒っぽいことをして金を儲《もう》けようという集団だが。学生運動の経験は、立野？」

「ブントの活動家だったことがある。その時は、好きな山も捨てた。もっとも、自分が本物の左翼でないことに気づくのに、大して時間はかからなかったがね」

キドニーは、パイプの煙を吐き続けていた。私がこの街で中西清二について調べて、疑問に思ったのが大きな暴力組織がないということだった。警察力は、通常の地方都市並みだろう。人口の急激な増加が、大企業の工場誘致のためだった、というところに大きな原因もあると思えた。そういう組織との繋がりを、大企業はやはり避ける。そのために、交渉事に関しては百戦練磨の人材も抱えている。

そしてもうひとつが、川中という男の存在なのか。川中の事業は、かなりの多方面にわたっているが、大事業をやっているというほどではない。川中エンタープライズの全社員を合わせても、せいぜい三百人というところだ。ただ、飲食店関係は、圧倒的に強い。

「まだ、この街にいるつもりなのか、立野？」

「権利証が、見つかっていない。それを見つけたい。息子にしてやれることは、その程度のことかもしれないんでね」

「権利証は、まだおまえが持ってると思われてる。それどころか、中西清二の死を知って、おまえが別れた女房のところに現われ、土地を狙った、と思われてるだろう。中西和子の死についても、俺と川中がいなければ、おまえも嫌疑を受けたはずだ。中西和子が死ねば、土地は息子の太一が相続することになる。そして父親はおまえだ」

「説明が、非常に客観的でわかりやすいよ」

「別れた女房の借金を、肩代りするためにやってきた。そんな話を鵜呑《うの》みにする人間がいると思うか？」

「おまえは、キドニー？」

「俺は信じた。理由はない。信じたいという気持を、大事にしただけだ。川中も秋山も、信じているだろう」

「大河内までは、信じてくれんか」

「つまらない小細工だと、腹を立てていると思うな。自分を誑《たぶら》かすには、あまりに安直な小細工ではないかと。どんな小細工をでっちあげようと、あの男は信じないだろうな。別れた女房の借金を払ってやる。なんの代償もなく、払ってやる。そんなことをする人間はいないんだ。それが、あの男の人間観というやつさ」

キドニーのパイプの煙が止まった。すぐに火が消えてしまうのが、パイプというやつらしい。キドニーは、神経質そうな指さきで、マッチの軸をつまんだ。灰を掻き落として、また火をつける。そんなことを五、六度くり返して、ようやくすべてが灰になるようだ。

スーツ姿の秋山がやってきた。しばらく、太一の話をした。キドニーはほとんど口を挟まず、パイプに新しい葉を詰めると、濃い煙を吐き続けていた。

「どこかで、悪になりきれない男でね」

キドニーのことらしい。秋山が不意にそう言った。

「川中もそうだ。二人とも、ほんとうの野心なんてものを、持っていない。どっちかが、悪の帝王にでもなってくれりゃ、この街もそれなりに落ち着いて静かになるんだが」

「二人で、組めばいい。そうなると、盤石だろう。政治屋の利権の対象に街がされたりもしなくなる」

「これが、組めないんだな。男の友情ってのは、複雑なもんさ」

「よせよ」

キドニーが口を挟んだ。

「生きたいように自分を生きさせてくれと、川中も言うだろうよ」

「屈託とこだわりと自責の中でな」

秋山が命じたのか、シェリー酒が運ばれてきた。ドン・ゾイロというやつだ。私のスーパーでは、勿論《もちろん》シェリーなどを売ってはいない。

「当分は、立野が権利証を持っているように見せかけて、大河内の出方を窺《うかが》った方がいいだろう」

パイプの煙を吐きながら、キドニーがいきなり話題を変えた。

「立野と秋山が、モーテルで会って、売買契約を結ぼうとした。それを横から、大岩が攫おうとした。それを、川中のとこの下村が邪魔をした。川中も、土地を欲しがっているんで、横から攫われるのはいやだろうからな。構図はできる。大河内が納得できそうな構図がな」

「俺はいま、立野父子を自分のホテルに招いて、白紙に戻った売買契約を、もう一度復活させようと躍起になってるってとこか」

「あとは、大河内の出方さ。大岩のような雑魚を使うことは、もうないだろう」

「沖田蒲生病院の土地に関しても、最後はプロを使ってきた。危険じゃあるが、大河内という男は、決断する時は果敢だ」

「また、人が死ぬな」

「もう、二人死んでるよ」

私は口を挟まなかった。沖田蒲生病院の土地が、どんなふうに揉《も》めたかも知らない。私が権利証を持っている、とすることがいまのところ最上の方法だと思えた。私にとって最上だという意味でだ。いつでも、私は大河内という男の標的になることができる。

「ほんとうの権利証は、どこにあるんだ」

キドニーのパイプが、また消えていた。

「こんな事件が起きながら、最後の最後に、やっぱり立野が権利証を持っていて、誰に邪魔されることなく売っ払ってしまう。それぐらいの悪党なら、話として面白いが」

秋山の冗談に、キドニーは鼻で笑って答えただけだった。

「とにかく、どこに眼があるか知れたもんじゃないぞ、立野」

「わかってるよ。こんなこと、早く終っちまえばいいんだが」

秋山が、レストランの入口の方に眼をやった。もう六時になっている。私は片手をあげて太一を呼び、空いているテーブルを指さした。

ここ二日ばかりで、私は太一とよく喋っていた。太一も、はじめよりはずっと喋るようになっている。

「ステーキでも食おうか」

太一とむき合って腰を降ろすと、私は言った。父と子。どこにでもいそうな、二人連れに見えるだろう。秋山が、腰をあげてレストランを出ていくのが見えた。キドニーはパイプをくわえているが、もう煙を吐いてはいなかった。窓の外の、ヨットハーバーの明りに視線をやっているようだ。静かだが、暗い眼をしていた。

15 待ち人

カウンターには、老人がひとりいた。

坂井が、私の前にターキーの水割りを置いた。老人の顔に、見憶《みおぼ》えがある。画家の遠山一明。つまりはこの街に住んでいて、キドニーも秋山もファンということなのか。

店は混んでいて、ボックス席はほぼ埋まっている。女の子たちの嬌声《きょうせい》があがっていたが、『リラ』ほど猥雑《わいざつ》な感じはなかった。アップライトの、年代物のピアノの前では、沢村明敏がソルティ・ドッグを傾けていた。演奏を終え、誰かがソルティ・ドッグを振舞ったところなのだろう。

「もの悲しい抒情性《じょじょうせい》にも、ここまで透明感が出てくればな」

遠山一明の声。想像した通りの、落ち着いた渋い声だ。ソルティ・ドッグを奢《おご》ったのは、多分遠山だろう。

ピアノが、音を出しはじめた。『ひまわり』。いくらか通俗的な匂《にお》いのする感傷的な映画音楽を、沢村はまったく違ったタッチで弾いている。夫の戦死が信じきれず、戦場だった場所を訪ね歩く女。私はこの映画を、和子と一緒に見たのだった。

「社長と連絡がとれないので、どう判断したらいいかわからないんですが」

坂井が、カウンターから上体を乗り出し、小声で言った。

「さっきから、下村が合図してます。奥のボックスに、ある人物が来ていまして」

誰なのか、とっさには見当がつかなかった。ゆっくりと首を回し、私は奥のボックス席に眼《め》をやった。五十もいくらか超えたと思える男が、若い女を二人両脇《りょうわき》に座らせていた。大して大柄でもないだろう。服装も、ごく普通のスーツ姿だ。ただ、眼だけが異様に鋭く、どこにも隙《すき》がないという感じがある。その眼が私を凝視してくるのでなければ、いい眼だと思うかもしれない。

「大河内ですよ。立野さんと約束があると言いましたが、ほんとですか？」

秋山のホテルにいるだけでは、私の取引相手は秋山と思われてしまいそうなので、『ブラディ・ドール』にも顔を出したのだ。ここへ来ることは、川中でさえ知らない。

「御《ご》挨拶《あいさつ》だけでもするか」

「気をつけてください。手を出しちゃいけません。隣りの席にいるのは、ＳＰと秘書ですから」

十時半を回っていた。

太一が部屋へ入ってから、私はホテル・キーラーゴを出てきたのだ。

腰をあげた。『ひまわり』は、まだ続いていた。夏の日。咲き誇ったひまわり畠《ばたけ》の中を歩く女。あの場面で、和子は涙を流していた。ちょっとアップテンポで、ジャズの匂いのする演奏だが、映画の持っていた感傷的な部分は消えていない。

席の間を縫って歩いた。下村が、私と大河内を見較《みくら》べている。大河内の突き刺さってくるような視線は、四、五メートルまで近づくと不意にそれた。

「よく、ここだとおわかりになりましたね」

承諾も求めず、私は大河内とむき合って腰を降ろした。『ひまわり』が終り、客席からぱらぱらと拍手が起きた。それで演奏は終りのようだ。

「こういう店が増えると、この街もいくらか文化的な匂いがしてくるんですがね」

躰《からだ》の華奢《きやしゃ》な秘書らしい男が隣りの席で立ちあがり、大河内の後ろに立った。その男を、まるで物のように大河内は無視している。

「この店のオーナーは頑固者でしてね。私が、ピアニストに酒を奢るのを禁止していますよ。もっとも、本人が直接言ったわけではなく、フロアマネージャーがそう言ったんですが」

笑い声をあげても、大河内の鋭い眼は変化を見せなかった。

「私は、奢ったことがあります」

「あなたは、ここのオーナーが欲しがるものをお持ちだ。私は同じものを欲しがっている口でね。その違いではありませんか」

「人間の悲しみがわかるかどうか。その違いだと思いますがね」

「いまの曲の悲しさは、よくわかりますよ」

「映画ですからね」

「現実の社会の悲しみも、わかっているつもりではあるんですが」

大河内の前には、空のブランデーグラスが置かれていた。二人の女は、控え目に座っているだけだ。

「国家が必要とするものは、いつの時代にもあるんです」

「映画ではなく、現実の話ですな」

「売りませんか？」

さすがに、おかしな小細工の無意味はよくわかっているらしい。てらいのない切り出し方だった。私が煙草《たばこ》をくわえると、女の子のひとりが素速くマッチの火を出した。

「儲《もう》ける人間が多すぎますな」

「地主がまず儲け、地元の土地関係の業者が儲け、建設業者が儲ける。それから、長い時間をかけて、地元のさまざまな業者に儲けさせる。どこか悪いところがありますか」

「そのすべての段階で、なにもせずに儲ける人間がいるでしょう。私は、国家との取引にしたいと考えています。どうも不明朗な部分が多すぎますからね。だから、私になにかあると、国家も、どんな大企業も、手が出せなくなるような手段を講じてありますよ」

キドニー流の保険というやつを、私もかけておく気になった。

「どういう手段ですか?」

「それを、あなたに言う必要はない」

「まあ、そうですな。ただ、そこそこの手段なら、私には突破できる力があります」

大河内が、私を脅しているとは感じなかった。自分がある程度の力を持っていると、ただ教えているだけのように思える。

うかつなことを言うと、土地の権利証がどこにあるのかわかっていないことまで、見通してしまいそうな鋭さを、大河内は持っていた。私は黙って、ボーイが運んできた飲みかけの水割りに手をのばした。

「国家との取引と言われましたね、立野さん」

「たとえばの話です」

「国家が、個人のことを、地元のことを、考えてはくれませんよ」

「そういうことを、あなたが言われてもいいわけですか」

「概念の問題として、申しあげている。国家はいつも、大多数のことを考えます。そこで少数の正義、個人の正義が顧慮されることはない。悪い意味で言っているのではなく、それが国家というものが持つ、正義のありようです」

「そしてあなたのような方が、個人の正義を守ってくださるということですか」

「個人の正義というのは、自分で守るものでね」

大河内が、かすかに笑った。

「ただ、それを押し通そうとすると、潰《つぶ》される。間違いなくね。だから、どこでどう折り合いをつけて守っていくか、ということになる」

「微妙な言い方ですな、大河内さん」

大河内がなにか合図をしたらしく、ボーイが新しいブランデーグラスを二つ運んできた。私の前に置かれたひとつを、大河内が手で勧める。

「残念ながら、コニャックはやりませんでね」

大河内の勧め方は、執拗《しつよう》ではなかった。私は、氷だけになった水割りのグラスを持ち続けていた。七、八人の集団が立ちあがって出て行き、店の一角がポッカリと空いた。

「忘れてはならないことが、あるだろうと思うんですよ、大河内さん」

「ありますね、男には」

「この街へ来たことで、私はそれに気づきましたよ。いまは、忘れてはならないことを、忘れずにいられるか。それだけだろうと思ってます」

大河内と眼が合った。圧倒してくるものを撥《は》ね返すように、私は眼をそらさなかった。猛々《たけだけ》しい光。そう言っていいものが、眼の底にある。

「全国に例を見ない、急激な発展を遂げている街でしてね、ここは。そのひずみのためか、いろんなことが起きた。いろんな触手がのびてきて、人間の欲というものがあからさまになった。そろそろ、それを終らせてもいい、と私は思っています。そのためには、外部からの力にノーと言えるヘッドが必要です」

「それが、あなたですか?」

「私は、中央でやらなければならんことがある。たとえば、この店のオーナーの川中さん。私に対して敵意を抱いておられるようだが、この街をまとめていくには適任でしょう」

川中に市長、キドニーに健康な人間の二つの腎臓《じんぞう》。大河内が餌《えさ》としてぶらさげたものを、私は思い出した。

「もっとのどかな街でした。私が若いころはね。発展するのが悪いことじゃないが、それにも限度というものがある」

私は二本目の煙草に火をつけた。正義などというものは、状況と立場によっていくらでも変る。とくに、政治的正義というやつは、力という言葉に置き換えてもいいほどだ。力のあるものが正義。ちょっとだけ首を突っこんだ学生運動でも、それは当たり前のことだった。

「川中さんは、まだ若い。この街を、いい方へ作り変えていく時間が、たっぷりある」

「やめませんか、こういう話は」

「なぜ？」

「この街がどうなろうと、私にはどうでもいいことですよ。私はこの街で、ただひどい目に遭っただけでしてね。できることなら、早くやることをやって退散したい」

「昔の奥さんが、亡くなられたのでしたな」

大河内の顔には、私が読みとれるいかなる表情も浮かんではいなかった。掌《てのひら》で包んだブランデーグラスが、口の方へ動いただけだ。私は、自分が吐いた煙草の煙の行方に、しばらく眼をやっていた。煙は、すぐに拡散して、見えなくなった。

「考えてみませんか、立野さん」

「小さなスーパーマーケットの親父《おやじ》ですよ。いくつものことを、考える柄じゃない。考えていることは、ひとつだけです」

煙草を消し、私は腰をあげた。大河内は、私を見てはいなかった。

カウンターに戻り、私は坂井に新しい水割りを註文《ちゆうもん》した。看板の時刻に近づいているらしく、客は十人ほどになっている。

「太一くん、どうしてます？」

ずっと『レナ』で太一と一緒にいて、高井の山荘まで太一を連れてきたのが、坂井だった。

「世話になった」

「御冗談を。立野さんが、いきなり母親の死にざまを太一くんに見せたのには、ちょっと度胆を抜かれましたがね」

「それしか、思いつかなかった」

「わかります。なんとなくね」

大河内が、秘書とSPを連れて店を出ていく気配があった。私はふりむかなかった。

「親の代からの、代議士なんだそうですね、あの人」

「ひとかどの人物なのだろう、とは思ったよ。それでも、川中やキドニーが嫌うのが、わかるような気もする」

「二度目なんですがね、この店で飲むのは。大企業の重役の方々より、ずっと紳士的ではあります」

私は腰をあげた。遠山一明はもういないし、沢村明敏のピアノもあれで終りのようだ。

私の白いカローラのそばに、下村が立っていた。タキシード姿のままだが、見送りに来たというわけではなさそうだった。

「俺が運転しましょう。立野さん。このさきで、飲酒運転の取締りを時々やっています」

「川中に、そうしろと言われたのかい？」

「そういうことです。この街の人間は、飲酒運転の取締りをやっている場所をよく知っていますが、よその方はよくひっかけられるんですよ」

「それだけの理由かね？」

「社長が言ったのは、それだけです」

代行と札を出した車が、何台も停《とま》っていた。それぞれに、二人ずつ乗っている。酔客の代りに、ひとりが運転していく。それだけの商売だ。

「俺は、襲われるのかな？」

「どうですかね。襲われてからじゃ遅い、と俺は思っていますが」

「行こうか。君の白い左手のシフトが見られないのが残念だが。こいつは、オートマチックでね」

かすかに、下村が笑ったように見えた。まだ若い。多分、坂井よりも若いかもしれない。それでも、どこかに老いたものを感じさせた。どうしようもない暗さ、と言った方がいいのだろうか。あまり表面には出ないが、坂井にもそれがある。

「これからですね」

「なにが？」

「立野さんが、本物かどうか、これからわかってくるでしょう。俺は俺なりに、そう考えています。社長の考え方なんか、俺とは違うんでしょうけど」

「本物というのは、なにかね？」

「俺がそう感じる。それだけのことです。俺の場合は」

下村がエンジンをかけた。左手の白い手袋。軽くレバーを押して、ドライブのレンジに入れた。ライトが点《つ》く。ゆっくりと、車は走りはじめていた。

16　飛ぶには寒すぎる日

朝食のあと、太一は部屋に籠《こも》っていた。

母親が死んだことに、どれほどの精神的な衝撃を受けたのか、測るすべもなかった。私は、なぜかフラリとホテルへやってきたキドニーと、一時間ほど話をし、厚木の店に連絡を入れて、まだしばらくこの街にいられるような状態を作り、自分の部屋に戻ってぼんやりと時間を過したが、正午近くになると耐えきれなくなり、太一の部屋をノックした。

「寝てたわけじゃないんだろう？」

部屋は、カーテンがかけられて薄暗かった。それがそのまま、太一の精神状態を表わしているとも思える。

「天気はあまりよくないが、散歩でもした方がいいんじゃないかと思ってな」

「別に、いいよ」

太一はちょっと憂鬱《ゆううつ》そうで、大人びた分別臭い表情をしていた。

「よくはないさ。外に出てこいよ」

「ちょっと考えたいことがあるんだよ」

「それも、外で考えりゃいい。いやだと言っても、首根っ子を押さえて引《ひ》き摺《ず》り出すぞ」

言いながら、私は自分の言葉に後悔していた。いつも一緒に暮している父親の言葉。それでも途中でやめようとは思わなかった。

「ジーンズとスニーカーと、例のライオンズのスタジャンだ。ここで待ってる。三分で用意しろ」

太一が、私を見あげて苦笑した。拒んでいるのではないが、積極的な気分にもなれない。そういうところだろう、と私は思った。いきなり、ドアが閉った。私は五分ほどそこで待ち、ノックをした。返事はない。三度目のノックで、私は諦《あきら》めた。

一階の社長室から、秋山が出てくるのが見えた。

「浮かない顔をしてるな」

「まあな。大したことはない。『レナ』まで行こうって気力が起きないんで、レストランのまずいコーヒーでも飲もうかと思ってたとこさ」

「まずいはないだろう。そこそこのコーヒーだと俺は思って出してるんだ」

「付き合わないかね?」

秋山が頷《うなず》いた。

レストランの窓から見る外は、風が吹き荒れていた。ヨットハーバーのヨットのマストが、葉を落として幹だけになった樹木のように揺れている。

「キドニーが来ていなかったか、午前中に?」

「大した用事でもなさそうだった。通りがかりってやつじゃないかな。一時間ばかり俺と喋《しゃべ》っていった」

「通りがかりってのは、あまりない男なんだがね」

運ばれてきたコーヒーを、秋山はうまそうに飲んだ。まずいという顔もできないというところだろう。私は、嫌味になるほどに砂糖とミルクを入れ、スプーンでしつこく掻《か》き回した。

「苛立《いらだ》ってるね」

「子供の扱いってやつも、結構大変なもんだ。素直かと思うと、いきなり反抗的になる。摑《つか》みにくいもんだな」

「子供はいつだって、自分の気持のほんとうのところを、摑んで貰《もら》いたがっているよ。扱いにくい時は、ほんとうのものを摑んでやっていないと思うことだな」

昼食時で、レストランには客が入りはじめていた。

「父親じゃ、俺の方が先輩だ。しかも一度も失格していない」

「俺は、失格の経験ありってことか」

「どこを摑んでいいかわからない時に、無理に摑もうと思ったりしないんだね」

煙草をくわえた。秋山は相変らずのスーツ姿で、それがいまいましいほど板についている。そのくせ、こうやってむき合って話していると、スーツからはみ出したものがいつも感じられるのだ。

「安見ちゃんは、奥さんとは血の繋《つな》がりがないという話だが」

「安見のほんとうの母親は、フロリダで殺されたよ」

「ほんとうの母娘《おやこ》以上に、らしく見えるな、あの二人は」

「気持のほんとうのところを摑んでいる。それも女房だけじゃなく、お互いにな。そうなると、男親なんて、どこに食いこんでいけばいいかわからんさ。ひたすら、二人の御機嫌を取り結ぶだけでね」

「それも、羨《うらや》ましい話だ」

砂糖を入れすぎたコーヒーは、さすがに全部飲むことはできなかった。いつまでも、口に甘さが残っている。

「おまえは変ったな、立野。ほんの短い時間だが、はじめて会った時からずいぶん変った。どう変ったのか、ちょっと表現できないが」

「自分でも、そう思ってる。ただ、いまひとつ、変りきれないようなところがあるような気がしている」

「結局、おまえもこの街に流れ着いた口だな。なんとなく通りすぎる。そんなつもりで流れてきたやつも、いつの間にか腰を据えちまう。おかしな街さ、ここは」

「虫が好かん。はじめからそうだったが」

いまどうなのか、自分でもよくわからなかった。厚木で暮していた方が、はるかに平穏無事だ。スーパーの経営がおかしくなることはなさそうだし、家賃収入さえもある。

そういう生活が待っているとわかっていても、和子は私を捨てた。ほとんど失業同然だった中西清二と一緒になり、太一まで連れていったのだ。

「ところで、太一を散歩にでも誘い出したんじゃないのか、立野？」

「そうだ」

「いま、レストランの前を通ってったぜ。スタジャンなんか着こんでな。散歩に行くつもりだろう。しかも、エレベーターから直接玄関に行けるのに、わざわざレストランの前を通ってだ」

「まったく、なにを考えてるのかわからんな」

「むこうは、わかって貰えなくて苛々している。お互いさまってやつさ」

「そういうもんか」

私は腰をあげ、伝票を摑んだ。

玄関の外に立って、太一はヨットハーバーの方を見ていた。

「ちょっと歩くか。俺に付いてこれるかな。半端な歩き方じゃないぜ」

「歩くのが？」

「砂の上だ。そのうちきつくなる」

太一が、ちょっと肩を竦《すく》めた。私が歩きはじめると、黙って付いてくる。

海沿いの街道を横切り、防波堤を越えて砂浜を歩いた。海は荒れていて、叩《たた》きつけてくるような波だった。曇りだが、雨にはならないだろう。

早足で歩いていく私のそばを、太一はずっと黙って付いてくる。私の方からも、なにも話しかけなかった。太一の気持を訊《き》いておかなければならないことは、思いついただけでもかなりあった。ただ、そんなことはいまはどうでもいい。

早足で砂の上を歩くのは、かなりの運動だった。山に登っていたころ、私は三十キロの荷を背負って、丸一日砂の上を歩き続けるトレーニングをやった。それも、小走りの人間より速いくらいの歩き方だ。はじめは大して重たくもないと思った荷が、肩に食いこんでくる。砂にめりこむ足がうっとうしくなる。それでも歩いた。十時間、一切の食事も休憩もとらず、歩調も緩めず、歩き続けた。むなしさも疲労も、途中で消えた。なにもわからない状態で、数時間歩き続けるのだ。セットしてあった腕時計のアラームが、十時間経過したことを私に教える。それで私は荷を降ろし、砂に腰を降ろすのだ。

冬の砂浜には、打ちあげられているものがいろいろあった。ビニールの袋。空缶。竹や木片。網の一部。ガラス玉のブイ。海藻。

私の歩調が速くなる。太一の息が弾みはじめる。一時間、そうやって歩いた。少しずつ、太一が遅れはじめる。遅れを取り戻すために、太一が走っている気配がある。私はふりむかなかった。

小さな流れ。防波堤の溝から流れ出している。ひと抱えの石を持ちあげ、流れの中ほどに投げた。石は頭を出して水を掻《か》き分けている。そこに片足をついて、私は流れを跳び越えた。太一もそうしたようだ。水の音は聞えなかったので、落ちはしなかったのだろう。二時間近くになった。海際に建った、白いマンションが見えてきた。もう街もそれほど遠くはないはずだ。

太一が、少しずつ遅れはじめた。走って遅れを取り戻す気力もないようだ。私は歩き続けた。太一と一緒に歩いている、という気持も私にはなかった。取り戻そうとして、取り戻せはしないもの。それが、私の前を歩いていく。私はただ、それに追いつこうとしているだけだ。

港の見えるところまできて、ようやく私は足を止めた。防波堤の下に腰を降ろす。眼の前の海は荒れていて、海面に突き出した岩に波が押しかぶさりそうだった。ジャンパーを脱いだ。じっとしていると、急激に汗がひいていく。煙草をくわえた。すでに夕方近くなり、陽《ひ》の光が斜めから荒れた海面を照らし出していた。空の雲が割れはじめていることに、私ははじめて気づいた。

眼を閉じた。歩いて取り戻せるものなら、私はとうに取り戻しているだろう。どうしようと取り戻せはしないものを、私は失ったのだ。命と引き換えに、それを失った。

気づくと、太一が私の前に立っていた。呼吸が乱れ、顔に汗が吹き出している。

「座れよ」

「遠いね。ホテルから街まで、ずいぶん遠いんだ」

「砂の上を歩いたから、そう感じるのさ。普通の道なら、ちょっとくたびれたってとこだろう」

「どうすれば、速く歩けるのかな」

「毎日、歩けばいいんだ。なんでもない道を歩く、三倍のトレーニングにはなる」

「そうやって、鍛えたわけ」

私は、海面に突き出た岩に眼をやった。ところどころ白い波を被《かぶ》ってはいるが、波を被らないところもある。そこに数羽の海鳥がじっとしていた。

「鳥だな」

「そうだね」

「あんなところにいて、と思うが、あそこがやつらにゃ居心地がいいのかもしれん」

「飛ぶには、寒すぎる日だよ」

大人びた科白《せりふ》が返ってきた。私は新しい煙草に火をつけ、ジャンパーを羽織った。躰はすっかり冷えきっている。

太一の呼吸も収まったようだ。マラソンでもしてきたような気分だろう。私は石を拾い、海面の岩にむかって投げた。波打際のあたりに石は落ちただけだ。見た感じより、ずっと岩は遠いのかもしれない。いくつ石を投げても、鳥たちが気づくほどのところに飛ばなかった。

「なんで、ママと離婚したの？」

いきなり訊かれたが、不意を衝《つ》かれたとは思わなかった。太一が抱き続けていたとしても、不思議のない疑問だ。

「そうだな。白けちまった。なんでも、どうでもいいような気分になった。新しい気持で生きようなんて気が、ひとかけらもなくなっちまったってとこかな。お母さんは、そういう俺がいやになったんだろう」

「白けたって、なんで？」

「そりゃ、難しいな」

何本目かの煙草に、私は火をつけた。薄暗くなりはじめている。浜が、完全に闇《やみ》に包まれる前に、太一に要領よく説明しなければならない、という気分に私は襲われた。

砂を掴んだ。かすかな湿りを帯びた砂は、握ったかたちで掌の上にあった。指さきで触れると、すぐに毀《こわ》れていく。

「おまえがまだ小さいころ、俺がよく山に行っていたのを、憶えてるか？」

「ああ」

「五年前は、海外へ行った。ネパールだったがね。その前には、アラスカだった。一流の登山家ってわけじゃなかったが、それなりの技術も体力も持ってると思ってた」

学生のころ、二度、海外遠征隊に加わった。学生運動に背をむけるような恰好《かっこう》で、私はそれに加わったのだった。大規模な遠征というわけではなかったが、私が山というものに魅《ひ》きつけられるきっかけは、やはりあの遠征だった。それまでは、登ることそのものを面白いと感じたことはなかった。登った、という事実に満足していたというところだ。

なぜ山がよかったのか、太一に説明はできなかった。自分を納得させられる言葉も、見つからない。しかし、私は高校生のころから山に登りはじめ、大学の一年弱の期間を除けば、やはり山に熱中していた。

卒業し、親父の食料品店を手伝うようになったのも、山に登る自由な時間がとれそうだったからだ。

次第に、私はひとりで登山をするようになった。自分の好きな方法で、好きなように登れたからだろう。和子と会ったのも、そういう時だ。ハイキング程度の山登りをする若い女。別に、一緒に登ろうなどという気はなかった。私の留守の間、食料品店を切り回してくれればよかったのだ。

「ひとりが好きだって、ママが言ってたことがあるよ」

「山に登るのはな」

「ひとりが好きだからって、離婚したわけでもないんだ」

「知ってるだろうが、お母さんと離婚して、すぐにまた別の人と再婚した。それも、どうでもいいような気分だったが。おまえには、腹違いの妹がいるよ」

「知ってる」

どの程度のことを、和子が話したのかはわからない。私について、太一がなにか質問したことがあったのだろうか。

「日本の山は、大抵ひとりで登っていた。チームを組まなきゃどうしようもない、冬山の岩壁なんかは避けてたがね。ネパールは、ひとりってわけにはいかなかった。それで、友だちと行ったよ。学生のころからの、古い友だちだった」

太一は、岩礁の鳥の方へ眼をやっているようだった。あまり口は挟まない。夕闇が、また少し濃くなったような気がした。

「一流の登山家が登る、有名な山じゃなかった。ネパールじゃありふれた山で、案内人もいらないほどだった。雪もない。雪渓ってやつがあるだけさ。俺の友だちは、そこに一度登った経験があってね」

太一が、海にむかって石を投げた。やはり波打際までしか届かなかった。

私はまた砂を掴み、掌で暖めるようにしばらくじっと握っていた。指を開けば、どういうかたちの砂が落ちてくるか、なんとなく想像がついた。それを見たくはなかった。砂を、海にむかって投げる。途中で砕け、波打際まで届かなかった。

「麓《ふもと》の村から四日ぐらいのところで、俺たちは遭難しちまった。誰が悪いってんでもないが、一度登ったという経験が、逆に悪く作用しちまったんだろうな」

「それで」

「俺と友だちは、ザイルで繋ぎ合っていたからな。雪渓を落ちるとなったら一緒さ。落ちきらず、途中で止まったよ。俺は、肩の骨を折ってた」

「相手の人は、死んだの？」

「いや」

私は、足もとではなく腰のあたりの砂を掴んだ。そこの砂は乾いていて、いくら力をこめて握っても、掌を開くと指の間から水のようにこぼれ落ちていった。二度、私は同じことをくり返した。声。遠い声。聞えてくる。束の間《つかま》、耳を傾けるような気持になり、しかしそれが言葉としてはっきり聞えてくる前に、私は喋りはじめていた。

「そいつは、足首を骨折していた。それだけなら、なんとかしようもあったが、全身を打って、とてもすぐには動かせるような状態ではなかった。内臓のどこかがやられてる。俺はそう判断したよ」

太一は、岩礁の鳥に眼をやっていた。海は荒れ続けていて、鳥はなにかに逆らって岩にしがみついているようにも見えた。闇はさらに濃くなろうとしているが、まだ海の色も岩礁のかたちも見分けることはできる。

「遭難の時は、その場にじっとして救援を待つ。それが鉄則だ。しかし麓の村まで、急げば三日。鎖骨を折ってはいたが、装備を最低の食料だけにすれば、俺には難しいとは思えなかった。それで、俺は救援を呼びに、村まで戻ったんだ」

煙草に火をつけた。まだ暗くなりきってはいない。割れた雲の間から射《さ》した陽光が、沖の海面にだけ当たっていて、そこだけ違うもののように固い光を放っていた。

「俺は三日目の夜に村に辿《たど》り着き、翌朝早く救助隊が出発した。七日目に、救助隊は遭難現場に到着したよ」

「間に合わなかったの？」

「ああ。死んで四日が経過していた。そいつは、素っ裸で、遭難現場から百メートルほど離れたところに倒れていたそうだ。錯乱すると、素っ裸になっちまったりすることが、よくある。俺が出発してすぐに、そいつは錯乱しはじめたんじゃないかと思う。恐怖感とか孤独感とかが、人をそういう状態にするのは、何度か俺も見ていた」

「仕方ないよ。懸命に救援を呼ぼうとして、間に合わなかったんだから」

「村の連中も、みんなそう言った」

私は煙草を捨てた。岩礁の鳥はまだ飛んでいない。その岩礁が巣ということが、あり得るだろうか。巣を作るには、あまりに小さすぎる。ならば、なにを待っているのか。

「俺も自分に言い聞かせたよ。仕方ないことだってな。帰国してからも、しばらくはそう言い聞かせ続けていた」

太一はなにも言わなかった。海が鳴る音が大きくなった。夜が近づいて、力を得たけものの咆《ほ》え声《ごえ》のようだ。

「はじめて言うことだがね」

私は煙草に火をつけ、フィルターをきつく嚙《か》んだ。

「俺は、自分が助かりたくて、そいつを現場に残してきたんだ。あの時の自分の判断を、いまでもはっきり思い出せる。いま村へ降りて行けば、俺はほぼ助かる。そこで待っていて、二日以内に救援が来る可能性は、ほとんどないと言っていい。そいつの怪我《けが》の状態では、二日が限度だろうと思えた。だから、そいつを残して、俺は出発した。鎖骨の骨折が、歩くことにどれほどの影響を与えるか、よく読みきれなかったし、できるだけ早く降りるにこしたことはなかったからだ」

太一が、岩礁の方を指さした。鳥が飛び立っていた。数羽の鳥は一度舞いあがり、海面にむかって急降下した。それから、また舞いあがる。翼を拡《ひろ》げ、滑空するように沖の方へ遠ざかっていった。一日の最後の餌が現われるのを、じっと待っていたのだろうか。

「飛んだね、鳥」

「ああ」

「ずっと飛ばないのか、とぼく思ってた」

私は煙草を捨てた。

「俺が出発しようとすると、そいつは泣きながら止めたよ。ひとりにしないでくれってな。ここで一緒に救援を待ってくれって。そうでないなら、一緒に連れてってくれってな。俺は、言葉で言い聞かせた。三日耐えろってな。三日目に、ヘリで救援を送る。麓の村には、ヘリどころか、四輪駆動車さえないことはわかっていたんだ。やつも、わかっていたさ。俺は振り切って出発した。やつは叫んでいたよ。ずっと叫び続けていた」

私はあれで、自分の生命に対する執着を、いやというほど知ったのだった。二日が待てなかった。友だちのために使う、その二日が惜しかった。現場では、ひとつの想定しかできない。いろいろな可能性ややり方を考えるより、ひとつのことが頭を占めて、それだけをやろうとしてしまう。だからそこに、その人間の持つ本質も出てきてしまうのだ。自分の命のために二日を待てず、友だちを狂い死にさせてしまった。そういう自分の本質を、自分私は助かってすぐにではなく、時間をかけて徐々に理解していった。少しずつ心が崩れていくような、いやな気分の中で、私はすべてがつまらないと思いはじめたのだった。

「俺は確かに、後ろ髪引かれるような気分だったよ。残るべきなのかもしれないという思いは、かなり強くあった。それでもやはり、助かりたい、自分だけは確実に助かりたいという思いの方が強かった。助かった時は、ほっとしたさ。しかし俺がほっとした時、そいつはもう死んじまってたんだ。錯乱しなければ、三日生きられたかもしれない。だが、七日は絶対に無理だっただろう。自分でそう納得しようとした。だが問題なのは、二日でも三日でもいい。友だちを待ってやれなかった自分だ。死んでいく友だちを、見守ってさえやれなかった自分だ」

「ママは、それを知ってるの？」

「知らない。山で友だちを死なせたことで、俺が人生に白けてしまった。そう思っていただろう。俺は、自分に白けたのさ。女々しいほどに命に執着して、大事なものを見失った自分に、白けきってしまった」

　私は煙草に火をつけた。

　これが離婚に繋がったのだと、太一は理解するだろうか。白けたのは誰のせいでもなく、自分のせいだ。それが、関係のない太一の境遇に大きな影響を与えることになった。どう見ても、大人のエゴイズムだとしか、太一には思えないだろう。それはそれで、仕方がないことだ、と私は思うほかはなかった。

「ひとつ、訊いていい？」

「なんだい？」

「なんで、この街へ来たの？　ママとは三年前に別れていたのに」

「わからないな」

私は、煙草を砂に突き刺して消した。

「お母さんから電話があった。気づいたら、この街へ来ていた。お母さんが、ほんとに俺の助けを必要としていたのかどうかも、よくわからない」

「そう」

おまえのことも気になっていた。言うのはたやすいが、口には出さなかった。

太一はしばらく、足もとの砂をいじっていた。握ったりはせず、掬《すく》いあげては指の間からこぼれ落ちるのを見つめているだけだ。私も、もう煙草は喫《す》わなかった。石も投げなかった。濃さを増していき、ほとんど黒に近い色に見える海に、ぼんやりと眼をやっていただけだ。

17　酒量

女事務員が帰るところだった。

彼女がボスに取り次ぐ前に、私は木のドアをノックしていた。扉を開けると、パイプ煙草の煙が流れ出してくる。

「大河内は、おまえに対してなにかアクションを起こしたか、キドニー？」

「アクションだと。馬鹿なことを言うな。大河内が起こしたとわかるアクションなんて、多分見つかりもしないだろうよ。そのくせ、トラブルの裏には常に大河内ありだ。川中でなくとも、その辺は断言していい」

私はソファに腰を降ろし、応接用にテーブルに置かれた煙草に手をのばした。私の煙草は切れていた。太一はホテル・キーラーゴまで駈《か》け足で戻り、私はこの事務所へやってきた。太一に走れと言ったのは、私ではない。自分で走って戻ると言ったのだ。砂浜ではなく、海沿いの街道を走っていった。

「俺は今日、法廷をひとつ片付けてね。考えていた八割の成果をあげた。それで、反省の時間を持っていたところだ」

「午前中、ホテルで会った時は、大して反省しているふうでもなかったぜ」

「午後の法廷さ。法廷に出る前に、喋った相手が悪かったのかな」

「八割の成果じゃ、まずまずじゃないのか？」

「俺にとって、ほんとうの勝ちというのは、十割の勝ちだけだ。法廷にかぎらずね」

キドニーがどんな訴訟を引き受けていたのか、大した関心も持てなかった。大河内が、直接私に土地を売れと言った。私はそれを拒んだ。拒んだあとのなにかが、そろそろ起きてもおかしくないころだろう。キドニーか川中のところあたりで、それが起こりそうな予感がある。

「おまえがきのうの夜、大河内と会ったという話はわかったよ、立野」

「俺には、大河内のやり方がよくわからん。俺を『ブラディ・ドール』で待ってたってのは、それなりの意味があると思うんだが」

「やつは、おまえって男を知りたかった。それで川中の店で待った。川中のところに現われるかもしれんというのは、容易に想像がついただろう」

「それだけかな」

「それ以上のことは、あまり考えるな。動きを予測して構えるには、大河内って男は危険すぎる。つまり、次にどんな手を打ってくるか、こっちの予測を超えるわけだ」

「じっとしてろってことだな」

「いずれにしても、むこうから仕掛けてくる。おまえを殺すとかな。この街で大河内の息のかかった連中の動きは、一応こっちのネットワークにひっかかるようにしてある。もっとも、玉井《たまい》不動産ってのが潰れた。それから大河内は、この街の連中の力を、ほんとうは信用してない、と思わせるものがある。大岩商会にしたところで、中西和子を殺《や》ってしまうところまで、大河内の計算に入っていたかどうかだ」

「大岩は暴走したということか？」

「多分な。雑魚にかぎって、ああいう暴走をするもんさ。しかし、もう雑魚に任せる時じゃない、と大河内は考えはじめているだろう」

「わかった」

キドニーは、パイプの火皿《ボウル》を小さなピンセットのような金具で掻き回し、灰を落とした。それからまた火を入れる。

「息子は、どうしてる？」

「走って帰ったよ。ホテルから港のそばまで、歩いてきた。太一ひとりがマラソンで帰ったわけだ」

「走って？」

「ホテルから港のそばまで、ホテル・キーラーゴまで」

「なるほどな。親父と息子というのは、そういうものか」

「親父ではなくなったよ、三年も前に」

「父親は父親だろう。いまのおまえから、父親の部分を取ると、なにも残らないように思えるな、俺には」

「中西清二も、父親だった」

「偽のな。やつはブランド品の偽物を作って商売してた。それで検挙《あげ》られそうになって、俺のところへ駆けこんできたよ。つまらん男だった。弁護士としていろいろな人間を見てきた俺をして、つまらんと思わせる存在でしかなかったな」

「結婚して、変ったかもしれん」

「俺は、俺の知っている中西清二について言っているだけだ。俺のイメージを変えように も、やつはもういない」

キドニーが、濃い煙を吐いた。和子とは何度か会ったはずだ。その時、中西清二につい て、また悪い話を聞いたのだろうか。

「太一をひとりで帰らせたのは、軽率だったかな」

誰もが、太一の安全について心配していたが、誰も口に出しはしなかった。私が土地の 権利証を持っていると仮定したら、太一を取引の道具にするのが一番効果的だと、大河内 は考えるはずだ。和子が攫《さら》われた時は、秋山も川中もその危険に対処するために動いた。

「親子でジョギングをやってるなんて、想像するやつはいないだろう。まして、息子をひ とりで帰しちまうなんてな。それに、おまえは土地を狙《ねら》って、この街へ来た。別れた女房 が相続するはずの土地をな。息子に対しても、父親の感情を持っていないと、大河内は考 えているかもしれん」

「それでも」

「そうだ。正当な土地の継承者は、中西太一ってことになる。それに対して、おまえは親権を持ってる。つまり、土地に対しては間接的な権利しか持っていない」

「やはり、軽率だったか、ひとりで帰したのは」

「その気になれば、親子ともども攫うことも難しくない。二人だけでホテルを出てきたのが、軽率と言えば軽率さ。ただ、大河内の方の動きは、俺は勿論《もちろん》、川中のネットワークにもひっかかっていない。それで、秋山も散歩ぐらいと思ったんだろう」

「遅いんで、心配させちまったかな」

「そんなに、浮わついた玉でもないさ」

私は煙草に火をつけ、細々とキドニーのパイプの煙に対抗した。

不思議な男だった。この男が法廷に立つ姿も、自宅で食事をしている姿も、うまく思い浮かばない。事務所の椅子《いす》で、パイプをくわえている姿だけが、私にとってのキドニーであるような気がする。

透析を受ける前なのか、キドニーの顔は蒼白《あおじろ》くむくみはじめているようだった。

パイプの煙に追い立てられたように、私は早々に事務所を退散し、流しのタクシーを拾って『ブラディ・ドール』の前まで行った。街の中をひとりで歩くのは、やはり無謀だと思いはじめていた。

「電話、いいかね?」

店に入ったところで、下村に会った。下村は、黙ってクロークの下の電話を指した。ホテル・キーラーゴに電話をし、太一が戻っていることを確かめた。

それから店の奥へ入っていく。坂井が、折り曲げた両肘《りょうひじ》を水平にあげ、キュッとボータイを絞りこんだところだった。カウンターには、まだ誰もいない。

「水割りにしますか?」

「オン・ザ・ロックにしてくれ、ターキーの」

頷いた坂井は、素速く大きな氷の塊をロックグラスに放《ほう》りこんだ。そこにターキーを注ぎこむ。

「ロックスと頼むと、氷の数が二つ以上になるのかね?」

「さようでございます」

「君の丁寧な口調は、なんとも奇妙なものだな」

「店ですから、意識しなくてもこうなる時が多くて」

沢村明敏が、奥から出てきてピアノにむかった。私はロックグラスを口に運びながら、流れてくる音に耳を傾けた。聴いたことのない曲だ。短い、歯切れのいいテンポで、感傷的なものは、リズムの中に包み隠されてしまっている。

「いいね。今日の沢村さんは御機嫌だね」

声が聞えた。川中ではなく、遠山一明だった。遠山はコニャックを頼むと、胸のポケットから葉巻を抜き出し、カッターで吸口を切った。一本のマッチでじっくりと暖め、さらにもう一本のマッチを使って、ようやく火をつけた。

葉巻の香りと、ピアノの音。なぜかぴったりと合っている。パイプ煙草より癖がありそうな香りだが、私は嫌いではなかった。

「よう、お二人で鑑賞会ってとこですか」

川中がやってきた。六時半ぴったりだった。坂井が、シェーカーを出し、振りはじめた。音は小さい。氷がぶつかって水っぽいカクテルになるのを避けるために、シェーカーの振り方には年季がいるのだ、という話を聞いたことがある。

シェイクしたドライ・マティニー。気障《きざ》といえば気障だが、川中には似合っている。

「お知り合いでしたかな、立野良明氏と？」

「噂《うわさ》は聞いている。お目にかかるのは、今夜で二度目ではないかな。二度とも、この店でだよ」

「絵はよく観《み》ました」

川中と遠山の会話に、私は割って入った。

「山の絵、好きでしたよ」

「それはどうも。いまは、海の方が多くなってしまいましてね。海千山千というが、私もそういう年齢に近づいてきたな」

なんでもない会話だった。川中も、それを愉《たの》しんでいるようだ。曲が変っていた。やはり軽いテンポの曲だ。

「まったく気分屋だ、沢村先生は」

「私は、人のことは言えんがね」

店の中は、次第に客を迎える態勢が整っていっているようだった。ボーイが、テーブルに新しい灰皿を並べている。最後の点検なのか、タキシード姿の下村が店内をゆっくりとひと回りした。

沢村が、また新しい曲をはじめた。彼のオリジナルでね、と遠山が小声で言った。相変らず葉巻の煙は漂ってくる。曲に、はじめてもの悲しいトーンが混じりはじめた。なにかを失い、失ったものを音の中で取り戻そうとするために、さらに失ったということがはっきりと伝わってきてしまう。どうにもならない喪失感に満ちた曲だった。

私はオン・ザ・ロックを空け、二杯目を註文した。川中や遠山のグラスは、空のまま置かれている。川中が、坂井になにか合図した。坂井は、手早くスノースタイルのグラスにソルティ・ドッグを作った。呼ばれたボーイが、それをピアノのところへ運んでいく。

曲が終った。カウンターにいる三人の、誰にともなく、沢村はちょっとグラスを翳《かざ》し、ひと口でソルティ・ドッグを空けると、店の奥に姿を消した。じゃ、という仕草を見せて、遠山も葉巻の香りを撒《ま》き散らしながら店を出ていく。

「今夜はみんな、まるで映画の登場人物みたいに消えていくな」

「俺にも帰れっていう口ぶりだね」

「女に死なれて、ちょっとひがみっぽくなっちまったか、立野」

「そういう気分はない。つまり、女に死なれたって気分はな。別れて三年も経《た》って、気持は冷えていたと思う」

「中西和子を高井の山荘に助けに行こうとしたのは、息子に母親を取り戻してやりたいという気持だけか」

「どうかな、それも」

「大岩のところのチンピラに袋叩きにされたころと、変ったよ、おまえは。生きようとしている。俺はそう思うな。あの時のおまえは、生きようとさえしていなかった」

二杯目のオン・ザ・ロックを空け、三杯目を頼んだ。一杯ごとに、坂井は律義に氷もグラスも替えている。

「大河内が、静かすぎる。きのうは、ここで飲んでたっていうじゃないか。おまえが、俺と秋山を天秤《てんびん》にかけてるって作戦は、もう読まれちまってるんじゃないのかな」

「土地を売れと、大河内は俺に言ったよ。きのう、ここで」

「心理的な駈け引きをやるのは、俺の性に合わん。キドニーは、いつも法廷でやってることだろうがね。結着というのは、長引かせていいことはないんだ」

川中がくわえた煙草に、坂井がジッポの火を差し出した。

客が三人ほど入ってきて、店の奥から女の子たちも四、五人出てきた。低いBGM。女の子たちの笑い声。川中は背をむけたままだ。店のシステムはできあがっているらしく、下村も川中になにか指図を仰いだりということはしていなかった。

「大河内ってのは、それなりの玉さ。隙がない。それで俺は、キドニーの心理戦に任せているんだが。ほんとなら、一対一の決闘でもして、あの男とはケリをつけたい」

「何度も、同じようなことがあったのか?」

「大河内が、表面にチラリと顔を出したのは、沖田蒲生病院の土地買収の時からだが、何年も前から、この街を舞台に巨大な利権構造を作ろうとしていた気配はあるんだ」

「おまえとキドニーを殺すことだな、ほんとにそうしたいんなら」

「それが、大河内にもわかりはじめたんだろう。俺たちとは、妥協点が見つけられないってことがな。プロの狙撃手《スナイパー》が、俺やキドニーの額を撃ち抜くのがさきか、俺たちが大河内を潰すのがさきか。そんな状況になるのも、そう遠いことじゃないって気がする」

「いまは、あの土地だろう」

「そうだな。そして、立野っておかしな男がこの街にやってきて、いつの間にか騒動の中心に立っちまった。なぜ、おまえはそこにいるんだ。何度か、そう考えたよ」

「自分でも、よくわからん」

「わかってるさ。この街は、なにかを取り戻そうってやつでいっぱいでね。遠山先生も沢村先生もそうだった。秋山も、坂井も下村もさ。だから、おまえを見ても、めずらしいのが紛れこんできた、という気分にはならなかった」

「俺にとっちゃ、虫の好かない街だったよ」

「誰かが死んじまう。やりきれんことさ。歳《とし》をとったからかもしれんが」

「そんなに、死んだのかね」

「死なんよ。誰も死ぬもんか。死んだやつのことが、俺の心にはっきりと残ってる。それは、死んでないってことだろう」

「わかるような気もする」

「とにかく、おまえにも死んで欲しくはないな。簡単に死にそうにも見えないが」

それだけ言うと、川中は腰をあげた。

ひとりになると、私は四杯目のオン・ザ・ロックを頼んだ。坂井も、話しかけてこようとはしない。

自分がなぜここに来て、なぜまだここにいるのか。もう、そういうことは考えなかった。もともと考えてはいないが、それは考えまいとしてきたからだ。いまは、考えまいという気持すらなくなっている。

「川中は、ここでなにを失い、なにを取り戻したんだ？」

「さあね」

坂井が、ちょっと私に眼をくれた。

「君は？」

「俺は、なにも失ってませんよ。ただ、この街で見つけたものがあるってだけで」

「なにを見つけた」

「表現できませんね、口じゃ」

口で言えるものなど、取り戻したことにもならないだろう。なんとなく、それはわかった。ゆったりと飲みながら、私はどこかで苛立ちはじめていた。取り戻そうとしても、取り戻せないもの。私はいつか、それだけしか感じないようになっている。

「五杯目、どうします？」

「飲みすぎってほどじゃない。俺のふだんの酒量ならね」

「躰で測る酒量ではありません」

「心で測る酒量ってやつか。まったく、この店はバーテンまで気障《きざ》な科白を吐く」

かすかに、坂井が笑った。坂井から眼をそらし、私は店の中を見渡した。

18 灯台

また、晴れた日になった。

なにかが起きるのを待つ、というのも奇妙なものだった。水面下では、川中やキドニーと大河内が、激しい暗闘をしているのかもしれない。騒動の中心にいる私のところに、それは伝わってくることがなかった。

太一は、午前中、ヨットハーバーの防波堤に出て釣りをしていたようだ。いまの状態を太一がどう思っているかも、私は摑めなかった。母親の死に方が異常で、さらにそのすぐ前に義理の父親がやはり異常な死に方をしたせいもあるのか、学校からすぐ登校するようにという連絡もなかった。

昼食は、太一と一緒にとった。

「釣れたのか？」

「かさごが少しだけね」

「道具は、どうした？」

「土崎《つちざき》という人が貸してくれたよ。『キャサリン』っていうクルーザーの艇長だって。このホテルのクルーザーなんだ」

「船は好きか、太一？」

「わかんないよ。土崎さんには、海が穏やかな日に乗せてやると言われたけど」

カレーライスとコーヒーだけの、簡単な昼食だった。太一は、時々ヨットハーバーの方へ眼をやっている。午後からも釣りをする気なのか。

「安見ちゃんとも、よく話してるそうじゃないか」

「まあ、いいお姉さんだからね」

安見の実の母親が、フロリダで殺されたということは、秋山から聞いていた。母親を殺された者同士だから親しくなったわけでもないだろうが、安見には太一に対する同情があるのかもしれない。

「釣りをやってみろと言ったのも、安見さんさ」

「ふうん」

「女でも、船に酔ったりしないって。時々、トローリングですごいのをあげることもあるらしい。女にはめずらしい根性だって、土崎さんは感心してたよ」

「フロリダ育ちだというからな。メキシコ湾で鍛えたんだろう」

口に出しては言わないが、太一は私と長い時間むき合っているのが、ちょっと苦痛な様子だった。どういう態度で私に接すればいいのか、わからないでいるのかもしれない。

「行くのか？」

「約束したから。土崎さんとね。あとから、安見さんも来ることになってる」

「そうか。じゃ、行けよ」

そういうところは和子にしつけられたのか、紙ナプキンできれいに口を拭《ぬぐ》って、太一は席を立った。私は、あまりうまくもないコーヒーを、時間をかけて啜《すす》った。

レストランの入口のところで、秋山と下村が喋っているのが見えた。下村は秋山に頭を下げると、私の席のところまで歩いてきた。黒っぽい上着に、グレーのマフラーを首から垂らしている。左手は、やはり白い手袋だった。

「ちょっと、一緒にいていいですか？」

「川中に、いろと言われたんだろう」

「どうも、気になる連中が五人ばかり街に現われましてね。五人のよそ者なんてめずらしくもないですが、匂うんですよ。坂井がそう言うから、間違いはないでしょう」

「坂井は、人を嗅《か》ぎ分けるのか？」

コーヒーを飲み干して、私は煙草に火をつけた。

「人を殺した人間の匂いを、やつは嗅ぎ分けますよ。というより、自分と同じ匂いがするってことなんでしょうが」

さらりと、下村は言ってのけた。

坂井と下村の年齢が、私にははっきり読みとれなかった。若いということはわかるが、時々ひどく老けた表情もする。

「ボディガードが君じゃ、目立ちすぎないか。俺は、このホテルの周辺から、あまり動かないようにするが」

「いま、立野さんに死なれちゃ、社長が困るんですよ。俺は、社長の命令通りに動きます。

息子さんからも眼を離すな、と言われてるんですがね」

「ヨットハーバーで、釣りをしてるよ」

「ひとりで？」

「土崎という人が一緒のはずだ」

それ以上、下村はなにも言わなかった。通りかかったボーイに、コーヒーを頼んだだけだ。

私はヨットハーバーの方に眼をやった。防波堤の上まで、よく見分けられない。並んで繋留《けいりゅう》されたヨットの船体が、視界を遮っているのだ。冬の日、ヨットを出そうという人間もそういないらしい。

「大丈夫ですよ。土崎さんが一緒ならね」

「五人というのは？」

「シティホテルに、車で乗りつけてきました。きちんとスーツを着ていて、どこかの工場へ本社からやってきたという感じですがね」

川中のネットワークは、やはり街じゅうに張りめぐらされているのだろう。和子が死んでから、ずっとそうだったに違いない。それをまた、大河内が読む。お互いに、騙《だま》し合いをどこまで続けるかというところだったのかもしれない。

「キドニーは？」

「透析じゃなかったかな。多分、その日ですよ」

「これから何時間も、下手をすると何日も、君は俺のそばにいるのか？」

「ホテルの、セキュリティの態勢が強化されます。いま、秋山さんが手配してくれていますよ。それまでは、そばにいろという社長の命令でしてね」

「川中の命令は、絶対なのか、君や坂井にとって？」

「多分。誰も絶対だなんてことを言ったことはありませんが」

「おかしな街だよ、まったく」

「俺も、はじめて来た時はそう思いましたね。坂井もそうだったでしょう。俺が親しくしている人間ってのは、坂井ぐらいのものですが」

「俺を安全なところに置いておくだけで、事が解決するとは思えないんだがな」

「完璧《かんぺき》に安全ということはあり得ません。それに、まずは大河内の出方を見ようというんでしょう。大河内だって、いつもプロを動員できるわけじゃない。その気になった時に、本気で動かしはじめるんでしょうから」

「まあ、俺も一日は大人しくしているよ」

「そうして欲しいですね。社長は信用してないみたいですが」

いつの間にか、レストランの昼食の客もまばらになっていた。一時半を回っている。

「俺の家、長野の山の中の温泉旅館でしてね」

下村が、白い手袋の指の間に煙草を挟んだ。片手で器用にマッチを擦る。

「心中したり、自殺したりって客が、時々いたもんです。親父やおふくろは、それを嗅ぎ分けるのがうまかった。俺にも、その素質があるんじゃないかって気がします」

「自殺しそうなやつでもいるのか?」

「立野さんですよ」

「見当はずれだな」

「自分じゃ考えてもいないでしょう。勿論、手首を切ったりガス管をくわえたりというのとは違いますよ。ほんのちょっとしたことで、死にむかって突っ走っていくだろう、という気はしますね」

取り戻そうとしても、取り戻せないもの。死の中にしか、それはない。だから、生きたまま取り戻すことはできない。下村に言われると、自分がずっとそういうことを考えていた、という気になってくる。

「死のうと思って突っ走るんじゃ、それは自殺だがね」

私は腰をあげた。

下村と二人で部屋にいるのも、奇妙なものだと思えた。

「プールサイドにでも行ってみないか。水は張ってないが、季節はずれのプールってのも、悪いもんじゃない」

「気が進まないな。遠くからの見通しがよすぎますよ。塀のむこう側は、ずっと松林ですしね」

「狙撃《そげき》される可能性は、俺についちゃ無に近いと言っていいね。俺を殺せば面倒なことになる。なにしろ、俺が土地の権利証を握ってることになってるんだ。狙われるとしたら、むしろ君だ。川中の力を削《そ》ぐことができるわけだから」

「そうですね。じゃ、行きましょうか。晴れて暖かい日だし」

私は、下村と肩を並べて、ロビーを通り抜け、庭園に出た。ホテルの建物を挟んで、駐車場とは反対側にプールはある。

庭園の手入れも、行き届いている。部屋の掃除から、ランドリーまで、ほとんど文句のつけようのないホテルだった。

「フロリダで、秋山はどんなホテルをやってたのかな？」

「こぢんまりとした、家族的なホテルだったみたいですよ。俺は土崎さんに話を聞いただけですが。土崎さんは、フロリダの漁師だったそうです。いまだって、このあたりじゃ一番の漁師ですけど」

「実にいいな、ここは。気持が楽になる」

「旅館の息子の俺も、感心することが多いですよ。なかなか、こんなふうにゃいかないもんです。働いてる人間が、みんなホテルに愛情を持ってる」

「君は、長野の旅館を継がんのか？」

「柄じゃないですからね。姉貴が、結婚して継いでます」

いつも白い手袋をしている旅館の主人。それも悪くはないような気がする。いつも礼儀正しく、紳士的で、しかもどこかに無気味さを秘めた男。こんな街の酒場のマネージャーには、似合いすぎだ。

「立野さんのスーパーは？」

「俺も、親から継いだ口さ。大して努力もしなかったが、時代の波に乗って、食料品店からスーパーに衣替えした。俺の熱意とかなんとかが、入っている店じゃない」

陽が当たっていて、プールサイドは暖かかった。海からの風は、ホテルの建物が遮る恰好になっている。リゾートマンションや別荘が、かなりの数できているというのも、頷ける気候だ。

「長野は雪かね？」

「でしょうね。山の中ですから。俺は、あまり海に馴染《なじ》みはなかったんですよ。この街へ来てからですね、海がいいと思いはじめたのは」

「鳥が飛んだな」

「えっ」

「きのう、太一と浜を歩いていた。岩礁でじっとしていた鳥が、舞いあがって、餌をくわえるとどこかへ飛び去ったよ。夕方で、暗くなる直前だった」

「そうですか。鳥がね」

「ずっと気になっていたんだ。波を被りそうな岩礁でじっとしていたから」

下村が、上着のポケットからウイスキーの瓶を取り出した。口を開け、私の前に置いた。プールサイドのテーブルも椅子も、季節はずれだというのに、きれいに埃《ほこり》を拭いとってある。

私は黙ってポケット瓶に手をのばし、ひと口呷《あお》った。一瞬、のどが灼《や》けた。それはすぐに全身に拡散し、消えた。

「川中はどうしてる？」

「自宅です。金魚の水を替えなくちゃならんと言ってましたから」

「金魚？」

「叶という人が、金魚を飼ってたんですよ。それを社長が引き受けたんです。叶さん、死んじまいましたんでね」

「フェラーリ３２８は、坂井ってわけか」

「フェラーリも動物みたいなもんですからね。社長や坂井じゃないと、なかなか乗りこなせません」

よそから来た五人がどう動くのか、それを見極めようということなのだろう。それで、川中は自宅待機というやつを決めこんでいる。

私はポケット瓶に手をのばし、もうひと口ウイスキーを呷った。私が置いた瓶を、下村の白い手が挟む。それはまさに挟むという感じで、親指と人差し指の間で瓶は安定したまま下村の口もとに運ばれた。

釣りの話を、下村がはじめた。トローリングによく出かけていくらしい。川中のパワーボートは、ヨットハーバーに繋がれている。

「テグスの扱いが、なかなかうまくなりませんでね。左手は、押さえたりひっかけたりするのにしか使えない。みんなが両手でやる細かい指さきの作業を、右手と口でやれるようになるまで、半年かかりました」

「それでも、できたってのはすごいな」

「それをやったおかげで、大抵のことは人並みにできるようになったんですよ。そうなると、義手ってのも便利なことがあります」

義手がどんな時に役に立ったのか、下村が喋りはじめた。酔っ払いの客を宥《なだ》める時、左手で触れただけで静かになるという。パワーボートのエンジンの部品が毀《こわ》れた時、隙間に指さきを挟みこんで、部品の代用にして港に戻ったこともあるという。

こうしてむき合っていると、下村は格別無口でもなかった。表面的な部分の暗い印象も、少しずつ薄らいでいく。ほんとうは、よく喋る坂井の方が暗いのかもしれない、という気がする。

この街で出会った男たちの共通点は、表面は別として、心の底にどうにもならない暗さを感じさせるところだ。それは私も同じで、だから普通なら見えはしないものが、見えてしまうのかもしれない。

庭園に太一が姿を見せたのは、三時を回ったころだった。

「釣れなかったのか?」

「釣れたよ。ただ、安見さんが約束の時間に来ないんだ。学校が終ったら、『レナ』には行かずに、こっちへ来ると言ってたんだけど」

「いろいろ、用事もあるだろうさ、彼女にも。それに、土崎という人と釣りをしていることは知っているんだろう?」

「ああ。土崎さんも、首を傾《かし》げてた。ぼくは部屋で待ってるよ。潮の具合で、もう釣りは駄目らしいし」

私は頷いた。太一が踵《きびす》を返す。大人びた仕草だが、私のところに報告に来た姿は、十歳のころそのままだった。

私と下村は、またポケット瓶を呷りはじめた。すでに底をつきかけている。

秋山が、建物を出てきた。庭園の中の踏石を伝いながらゆっくりと近づいてくる。下村と眼を合わせ、かすかに頷くのがわかった。ホテルのセキュリティ態勢が、整ったという知らせだろう。

「安見ちゃんは、もう来たのか？」

「安見？　『レナ』にいるはずだが」

「今日は『レナ』を休んで、土崎さんや太一と釣りをするということになっていたはずだ」

「知らんな。それに、安見はホテルには来てない」

私と下村は、ちょっとだけ視線をぶつからせた。

「奥さんと、連絡をとってみてくれないか。俺は、太一のところへ行ってみる」

頷いた秋山が、早足で戻っていく。私はロビーまで下村と一緒に歩き、エレベーターのところで別れた。

太一の部屋は、いくらノックしても無言だった。私は隣りの自分の部屋に飛びこんだ。マスターキーが必要だと思ったのだ。ドアを開けた拍子に、ホテルのメモ用紙が足もとで舞った。

太一の字。四方崎《よもざき》灯台。そう書かれているだけだった。私はメモを二つに折り、胸のポケットに突っこんだ。

電話。秋山の部屋。すぐに繋がった。

「太一がいないようだ。ドアが開かん。ベルボーイにでも、マスターキーを持ってこさせてくれ」

「安見も、いない。女房のところは、やはり休むと言っていたそうだ」

電話が切れた。

一分も待たず、下村と一緒に秋山が自分でマスターキーを持ってきた。太一の部屋は、朝掃除をしたままの状態だった。デスクにある教科書類が、ちょっと乱れているだけだ。釣りから戻り、ちょっと教科書をめくって、それからすぐにまた部屋を出た。そういうことだろう。

「おかしい。三時過ぎに部屋に戻って、それからまだ一時間も経ってない。ホテルの出入りは、三時十分前から、ひとりひとりチェックしている。特に大きな荷物や、出入りする車については慎重にやってる。連れ出せるはずがないんだ」

「太一が、ひとりで出たとしたら？」

「従業員用の通用口を知っていれば別だが。そこに人を配置するのは、一番遅れた。安見に聞いて、知ってる可能性はあるな」

「四方崎灯台というのは？」

「沖田蒲生病院より、二キロほどさきの岬にある、小さな無人灯台だ」

「太一は、そこへ行ったと思う」

私は、胸のポケットから太一のメモを出した。

「しかし、なぜ？」

「呼び出された、としか考えられんな」

「電話は、おまえの部屋と太一の部屋はチェックしてある。この二時間、電話は入っていないんだ。とすると、ドアの下にメモでも差しこまれたってことか。宿泊客の中に、連中の仲間がいるのは考えられるな。そこまでのチェックは、まだできる態勢じゃない」

「行きませんか。四方崎灯台へ。俺は、社長に車から連絡を入れます」

下村が言った。

「立野は、俺の車に乗れ」

「安見ちゃんは？」

「安見に関係あることで、太一は出かけていった。そうとしか思えないだろう。四方崎灯台へ行けば、わかる」

ホテルを飛び出した。秋山のボルボの助手席に飛び乗る。すでに、下村の黒いスカイラインは走りはじめていた。

「盲点だったな、安見は。おまえと太一のことだけを、俺も川中もキドニーも考えていたよ。安見からつけ入ってくるとは、考えたもんだ」

「太一が出かけてから、それほど時間は経っていないはずだ。四方崎灯台へ、太一はなんで行ったのかな？」

「タクシーだろう。ホテルへ来る客を運んだタクシーは、大抵帰りは空車だ。まだこの時間ならな」

かなりのスピードを出していた。車の電話が鳴り、私がとった。

「五人が、三人になっちまってます。二人は列車に乗ったようなんですがね」

下村は川中と連絡をとり、例の五人の動きを調べたようだ。

「街に入ってきたのは、五人だけじゃなかったようです。無論、五人以外にもいるという可能性が強い、とわれわれは見ていましたが」

「列車に乗った二人は、直接は関係していないな」

「別働隊の仕事だろう、と社長は言ってます。大河内は別荘に籠っていて、SPが二人付いてるそうです。それから、宇野さんは透析を終えて、東京へ発《た》ったそうです。東京でなにかやろうとしているんでしょう。社長はなにも言いませんでしたが」

沖田蒲生病院の建物が見えてきた。通り過ぎる。注意していたが、対向車にタクシーはいなかった。コーナーでボルボが尻《しり》を振りそうになった。秋山は素速くカウンターを当てた。

「あれだ」

秋山が言ったが、灯台は見えなかった。前を走っていたスカイラインが、右折していく。後に続いた。舗装のない道だ。スカイラインがあげる土煙で、前方はほとんど見えなかった。ほぼ三百メートル。スカイラインが車体を横にして停り、ボルボもそばに滑りこんだ。

「俺は左から行きますよ。右を頼みますよ」

灯台。土煙の中から現われてきた。それほど大きくもない灯台だ。

左右から、私たちは近づいていった。物置らしい小さな小屋の内側から、戸を叩く音が聞えた。

「開けてよ。誰か、開けて」

秋山が、物置の戸にぶつかっていった。二度、三度。戸が、メリメリと音をたてる。蹴《け》破《やぶ》った。転がるようにして、安見が飛び出してきた。

19 男

はじめは多少混乱していた安見の話も、ホテルへ戻って落ち着くと、ようやく筋道がついてきた。秋山の部屋で、すでに川中は来ている。

二時十分前。安見は海沿いの街道を、ホテル・キーラーゴにむかって自転車で走っていた。学校が早く終る日で、太一に釣りを教えてやる約束をしていた。『レナ』を休むことは、前日、母親には伝えてあった。

ホテルの二キロほど手前で、抜いて行ったトレーラートラックが、停止した。街道をよく走っている、長距離トラックだ、と安見は思ったという。トラックの後部あたりにさしかかった時、いきなり荷台の扉が開いて三人の男が飛び出し、自転車ごと安見を荷台に放《ほう》りこんだという。トラックはすぐに動き出し、着いたところが四方崎灯台の入口のところだった。そこから、ワゴンタイプの別の車に乗せられ、灯台までの凸凹道《でこぼこみち》を走った。多分、二時をちょっと回った時には、灯台に着いていただろうという。

「携帯電話で、符牒《ふちょう》のようなものを使って連絡を取り合ってたわ。太一くんが来るまで、太一くんのパパを呼び出したんだとばかり思ってた」

「太一は、歩いてきたのか？」

「わからない。灯台のところからは、歩いてくるのしか見えなかったわ。ほんとにガキが来やがった。男のひとりがそう言ったの。太一くんは、あたしを見て、放せって叫んでたわ。来たんだから放せって。あたしが物置に放りこまれる間も、そう叫んでた。それから車の音がして、パパがドアを破ってくれるまで、あの灯台から人はいなくなったと思う」

川中が腕組みをしている。秋山は、戸を破る時に傷を作ったのか、手の甲にテープを貼《は》りつけていた。

なにが起きたかは、ほぼわかった。まず安見が攫《さら》われ、太一と入れ替えられた、ということだ。ホテル・キーラーゴの状態なら、直接太一を攫うことには危険がある、と連中は判断したのだろう。連中の仕事の準備が整ったのは、やはり今日なのだ。きのうまでの状態なら、太一を直接攫うのも、私を襲うのも難しいことではなかった。

「びっくりした。太一くんがひとりで歩いてきた時は、口から心臓が飛び出すくらいびっくりしたわ」

「それじゃ安見、もう一遍なぞれ。学校を出た時からでいいが、その前に気になることがあったら、それも言え。いいか、できるだけ具体的にだ。どんなに細かいことでもいい」

川中が、安見とむき合うようにして座り、そう言った。安見が眼《め》を閉じる。びっくりするほど、睫《まつげ》が長かった。

校門。自転車。級友たちの背中。海沿いの道。陽《ひ》の光。風。トレーラートラックが現われるところまで、なんの異常もなかった。トレーラートラックには、少なくとも四人以上の人間が乗っていた。荷台から飛び出して自転車ごと安見を持ちあげたのは三人だが、トラックはすぐに動きはじめている。運転していた者もいるということだ。荷台の中は扉を閉められると暗く、安見はひとりがまだ二十代前半の若い男だったということ以外、男たちの人相も憶《おぼ》えていなかった。停《とま》ったトレーラートラックから、ワゴン車に移された。その時見たのは、ワゴン車の三人だけだ。トラックにいた男たちとは違う。その三人の人相はよく見ていた。ひとりが中年の、四十歳ぐらいの男で、あとの二人は若い。中年男のロレックスのコンビの時計まで、安見は見ていた。

「一時間ぐらい物置に入れられてて、そこにはひとりだけ見張りについてた。物置の外で電話をしてたわ。サザエは手に入ったから、石鯛《いしだい》を釣ろうって。石鯛がかからなかった時は、サザエの使い方を考えればいいって。電話の内容でわかったのはそれだけで、あとは数字をいくつか並べてた。あたしは、時間じゃないかと思ったけど」

それからしばらくして、安見は物置を出されている。そして太一がやってきたというわけだ。ほんとにガキが来やがった。連中が喋ったまともな言葉は、それだけだったらしい。それから、助け出されるまで、安見はまた物置に放りこまれていた。

「車のナンバーを憶えてるわ。東京よ、品川ナンバー。窓にフィルムを貼ってる以外は、普通のよくあるワゴンだった」

川中が、安見が言った番号をメモし、すぐにどこかに電話を入れた。

私は煙草《たばこ》をくわえ、火をつけた。秋山が大きく息をつく。

「サザエは安見で、石鯛は太一だな。符牒ってほどのものでもない」

電話を置いて、川中が呟《つぶや》いた。安見が、テーブルのジュースをひと口飲んだ。

「なんで、太一はひとりで行ったんだ。俺は庭にいたのに」

「実の父親が考えているより、太一はずっと男の子だったってわけだ。ほかのことは知らんが、この件に関しちゃ、俺たちが思っていたより、ずっと男の子であろうとしてるね」

「しかし、太一が行くと連中になぜわかったんだ、川中」

「連中が、俺たちより太一を男だと評価してたか、それとも、二段、三段の作戦を考えていたか」

電話が鳴った。川中がとった。短い応対だった。

「四方崎灯台に残った下村からだ。物置の裏には、海へ降りていく小径《こみち》があって、スピードボートが一隻置いてあるそうだ。どうも、盗んできたやつらしい。これじゃ、ワゴンも盗んだ車って可能性が強いな。県警のある刑事が、いま持主を調べてくれてるが」

「スピードボートがあったってことは、太一じゃなくほかの人間、もしくは警察なんかが現われたら、安見ちゃんを楯《たて》にしてそのまま逃げられる態勢だったたってことか」

「安見を使って、秋山と取引をする気だったのかもしれん。どういう取引を目論《もくろ》んでたかわからんが、第二段の作戦もあったわけだ」

とにかく、むこうは動きはじめた。私を襲うのではなく、太一を攫うというかたちが、私の予測を裏切っていた。それでも、均衡を破ったのはむこうだ。大河内が、焦りを見せはじめている。

「今後どうするかだが」

秋山が口を開いた。

「当然ながら、太一を楯に取引を迫ってくるだろう。しかし、単純な方法でくるとは思えん。巧妙だよ。太一の攫い方にしたところで、かなり巧妙な方法だ。だから、こっちも考えるべきだろう」

煙草に火をつけ、秋山は話し続けた。

「第一の問題は、太一の居所を突き止められるかだ。それはどうなんだ、川中？」

「なんとも言えん。列車に乗った二人には、尾行をつけてある。残りの三人も、動けばわかる。しかし連中は五人だけじゃない。少なくとも十人はいる、と思った方がいい」

「それも、大岩のような雑魚じゃない。この種の仕事に馴《な》れた連中だ。とにかく、キドニーの仕事が終るまで、引きのばしたいな」

「キドニーの仕事ってのは、川中？」

「やつはやつなりに、大河内との闘い方を考えた。沖田蒲生病院の土地買収騒ぎ。今回の、中西清二夫妻の死。それと大河内との関《かか》わり合い。警察が大河内に手をのばすほどの材料はないが、N市を舞台にした利権の争いとして、充分にスキャンダラスではある。うまくすれば、キドニーが集めた材料だけでも、マスコミを動かせる。政治屋の圧力には強いマスコミもあるしな。スキャンダルは、大河内のような男にとっちゃ、アキレス腱《けん》だろう」

「そのために、東京へ？」

「さすがに、やつが集めた材料は、論理的に構築すると、説得力のあるひとつの結論に達する」

川中が、のどの渇きに耐えられないような表情で、ジュースを呷《あお》った。秋山は新しい煙草に火をつけている。

私にできるのは、太一の居所を突き止めて助け出すか、太一の代りに私が連中に囚《とら》われるかの、どちらかだろう。川中も秋山も、警察という発想はないらしい。はじめから、当てにしていないのかもしれない。私も、警察に頼ろうとは思っていなかった。

「俺は考えたんだが」

また秋山が喋りはじめた。

「どういうかたちであれ、連中は立野と連絡を取ろうとするだろう。それをすべて断つ、というのが、連中の意表を衝《つ》くことになるんじゃないのかな。連中に、予測していない動きをさせることができりゃ、こっちもつけ入る隙《すき》を見つけられる」

「具体的に言え、秋山」

「つまり、いまの立野の部屋に、立野を監禁しちまうわけだ。食事も運びこみ、そこに出入りするのは俺だけ。無論電話も通じなけりゃ、窓のカーテンも引かれたままだ」

「待てよ、俺を監禁するって」

「つまり、そういうかたちに見せかけるわけだな、秋山」

「連中は、俺が力ずくで立野を押さえ、土地の取引を迫っていると見るだろう。そうなると太一の存在価値はいくらか下がり、人数もこっちに集中させざるを得なくなる」

「その間、立野は?」

「そうだな。『キャサリン』で寝泊りでもして貰《もら》うか。そうやって、キドニーの仕事の結果が出るまで、時間を稼ごう」

「待てよ、秋山。大河内がおそれるのは、おまえと立野の取引成立だぜ。とすると、立野を押さえているおまえを、直接的に狙《ねら》ってくる可能性がある。おまえを消しちまう。大河内との間は、すでにその段階に進んだ、と俺は思ってる」

「注意はするよ」

土地を買おうという人間がひとり減る。それだけでも、大河内はやりやすくなるだろう。宿泊客の中にまで連中の仲間がいるとすると、よほどの要心が必要になる。

「俺とおまえは、対立しなけりゃならんわけだな、川中。なにしろ、俺が立野を押さえるんだ」

道具に使われる、という気分がないわけではなかった。ただ、太一が連中に押さえられている。いまの私にとっては、それをどう解決するのかというのが、最大の問題だった。

「対立は、早いとこ連中に教えておいた方がいい。おまえのとこのセキュリティに、俺がホテルから締め出されるという恰好《かっこう》がいいかな。ひとりより、誰かいた方がリアリティってやつは出てくる。下村が戻ってきたら、早速やることにするか」

「太一の方は、どうなるんだ？」

「居所を突きとめることの方が、先決だ。どうするかは、それから考えよう。坂井と下村に、この仕事はやらせるよ」

電話が入った。川中がとった。ただ頷《うなず》き、わかったとだけくり返している。

「盗難届が出てるそうだ。例のワゴン。せっかく安見がナンバーを憶えてたのに、役に立たなかったな」

「まあ、仕方ないさ。連中の顔を見れば、安見ちゃんもわかるだろうし」

再び会うことはない。だから安見を物置に放りこんだ。連中がそう考えていたことは、ほぼ間違いないだろう。

安見の母親が、部屋へ入ってきた。はじめて安見は涙を見せた。秋山が、二人の肩を抱くようにして外へ出た。

川中は、窓の外に眼をやって煙草の煙を吐いていた。人懐っこさが隠れ、暗い眼がちょっと私をはっとさせた。私も煙草に火をつけた。

「市長にならんかと、大河内が言ったそうだな」

「馬鹿げたことさ。俺は、のんびりと釣りでも愉《たの》しみながら暮したい。それが市長だと。大河内って男は、頭は切れるし、度胸もある。だが、市長なんかになりたくないという人間の気持は、理解できない男だよ。いまは多分、理解できない男たちとむき合ってるって気分だろう。だから、おまえを挟んで俺と秋山が対立すりゃ、大河内は理解できることが起きて、やっと安心するわけだ」

「勝てるか？」

「やってみなきゃ、わからん。勝負ってのは、いつだってそうだ」

「権力を持っている人間が相手というのは、やはりしんどいものがあるな」

「権力は、こちらが権力だと思った時、力が出るんだ。権力なんてものはない、と思ってりゃいいのさ」

「そういうものか」

川中も秋山も、キドニーさえ、土地の権利証がどこかということを、気にしているようではなかった。私も、いまは大して気にしていない。

ドアが開き、下村が入ってきた。報告しなければならない新しいことは、なにもないらしい。私と川中にむかって、ちょっと首を竦《すく》めて見せただけだ。

「坂井とは、連絡がついたのか？」

「まだです」

「シティホテルに残っている三人は、やっぱり動きそうもないんだな」

「これからですよ、社長。どこか、焦っちゃいませんか？」

「胸騒ぎってやつでな。俺がこの街に来て、何人の人間に死なれたと思う」

「死ぬ時、人は死ぬんですよ」

「そうだな。そんなふうに言うとこが、おまえのいいところだよ」

「時々、なくなった左手が、あるような気がすることがあるんです。夢を見てる時なんかですけどね。だけど、ないものはないんですよ。俺は、夢を懐しんだりしないようにしてます」

「おまえの左手は、魚の餌《えさ》だったたな」

「大してうまくもなかったでしょうが」

声をあげて笑い、川中は腰をあげた。

「ひとつ、頼みたいことがある」

川中が部屋を出た時、私は言った。

「大丈夫ですよ。全力を尽します」

「それは心配してないさ。君が、俺が本物かどうか、関心を持ってると言ってたことを、いま思い出した」

「俺が、本物と感じられるかどうかですよ」

「わかってる。それを試せよ」

「試すって、どうやって？」

「太一の居所を突きとめたら、すぐに俺に教えてくれ。俺はホテルを出て、『キャサリン』というクルーザーにいるはずだ」

「社長よりも、先にですか？」

「川中には、見つけ次第報告するんだろう。俺にも、報告して欲しいってことさ」

「ということは、立野さんは知らされないと思ってるんですね」

「知らせてくれるかもしれん」

「いいですよ。立野さんにも報告しましょう」

あっさりと、下村が言った。

「それで、立野さんを試せるっていうんならね」

「いいんだな」

「死ぬ時は、人は死ぬんです。そこが、俺と社長の違うとこでしてね。社長は、死んだ人間を引《ひ》き摺《ず》りすぎる。だから、一日一日が重くなっちまうんです。あの人の、そういうところが、実は俺は好きなんですがね。俺にないものを、持て余すぐらいに持っちまってる人だから」

「頼むよ」

「俺が、立野さんに付いて歩くとは、思わないでくださいよ。俺はただ、知らせるだけです」

「わかってる。そんなことまで、頼もうとは思ってない」

下村が、にやりと笑った。癖なのか、白い手でテーブルを軽く叩《たた》く。硬い音が、部屋の中に響いた。

20　船

私が、従業員用のエレベーターと出入口を使ってホテルを出、むかいのヨットハーバーの『キャサリン』に移ったのは、午後八時すぎだった。

その直後に、ホテルでは数人のセキュリティが、川中と下村を追い出すという騒動が持ちあがったはずだ。ヨットハーバーは静かなもので、風で揺れる船体のきしみが、かすかに聞えているだけだった。

「俺のシチュー、秋山や川中は食えねえってほざくけど」

「なかなかのもんですよ。土崎さんは、この船で暮してるんですか？」

「街に部屋は持ってるけどね。週に二日も帰りゃしねえや。仕事が忙しいってわけじゃねえよ。この船が好きなのさ。そして船ってやつは、好きになってやればやるだけ、よく動くし、時化《しけ》の時も踏ん張る」

「そういうものなのかな」

土崎のビーフシチューは、見かけほどこってりとはしていなかった。何日も煮こんであるのか、肉は驚くほどやわらかい。

「シチューってのはね、肉の出す脂をどれだけ除けるかなんだよ。はじめに煮こんだ時、外に鍋《なべ》を出しておく。いまは冬で、冷蔵庫みたいな温度になるからね。朝になりゃ、脂が表面で白くかたまってる。そいつをパカッとはずして捨てちまうんだ。それで、余計な脂はなくなる」

「オックステイルだね、こいつは」

「半分は脂なんだよ、テイルは。それがうまさのもとでもあるんだがね。エキスを出しちまったら、脂は捨てるのさ」

「確かに、見かけほど脂っぽくはない」

「あんたの息子は、うまいうまいって食ったぜ。昼めしに食わせたのよ。そのあと、あんたとカレーライスを食わなきゃならなくなって、参ってたがね」

「今日の、昼めしのことですか？」

「そう。お嬢なんか、これが食いたくて船に来ることがあるってのに、川中と秋山は憎まれ口ばかり叩きやがる」

お嬢とは安見のことだろう、と私は思った。

太一は、無理をして、私との昼食を胃につめこんだのだろうか。土崎のシチューを食ったと、私に言えなかったのだろうか。

「なかなかのもんじゃねえかよ、あんたの息子は」

「そうかな」

「お嬢を助けるために、ひとりで四方崎灯台へ行ったんだろう。あの歳《とし》のガキなら、大抵は大人に泣きつくもんだぜ」

「意地を張ったんだろう」

「あそこまでいくと、意地とは言わねえな。意志ってんだよ。そして、意志をそのまま貫こうってのは、大人でもできることじゃねえ」

私は、ブリキの皿をパンで拭《ぬぐ》った。

確かにそうなのかもしれない。太一は、明らかに意志は持っていた。それも、土地の件に関してだけはだ。

「あんたの影響じゃなさそうだね。三年も離れて暮してたんだろう。その間に、男の子が男になっちまったってとこだな」

私は煙草に火をつけた。土崎は、葉巻をくわえている。

「戻ってきたら、教えてやんなよ。ほんのしばらく男でいることは、そう難しいことじゃねえって。一生男でいられるかどうか。それが問題なんだってね」

「それは、俺が教えられなきゃならんことかもしれない」

「そうか。親父《おやじ》はだらしねえか」

土崎は、食事の前からバーボンを呷っていた。ほんとうはラムが好きなのだと言いながら、酒棚にラムの瓶はなかった。

私は、それが居候の仕事だとでもいうように、汚れた皿を流しに運んで洗った。蛇口からは、ノズルを押した時だけ少量の水が出てくる。

「まず、海水で洗う。それから、真水で塩を落とすんだよ。船じゃ、真水ってやつが大事でね。この船にゃ、ホットシャワーも付いてるが、クルーは倹約しながら真水を使うもんだ」

「なるほどね、わかりました」

土崎は酔っていて、キャビンのソファで眠ってしまいそうだった。抱えるようにして土崎の躰《からだ》をベッドに運んだ。

「おまえの伜《せがれ》は、なんか決心してるな。だから男もできるのよ。おまえ、親父として伜がなにを決心してるか、知ってるか」

土崎は、半分眠りかけながらそう言った。太一はなにを決心しているのか。土崎の躰に毛布をかけながら、私は考えた。

自分が男であろうと決心しているのか。それとも、別のことか。

「いつか、話してくれるさ」

「甘いね。俺はあいつがかわいくなったよ。一日、釣りを教えただけなのによ。おまえのような親父で、あいつは不幸だよ。俺は、見てわかるぞ」

「そうかもな」

「そうさ。おまえ、あいつに親父って呼ばれてるか」

「俺はね、土崎さん」

土崎は、鼾《いびき》をかきはじめていた。『キャサリン』は、かすかに揺れている。

私はキャビンの酒棚から、封を切っていないバーボンを一本抜き、片手に毛布を抱えて前甲板へ出た。木の甲板は、晴れた日の暖かさの名残《なご》りを残して、鉄ほど冷たくはない。私はそこに腰を降ろし、バーボンを呷った。星の満ちた空。波の音。ヨットハーバーの入口の小さな灯台の光。

眼を閉じた。いまは待つしかない。

どんな道を歩いて、ここへ来てしまったのか。ネパールの山で友だちを見捨てた時、私は違う道を歩きはじめたのか。それともあれは、私が違う道を歩いていることを、自覚させるだけのことだったのか。

はじめて、人に語った。その相手が、太一だった。和子にすら、語らなかったことだ。語って、なにかが変ったわけではなかった。私は私として、ただここにいる。

かすかな船の揺れが、心地よかった。寒さは感じない。夏でも、高山の雪渓の中の方がずっと寒かった。全身を打って動けないままそこに残されれば、錯乱することはむしろ当然だったかもしれない。待てよ。待ってくれよ。置いていかないでくれ、頼むから。声はいつまでも追いかけてきた。二日歩き続けてもまだ、声は私の背中に貼りついていた。

いつの間にか、まどろんだようだ。私はまた酒を呷り、別のことを考えはじめた。中西清二は、太一にとってどういう父親だったのか。三年で、太一の心の中のなにかを変えることができたのか。そして私はいま、太一になにをしようとしているのか。

酔いが回りはじめている。心の底まで酔うことはない。躰だけが、かすかに酔いの兆候を見せているのだ。さらに酒を呷った。ボトルはすでに、半分以上減っている。私の酒量は、一本がせいぜいだった。

眼を閉じた。今度は、眠れなかった。意識だけが研ぎ澄まされていく。よくない酔いの兆候だ。私はボトルにコルクの栓を叩きこみ、毛布を躰にかけた。じっと躰を暖めていれば、眠れる。それは、経験が教えてくれた。

眼醒《めざ》めたのは、早朝だった。

私はキャビンに入り、食品棚を開けて、なにが置いてあるか点検した。冷蔵庫もあり、卵やチーズも揃《そろ》っていた。

ガス台の火をつけ、フライパンを炙《あぶ》った。もの音を聞きつけたのか、土崎が起き出してきた。まな板の上のものや、フライパンに、土崎は眠そうな眼を落とした。

「なにを作ろうってんだ、おい、人間の食えるものが作れるんだろうな」

「どうかな」

「まあ、お手並み拝見といこうじゃねえか」

手早く卵をとき、フライパンに流しこむ。チーズと玉ネギを、しばらくして入れた。フライパンを、少しずつ動かす。オムレツができあがっていった。

「いい手つきだな」

「何種類かの料理なら、手早く作れる。山で身につけたもんですがね」

「そうか、山か。だけど、海でも使えるな、その腕。味はわからねえが、手つきは川中や秋山よりずっといい」

皿に移し、二つに切った。その皿をテーブルの真中に置く。

「あとはコーヒーとパン。そんな朝めしでいいかな?」

「こりゃどうもって感じだな。魚の捌《さば》き方でも覚えりゃ、本船のコック長にだって使えそうだ」

「生憎《あいにく》だが、これ以上料理を覚えるつもりはありませんでね」

「そりゃ惜しいね」

土崎が、オムレツに胡椒《こしょう》と塩をかけ口に入れた。味も気に入ったようだ。

「コーヒー、どうやって淹《い》れた」

「フィルターペーパーで」

「俺もいつもそうだが、味が違うぜ」

「淹れ方が違えば、味も違ってきますよ。湯の注ぎ方だな、ほとんど」

「どうやって？」

「見てりゃ、そのうちわかります」

フィルターペーパーに、まんべんなく湯を注いだりはしない。山のかたちになるように粉を入れ、頂上の一か所に、少しずつ湯を注ぐ。湯は次第に粉全体にしみてくるのだ。山を崩すことなく、時間をかけて湯を注げばいい。それだけのことで、香りの生きたコーヒーが淹れられる。

「ところで、あんまり外に出すなって、秋山に言われてるんだがな。姿を見られるとまずいってな」

「明るいうちは、キャビンにいますよ。自分がじっと動かずにいられるのかどうか、いい実験になりそうだ」

「まあ、少しは構わねえと俺は思うがね。ガキを預かってるわけじゃねえ。責任は自分でとってくれりゃいいさ」

土崎が、コーヒーをもう一杯と言った。時間をかけて淹れたものだから、かなり冷めている。温め直せばいいのだ。

「ブリキのカップじゃ、勿体《もったい》ねえような味がするぜ。『レナ』のコーヒーにゃかなわねえが」

「あそこは、特別ですよ。ホテル・キーラーゴのコーヒーよりは、うまいはずです」

「ちげえねえや」

朝から、土崎は細い葉巻に火をつけていた。香りと煙が、キャビンに満ちてくる。

「遠山先生から、ハバナ産を時々貰《もら》うんだがね。船の上は管理に手間がかからなくて助かる。こいつは、湿気を切らしちゃいけねえんだよ。乾くと死んじまうのさ。朝っぱらから俺が喫《す》ってるのは、フィリピン産のどうでもいい安物だがね」

「遠山画伯は、この街に長いんですか？」

「大したことはねえよ。長いといや長いし、短いといや短い。時間を言ったところで、意味はねえだろう。遠山先生は、この街でいい仕事をしてる。みんながそう言ってる。それでいいんじゃねえのか」

「まあ、そうですね」

私が朝食の片付けをはじめると、土崎は甲板に出ていった。這《は》うようにして、船の各部を点検している。それが終ったら多分甲板掃除で、それから機関の点検だろう。

私は、海水で洗った皿の塩を真水で落とすと、キャビンの掃除をはじめた。前部の二つの寝室、トイレ、シャワールーム、船首部のベッド。すべて埃《ほこり》ひとつないように磨きあげるのに、せいぜい二時間しかかからなかった。内装はウォールナットで、キャビン前方のコックピットのあたりにも、どこか洒落《しゃれ》た雰囲気がある。

土崎が、機関の点検をはじめた。機関室は整頓されていて、ボロ布の類《たぐ》いもきちんと箱に収められている。それほどの速力が出るとは思えないが、タフで粋《いき》で、いい船だろう。

「川中の船ってのは？」

「すげえエンジンを二基積んでて、一日走りゃガソリン代が二十万って代物よ。ありゃあれでいい船さ。本船とは違う意味でな」

「川中はスピードが好きみたいだな。車もポルシェ911ターボだし」

「生き急いでんのさ。死に急ぐって言葉もあるが、あいつは死にきれねえ。みんなそうだよ。秋山も桜内も、宇野の旦那《だんな》も。坂井や下村みてえなガキまでそうだ」

「あんたは、土崎さん？」

「見りゃわかるだろう。俺はのんびりと、船で暮せりゃいいのさ」

土崎は、一度『キャサリン』のエンジンをかけた。船を出す気はないらしく、機関室に潜りこんで音を聞いているだけだ。

やることがなにも見つからず、私は船首《バウ》のベッドルームに横たわった。三人分のベッドがしつらえてある。二段にすれば、六人が寝られるのか。あとの二つのベッドルームは、それぞれ四人ずつだ。

三十分ほどで機関も停止し、静かになった。冬の海に出ようという人間もいるのか、掛け声が聞えてきた。セイリング・クルーザーらしい。

私は眼を閉じていた。なにも考えないようにし、眠りにも抗った。

一度土崎に昼食に呼ばれただけで、私は船首のベッドを動かなかった。昼食は、土崎が釣ってきたばかりの、かさごの煮付けだった。太一は、器用にはじめてのかさごを三尾釣りあげたという。後片付けは、私がやった。

船首にいると、船の揺れをよく感じた。機関が後方だから、多分軽いのだ。舷側《げんそく》を打つ波の音もよく聞える。船首部の明りは、天井に当たる前甲板のハッチだけで、プラスチック製の蓋《ふた》から光が入ってくるのだ。

私は、じっとベッドに横たわっていた。やはりなにも考えず、眠りには抗った。苦痛はない。このまま、ぼんやりと死の中にでも入っていけそうだった。

ハッチから入ってくる光で、夕方になったのがわかった。その光もなくなったころ、土崎が夕食だと声をかけてきた。昨夜と同じ、オックステイルのシチューだった。

「おまえも、生き急いでる口みてえだな」

「俺は、ベッドでゴロゴロしてるだけですよ」

「見りゃわかるね。なにか急いでる。なんだって、みんなこう急ぐんだ。いくら急いだって、人間の寿命なんて大して変りゃしねえのによ」

「フロリダで、漁師をやってたって、土崎さん?」

「バラクーダをあげるのは、名人と言われてたもんだ。あいつは、最初のひと暴れが勝負なのさ。そこを凌《しの》ぎゃ、もう俺のもんだ。メキシコの漁師が、釣り方を教えてくれと言っできたこともあるんだぜ」

「なんで、日本へ？」

「そんなこたあ、訊《き》くもんじゃねえよ」

「そうだね」

「俺のシチュー、いけると思わねえか？」

「二日目になるとな」

「おまえも、川中や秋山と同じだ。男の食いもんってやつがわかってねえ」

それからは、昨夜と同じだった。土崎は葉巻をふかし、酔っ払ってひとしきり喋《しゃべ》ると、その場で眠りそうになった。私は土崎を抱えあげ、ベッドへ運んだ。それから昨夜の残りのバーボンを摑《つか》むと、前甲板に出た。

21 地図

かすかに、船が揺れた。

波の揺れではないそれが、私に眼を開かせた。人が乗った。その証拠に、木の甲板を踏む足音が近づいてくる。ひとり。私は全身の筋肉を緊張させ、いつでも立ちあがれるように身構えた。

「俺だ、立野」

キドニーのくぐもった声。私は息を吐いた。

「ここだと、川中に聞いてな」

キドニーは、前甲板の私の姿を認めると、並んで腰を降ろした。

「心配するな。俺がここに来たなんて、誰も勘《かん》づいちゃいない。連中は、ホテルの一室に監禁されたおまえを張るのに集中してる。灯台もと暗しっていうが、まったくぴったりで笑ってしまったぜ」

「東京の仕事は？」

「うまくいったと思う。ただ、効果が出るまでに時間がかかることなんでね」

キドニーが、パイプに火を入れた。海の風があるせいか、部屋の中ほど煙と香りに包まれたりはしなかった。十一時を回ったところだ。ホテル・キーラーゴの窓には、まだいくつか明りがある。

「ひとつ、伝えておいた方がいいだろう、と思うことがあってな。中西和子のことさ」

私は煙草に火をつけた。バーボンの瓶に手をのばしたが、空けてしまっていたことを思い出した。パイプ煙草の香り。流れては消えていく。

「何度か、俺は彼女と喋ったよ。なんでおまえを呼んだのかも、当然訊いてみた。太一には誰か必要で、それはおまえしかいない、と思ったんだそうだ。袋叩きにされても、この街を出ていかなかった。それで、大丈夫だと思ったようだな」

「あのあと、俺は何度か会ったぜ」

「それで冷たくされたか。笑わせるな。三年も前に別れた夫婦じゃないか。おまえと彼女は、太一という存在があって、はじめて共通点が持てただけだ」

そんなことは、キドニーに言われるまでもなくわかっていた。そしてキドニーがなにを言おうと、和子は死んでもういないのだ。

「よしてくれないか」

「中西清二は、どうにもならん亭主だったさ。夢ばかり見て、現実にやることといえば、失敗ばかりでな。その中西が、ひとつだけ守ろうとしたものがある。野村剛造が残した土地だ」

「そんなことは、何度も考えた。どう考えようと、中西清二はすでに死んでるんだ」

「大岩が、野村剛造にどれほどのことをやったか」

キドニーは、私の言ったことには構わず喋り続けた。

「川中や秋山にも想像がつかないくらい、強引なやり方だったらしい。具体的なことはいいとして、野村剛造は、音をあげて中西に助けを求めたんだ。何億という金が眼の前にぶらさがったってのに、中西は、父子《おやこ》としての感情を大事にした。多分、中西にとっては、自分の人生の中で唯一大事な存在だったんだろう。幼いころから、その感情はずっと続いていたもんだろうな。事業が危なくなった時も、野村のところには駈《か》けこんでいない」

「そんなことも、中西の動きを見れば、ほぼ想像はつくね」

「とにかく、中西は野村剛造、父親の土地をなにがなんでも守ろうとした。それが、父親の最後の意志だったからだ。小悪党も、覚悟ってやつを決めると、なかなかなもんだ。やり方は小悪党だが、自分のためにそれをやったんじゃない。いや、自分のためと言ってもいいか。父親の意志を守ることで、自分のなにかを取り戻そうとしたとも思える。金では買えないなにかをな」

「それで?」

「借金の話さ。結局中西は、土地を買いたいという人間は、全員信用できなかった。買いたがっている三人から、五百万ずつ借り、借用証のために土地を売らなければならなくなったと言って、三人を嚙《か》み合わせようとしたわけだ。つまらんことを考えたと思うが、大岩に対抗するには、川中や秋山の力も必要だと思って当然なくらい、中西への圧力も強くなってたんだろう」

「貸したのは、大岩だけか」

「そこが、中西清二の不幸だな。辿《たど》ってきた人生が出した結論は、川中や秋山も信用できないということだった。つまり、川中や秋山を見抜けなかった」

「わかったよ」

「小悪党は小悪党なりに、必死だった。それは、死に方を見てもわかる。大岩の背後に大河内がいるなんてことは、考えてもみなかったんだろう」

「わかったよ」

「必死な姿ってのは、人の心を動かすこともある。特に、少年のような相手ならな」

「なにが言いたい？」

「沖田蒲生病院に入った野村剛造のところへ、中西は二度太一を連れていってる」

「その間に、中西清二と太一の間に、男と男のなにかが生まれたと言いたいわけか」

「秋山安見が攫われた時の、太一の行動を見れば、そう思いたくなるね。中西和子も、近いことを言ってたよ。男ってのは、勝手になにかを思いこむってな。亭主が死んだあと、やっぱり太一の思いこみが一番心配だったんだろう」

「それで、半分死んだような、実の父親を呼んだってわけか。笑い話じゃないか」

「それしか、彼女には方法がなかった。それにおまえは、笑い話にしちゃ、やけに真剣に入れこんでるじゃないか」

「そう見えるか」

短くなった煙草を、私は海に投げた。一瞬だけ、闇《やみ》に赤い線が走った。

パイプが消えたらしく、キドニーはしばらく火皿《ボウル》の中をいじっていた。それからまた火を入れる。すぐに火はついて、また煙と香りが流れてきた。

「どこかで、中西清二に嫉妬《しっと》してないか、立野？」

「わからんね」

私は本音を吐いた。それきり、キドニーはなにも言わない。

海沿いの街道を走ってくる車のライトが、ゆっくり数えられるほど間遠くなっている。私は、指を折るようにしてそれを数えていた。覚悟を決めた小悪党という、キドニーの言い方がなんとなく納得できる。中西清二を調べて私が行き着いたのも、実は似たような表現だったのだ。

野村剛造と中西清二の間にあったものが、中西と太一の間にもあったのかもしれない、と思った時もあった。それはそれで、太一にとっては悪いことではないだろう。

「東京からは、いつ戻ったんだ？」

「二時間ほど前ってとこかな。大河内を相手にする時だけは、俺も自分の感情には眼をつぶって川中と組む。政治屋のしたたかさってのは、まともな神経じゃ太刀打ちできんよ」

「川中にこだわるね。どこかで、川中に嫉妬してないか、キドニー？」

「お返しの皮肉としちゃ、ひねりが足りんな」

キドニーは、闇の中でも白っぽく浮きあがって見える、トレンチコートを着ていた。寒そうに、その襟を搔《か》き合わせている。

「中西和子は、最後の最後のところでは、おまえは自分を取り戻すと、信じてたみたいだな。ま、十二年暮した男だ。見るところは見ていただろう」

「もうひとつだけだ。死んだ女さ」

「もう言うなよ。土地の権利証がどこにあるか、知っているのは太一だけだろうと言ってた。それを聞いた時点では、俺は鵜呑《うの》みにする気はなかったがね」

「そりゃ、そうだろうな」

「行くよ、もう。ここは冷える」

「俺も、キャビンに入ろう」

キドニーがさきに立ちあがり、甲板を歩いて桟橋にあがった。私はしばらく、キドニーの闇に溶けかかった白い後姿を眺めてから、キャビンに入った。

船のエンジン音で眼が醒めた。

躰に毛布を巻きつけ、キャビンのソファに私は横たわっていた。ヨットハーバーに、船が入ってきている。上体だけ起こして窓から覗《のぞ》くと、白い船体の漁船だった。すでに明るくなりはじめている。

土崎が起き出してきた。漁船は、『キャサリン』の脇《わき》に舫《もや》いをとろうとしている。漁船の甲板に、下村の姿があった。私を見つけ、手招きをしている。

「行きなよ」

土崎が言った。

「下村はあんたを迎えにきたみたいだ」

私はジャンパーを着こみ、ようやく舫いをとった漁船に跳び移った。漁師がひとり乗っていて、発泡スチロールの大箱をいくつか、栈橋に抱え降ろしている。それが終ると舫いはすぐに解かれ、漁船は後進で栈橋を離れた。『キャサリン』の後甲板で、土崎がじっと船の動きに眼を注いでいる。

「わかりましたよ、太一がどこにいるのかね。結局、列車で街を離れた二人が決め手になりましてね」

ヨットハーバーを出たところで、ようやく下村が口を開いた。

「それほど遠くはないんですが、ちょっと厄介な場所でしてね」

「太一は？」

「多分、無事だろうということです。連中がそこにいるってことは、そういうことだろうと思うしかないですね」

潮風が吹きつけてくる。船底が海面を叩いた。漁船は、潮にまともに逆らって突っ走っているようだ。

「この船、ホテル・キーラーゴに魚を入れてましてね。二日に一度、新鮮なやつをヨットハーバーにあげておくんです。だから、この船の出入りが怪しまれることはありませんよ」

「秋山の方の状況は？」

「かなり緊迫してます。表面じゃのどかなリゾートホテルですが、宿泊客の中に五人ばかり連中が混じっているようですし、レストランにはいつも三人か四人はいます。連中をこっちへ引きつけることにゃ、成功しましたが、これ以上やりようがなくて」

「俺はまだ、部屋の中か？」

「食事が運びこまれてます。あの階にはほかの客はいなくて、廊下とエレベーターのとこにはセキュリティが立ってますし、部屋に入れるのは秋山さんだけってことでね」

「川中は？」

「いつでも、秋山さんを襲えるって態勢でいます。坂井が十人ばかり若いのを集めてまして、それがあるんで、連中もうかつに騒動を起こすわけにゃいかないんです。かたちの上じゃ、三すくみってやつですね」

船は、かなりスピードをあげていた。岬をひとつ回ると、風も潮も穏やかになったようだ。

下村が、甲板に腰を降ろし、地図を出した。私も並んで腰を降ろした。N市近郊の地図だ。道路地図を破ったものらしかった。

「ここなんですがね」

N市より北西二十キロというところだろうか。そこだけ白く、ほとんど道路を示す線は引かれていない。N市郊外の北東部一帯が、いま問題になっている土地だった。

「地図で見ると、近くですよ。ところが車で二時間以上かかりましてね。高速を走れば、東京まで往復で三時間弱。なぜそんなに遠いかというと、車の通れる道が大きく迂回《うかい》してるからです」

白い手袋の指さきが、N市からの道をずっとなぞった。西へ十五キロほど。それから北西へ十キロ。北へ十キロ。それから東南にむかって降りる。もう一本、N市から北へむかう道があるが、途中から東へむかってゆるやかに曲がっていて、さらに大きな迂回になってしまう。

「かなり険しい山なんですよ。特に南斜面がね。崖《がけ》のようになったところが、何か所もある。歩いて登る道はあるんですが、それだと半日以上かかるみたいですね」

「なにがあるところなんだ?」

「なにも。家はありますがね。廃村ってやつですよ。十年も前に、住む人間がいなくなったそうです」

「わかった」

「なんでここを選んだのか、わかりますか?」

「人がいないとかいうこととは別に、理由があるのか」

「N市から十分。ヘリコプターでね。ヘリコプターが二機あるんですが、調べたらすでに押さえられていました。いつでも、太一を動かせるってわけです」

「そういうことか」

なにかあれば、十分でヘリコプターが飛来してくる。街のどこかに太一を隠すより、はるかに安全ということだ。

「川中は？」

「秋山さんのホテルにかかりっきりでしてね。人数も必要です。そっちをなんとかしたら、太一の救出に移る予定ですよ」

「大河内が使ってるのは、どんな連中なんだ？」

「やり合ってないんで、はっきりは言えませんね。沖田蒲生病院の土地買収の時は、本格的な専門家がいましたよ。爆破とか狙撃《そげき》の専門家がね」

「そんなのが、日本にいるのか？」

「いますね。フランスにもいました。ちょっとした暴力の専門家から、殺しの専門家までね。俺も、中程度の暴力の専門家と見られてたことがあります」

下村がフランスにいたというのは、なんとなく頷ける気がする。たとえばマフラーの巻き方とか、義手にはめた白い手袋とか、どこか洒落ているのだ。

「隣りの街の小さな漁港に、立野さんを降ろします。そこで待っていれば、社長が来るはずです」

「どれぐらい、待てばいいんだ？」

「一日か二日。それで、ホテルの方はどうにかなるでしょうから」

「その地図は、俺に貸しておいてくれないか」

「いいですよ。俺の車も港に置いてありますから、社長が来るまで適当に使っててください。俺は、この船で引き返します」

下村が、車のキーと地図を私に手渡した。なんのつもりで車まで貸してくれるのか、考えはしなかった。下村の車がなければ、ほかの車を手に入れればいいだけだ。

「あそこですよ」

白い手袋が前方を指した。小さな漁港が見えた。船のスピードが落ちる。船体が、急に前のめりになったような気がした。

22 熊

狭い道だった。

車一台がようやく通れるほどの幅しかなく、ところどころに待避ゾーンが設けてあり、対向車を見つけると、どちらかがそこで待つ。道はある程度登ると、ただめまぐるしく上下しているだけで、どちらが優先ということもないらしい。一応の舗装はあるが、路肩は傷んでいて、時々車は激しく震動した。

迷いようもない道だ。対向車は五分に一台くらいやってきて、ほとんどが軽トラックだった。一台だけ、材木を積んだ中型のトラックがいて、擦れ違うのにかなり手間がかかった。車幅はそれほどないが、荷台から突き出た材木が邪魔で、待避ゾーンに入りきれなかったのだ。

私は、街で買ってきた握り飯の弁当に手をのばした。四個がワンパックになったものが五つ。つまりは二十個の握り飯というわけだ。山では、食える時は食った。食えない時は、非常食で我慢するしかない。それを補うように、食える時は食えるだけ食うのが習慣のようになっていた。三つ胃に押しこんだところで、缶ジュースのプルトップを引いた。

すでに、午後一時半を回っている。

右手でハンドルを操りながら、さらに左手で握り飯をつかむ。都合八個。缶ジュース二本。その気になればもっと入ったが、廃村へ行く別れ道に到着した。そこからは、舗装のない狭い道が三キロほど続いている。地図によると、それで行き止まりだ。

私は凸凹《でこぼこ》の道に入り、二百メートルほど走ったところで、尻《しり》から車を雑木林に突っこんだ。鉈《なた》で枝を払い、車のボンネットに積みあげる。それで、ちょっと見ただけでは車があるのかどうかわからなくなった。

缶ジュースを二本、ジャンパーのポケットに突っこむ。握り飯は袋ごとぶらさげた。私がほかに街で買ってきたのは、二十メートルのロープ。編上げの作業靴、軍手、鉈、懐中電灯などだった。靴はすでに履き替えている。

歩きはじめた。道にまで草が根を張っているが、ところどころで、新しい車の轍《わだち》が発見できた。

歩いている間、私はなにも考えなかった。私以外の存在に注意を払っていただけだ。曲がりくねった道は、見通しが悪い。どこでなにに出会《でくわ》すか、わかったものではなかった。足音にも注意した。こんな山では、声が二、三キロさきまで届くことはよくある。足音も、数百メートルなら聞き分けられるのだ。

村。崩れかけた廃屋が一軒だけあって、村に入ったことがわかった。さらに一軒。私はその家の裏手から斜面を慎重に登った。もう村の中を進んでいくのは危険だ。

広場を囲むようにして、十数軒の家が見えた。そのむこうの平坦《へいたん》な土地は、多分畠《はたけ》だろう。いまは、一面枯れた色の草に覆われているだけだ。

一軒の家の脇に、幌《ほろ》をつけた四輪駆動車が停っていた。車がそれだけなのかどうか、私は移動しながら家と家の間に注意を払った。家の蔭《かげ》で車が見えないこともある。

一台だけだ、と確認できた。それなら、人数は多くはないだろう。

木の幹に寄りかかるようにして、私は腰を降ろした。そこからなら、枝の間を通して、村全体がほぼ見渡せた。

瓦屋根《かわらやね》もあれば、茅葺《かやぶ》きの屋根もある。半分以上は崩れかかっていて、まともに立っているのは二、三軒だった。なにを生業《なりわい》にしていた村なのか、ちょっと見当がつかなかった。よほどのものがないかぎり、やはり不便すぎる場所だ。

私は、岩にでもなったつもりでじっとしていた。少し暗くなるまで、村には近づかない方がよさそうだ。

一時間ほど、そうしていた。一軒の家から、男がひとり出てくるのが見えた。バケツをぶらさげている。どこかに水を汲《く》みに行くようだ。年齢ははっきりわからないが、身のこなしからはまだ若いように見えた。

さらに二人、外に出てきた。ひとりは白髪で、老人に近い。もうひとりは若かった。崩れた隣りの家から、木片を引き出し、家に運びこんでいる。焚火《たきび》の薪《まき》にする気のようだ。

三人の男は頭に入った。

さらに一時間。時々、出てきてはまた戻っていく男がいたが、どれも三人のうちのひとりだった。陽が傾きはじめ、肌寒くなった。

動けば楽かもしれない。思っただけで、私はほとんど手すらも動かさなかった。

太一の姿は見えないが、家の中にいることは確かだろう。連中はほんとうに三人なのか。近づいた時、その三人をどうやって相手にすればいいのか。

躰がふるえはじめていた。寒さのせいだ、と私は思いこもうとした。実際、海のそばの

N市より、ここはずっと寒いはずだ。

陽が落ちはじめる。私は、握り飯を四つ続けざまに胃に押しこんだ。缶ジュースを一本、ひと息で飲む。それから少しずつ斜面を降り、家に近づいていった。家の中からは、かすかに明りが洩《も》れている。

闇を待った。すべてを闇が包みこむのを待った。どこかで鳥がはばたくような音がした。それ以外、音らしい音はなにも聞えない。

胸の内ポケットに触れた。坂井から渡されたままになっている、小型の拳銃。二発しか弾は出ない。それでも、拳銃があると思うだけで、奇妙な心強さがあった。

自分が臆病《おくびよう》であることを、私は知っている。子供のころから、死ぬことが異常に怕《こわ》かった。それが、いつも臆病さとなって現われてくるのだ。臆病であることを、恥じていた時期もある。学生運動に、完全には入りこんでいけなかったのも、思想的な問題や人間関係だけでなく、やはりどこかに臆病さがあったのだった。臆病さは、たやすく卑怯《ひきよう》な行為に繋《つな》がっていく。それも、骨身に沁《し》みて知っていた。

臆病さを、克服しようと試みたことはない。自然な心の動きなのだと、自分に言い聞かせ続けてきた。ただそれが、N市へ来てから微妙に変りはじめている。

さらに三十メートルほど進んだ。ほとんど家の裏に近い。連中がいる家は、広場を挟んだむかい側だった。

闇。すべてを包んでいる。明りといえば、むかい側の家にあるだけだ。

ここで太一が死んだら。ふと思った。あまりに、母親と似た死に方になってしまうのではないか。せめて太一だけは。自分に言い聞かせた。母子が同じような死に方をして、その両方に私が立ち合うことなど、ほとんど滑稽《こっけい》でしかないではないか。

息を吸い、吐いた。肚《はら》が決まった。

私は腰をのばし、足音をたてないように注意しながら、明りにむかって進んだ。なにか言う声が聞えた。肉を焼いているような匂《にお》いも漂ってくる。

戸口に立った。

戸を蹴破《けやぶ》るのは簡単なことで、私の足はそう動こうとしたが、なんとか抑えこんだ。確実に、ひとりは倒したい。そのためには、誰かが出てくるのを待つ方がいい。鉈の柄を握り直した。

家の中のもの音。足音が、戸口に近づいてくる。私は呼吸を止めた。戸。音をたてて開いた。若い男だった。鉈が風を切る音を、私は遠いもののように聞いていた。

したたかに、手応《てごた》えはあった。同時に、男は叫び声もあげた。二撃目を、男の腹に食らわした。男が倒れる前に、私は家の中に飛びこんでいた。闇に馴《な》れた眼は、カンテラと焚火の明りだけでも、家の中の様子を見てとることができた。太一。上体を起こした恰好《かっこう》で、私の方を見ている。鉈を振った。つかみかかってきたひとりが、躰を折る。首筋に鉈を叩きつけた。青い炎が見えた。轟音《ごうおん》が聞えたのは、一瞬あとだったような気がした。左肩に、熱い感じがあった。白髪の男にむかって、私は鉈を投げつけた。沈みかかった男の躰に飛びつき、肘《ひじ》を叩きこんだ。二発目の轟音。躰に、痛みも痺《しび》れも感じはしなかった。蹴りあげる。

「つかまれ」

叫ぶと同時に、私は太一の躰を担ぎあげていた。戸口から外に飛び出した。どちらに逃げるべきか、瞬間ためらった。車へ。そう思った時、ライトが村の広場を照らし出した。最初の男が、車のエンジンをかけたようだ。私は、畠の方へ走った。

ヘッドライトが、私たちを照らし出す。車が近づいてくる。ジャンパーの内ポケットの拳銃を摑み出し、車にむかって私は一発撃った。当たったかどうかはわからない。車は一瞬だけ方向を変え、それから畠の中に乗り入れてきた。ヘッドライトで、前方の視界はいい。思い切り走れた。すぐ後ろにまで、車が迫ってきた。二発目を、ふりむきざまに撃った。車が大きく右に曲がった。ヘッドライトの光もそれる。私は闇の中に駈けこんだ。

小径《こみち》があった。拳銃を捨てた手で、懐中電灯を握っていた。小径には岩が突き出し、いたるところに段差があったが、私はそこを跳ねるようにして走った。

闇を、轟音がつんざいた。弾がどこへ飛んでいったかはわからない。確かなのは、どこにも当たっていないということだけだ。走り続けた。闇の中の明り。二つ追ってきていた。

走るしかなかった。息が切れはじめている。太一を担いだままでは、躰の安定がとりにくかった。

「走れるか、太一？」

叫んだ。駄目。太一が耳もとで叫び返す。

「脚を、折られてる。逃げないように、足を折られちまったんだ」

「わかった」

走り続けた。転べば、二人ともどうなるかわからない。それでも、構わずに跳ねるように走った。運。それを試してみてもいい。自分の運であり、太一の運でもある。十分か十五分。走り続けたのはそれくらいのものか。運はあった。昼間でも走れば危険というところを、太一を担いだまま転ばずに来れたのだ。息は乱れていた。ジャンパーの背中を、太一の手がしっかりと摑んでいるのが感じられた。

追ってくる光は、遠くなったようだ。いまのところ、見えない。

私は一度、太一を突き出した岩の上に降ろした。躰が濡《ぬ》れている。雨の中でも走ってきたような感じだが、汗だ。

「逃げきった、と思うのは、甘すぎるな」

「やつら、携帯電話を持ってるよ。下のやつらに、連絡したよ、きっと」

車を置いた方には、逃げられなかった。四輪駆動車に追いつかれ、踏み潰《つぶ》されただろう。

下の街へ通じる小径。登れば半日以上かかると、下村は言っていた。一本道なのか。分れているとしても、せいぜい二本か三本。すべての小径から連中が登ってくれば、袋小路と同じところに飛びこんだことにならないか。

「脚、大丈夫なのか？」

「痛くはなくなった。でも、足が外側に曲がっちまってる」

「どうやって折ったんだ、やつら？」

「木刀で」

「叩き折ったのか。ただ逃がさないために」

「痛かったよ、はじめは。気持が悪くなるぐらい痛かった。その方がよかったと思う。痛くて、怕いのがどこかへ飛んでいったから。いまは、あまり痛くなくなった」

「これから、まだ逃げなくちゃならん。動けば、痛くなるぞ」

「死にはしないよ」

「暗いうちに、進めるところまで進む。明るくなったら、ほかの方法を考えよう」

「わかった。ぼくは、痛いって言わないから」

どういう顔で太一が言っているのかは、勿論《もちろん》見えなかった。私は、太一の肩を軽く二度叩いた。太一が、私の腕を叩き返してくる。

「お互いに、こんなに意地っ張りだったのかな」

太一はなにも言わなかった。私は背中を出し、太一を背負った。襷《たすき》にかけたロープを解き、四重にして太一の尻に回し、私の腰に縛りつけた。太一が手さえ放さなければ、躰は安定している。

歩きはじめた。もう走りはしなかった。走れる時間というのは、限界がある。長丁場だ。確実に歩く方が、結局は早い。

懐中電灯で足もとを照らす。小径はさらに急な下りになり、岩の段差が大きくなった。できの悪い階段を降りているようなものだ。躰を横にするような恰好で、私はそこを降りた。ひとしきり降り続けると、小径はまた登りになった。登りも急だった。どんな地形のところを歩いているのか、私には判断がつかなかった。下りきったところでも、横に道はなかった。登るしかないのだ。

四、五時間、そうやって歩き続けたのだろうか。時計を見ると、午前四時だった。四、五時間などというものではない。七、八時間は歩いている。私は立ち止まり、周囲を懐中電灯で照らした。雑木林に、入りこめるような隙間がある。

「明るくなるまで、隠れるからな」

雑木林に入り、繁みに潜りこむと、太一を降ろした。疲労は限界に近い。それでも躰は動き続けるだろう。疲労というものは、躰を動かし続けることで克服できる。

「この径《みち》をずっと行けば、下から登ってくる連中と出会す可能性がある。明るくなったら、径じゃないところを進もう」

「わかった」

「怕くはないか？」

「ぼく、預けたよ。全部、命まで、預けたと思ってる」

「よし、預かった」

煙草など喫《す》いたいとも思わなかった。

「落としちまったな」

腰にぶらさげた弁当入りのビニール袋が、なくなっていた。拳銃も、鉈もない。あるのはロープと懐中電灯と軍手と、二つの命だけだ。

「なにを、落としたって？」

「弁当さ。腹が減っても、しばらくは我慢だぞ。そうだ、こいつはあった」

ジャンパーのポケットから缶ジュースを出し、私はプルトップを引いた。太一に持たせる。のどを鳴らす音が聞えてきた。返された缶には、まだ半分ほど残っていた。

「全部、飲んでいいんだぞ」

「半分ずつだよ。当たり前の話だよ」

「そうか」

残りのジュースを、私はのどに流しこんだ。最後の一滴まで流しこむ。

闇は、まだ深かった。じっとしていると、寒さが襲いかかってくる。内ポケットにあった地図を、懐中電灯で照らした。

「どれぐらいの距離を、どっちにむかって進んだか、見当がつかん。ただ、径は下の街に通じているはずなんだ」

下の街まで、道を示す線は一本もない。つまり、なにも描《か》かれていないところを、ずっと歩いてきたのだ。

「ヘリコプターが来るって言ってた。なにかあったら、十分でヘリコプターが来るって。やつらが、そう話してたよ」

「あの村の畠のところなら、着陸できる。ここじゃ、もう無理さ。ところで、やつらは全部で何人いたんだ？」

「四人」

「そうか、俺は三人だと思ったよ。三人しか確認できなかったんだ」

「暗くて、よかったね」

「まったくだ。四人いたところに飛びこんだと思うと、ぞっとする」

「はじめは、なにが飛びこんできたかと思ったよ。冬眠しそこなった熊《くま》でも、飛びこんできたみたいだった」

相変らず、太一の顔は闇に包まれている。かすかに、躰がふるえた。夜明け前。山が一番冷えこむ時だ。風が出てきたのか。木の葉が擦れ合う音がする。

「火を焚《た》きたいところだが、遠くからでも見つけられちまう」

「わかってるよ」

太一の声も、かすかにふるえていた。

23　約束

真直《まっす》ぐの木の枝を捜した。せいぜい五十センチもあればいい。立枯れの木を見つけ、体重をかけて枝を折った。鉈はない。せめてナイフがあれば。考えても仕方のないことだった。ジャンパーの袖《そで》を、二本とも引き破った。

太一の右脚。外側に曲がり、見ただけでも短くなっているのがわかる。

「これをやっておかないと、後で面倒なことになる。痛いぜ。覚悟しろよ」

太一が頷いた。私は、太一の右の足首を摑んで、ゆっくりと引いた。かすかに、太一は呻《うめ》き声をあげた。のびてくる。それがはっきりと感じられた。単純に骨折しているだけのように思えるが、わからない。二本の副《そ》え木《ぎ》を当て、引き破った袖でしっかりと縛りつけた。臑《すね》のあたりが腫《は》れている。冷やしたいところだが、その方法もなかった。

打身や骨折に対する、一応の知識はあった。山では、めずらしいことではない。

闇は、すでに遠のいていた。

応急処置がこたえたのか、太一は額にうっすらと汗を浮かべている。頰《ほお》が泥で汚れていた。私は指さきでそれを拭った。また、晴れた日になりそうだった。

「いいな。俺の背中にしがみついていられるな」

「コアラベアみたいにね」

「径を下っていくのはまずいだろう。太陽でほぼ方角がわかった。とにかく、ルート探査のつもりで、木を搔き分けて進もう」

太一を背負った。ロープは、太一が首にかけている。歩くたびに、太一の脚の副え木が私の腿《もも》に当たった。

雑木林は、すぐに入り組んできて、人が通れる隙間もなくなった。私は、地盤が固い方へ少し後退した。

靴のさきで、土の固さを測りながら、別の方角へ進んだ。岩が多い。その分だけ、人が通り抜けられる隙間もある。それでも、後退と前進を何度も繰り返した。鉈が一本あれば、ずっと楽だったかもしれない。いや、考えようによっては、鉈で木の枝を払って進むというのは、連中に道を教えてやるようなものだ、とも言える。鉈がないことは、むしろいいのかもしれない。

斜面はかなり急だが、なんとか安定を保って進むことはできた。二時間ほど、そうやって歩いた。

「風が、強くなったような気がしないか、太一？」

「風？」

「俺はいま、頬がひんやりとするのを感じた。風があるってのは、障害物があまりないってことだろう。樹海みたいな雑木林だが、どこかで途切れるはずだ」

「考えてなかった。背中で、ぼんやりしてたよ」

「頼むぜ、おい。そんなことにゃ注意しててくれ」

「わかった」

岩が多くなり、その分だけ木は少なくなっている。それに、岩だと足場が決めやすい。下草の中へ踏みこんでいくほどの不安がない。ピッチが少しあがった。

「径からは、かなり離れたな。このまま進んでいって、また径に戻っちまうことだけは、勘弁して貰いたいよ」

「風だよ」

「そうか。どこかで雑木林が途切れてるんだ」

「冷たい。ずっと吹き続けてきた」

確かに、私もそれを感じた。

三十分ほど、前進と後退をくり返した。

前方が、明るくなったような気がした。岩がさらに多くなり、もう後退しなくても、密生した木が行手を遮ることはなくなった。

「あっ」

背中で太一が声をあげる。不意に、視界が開けた。崖の上に、私たちは出ていた。

「海が見えるぞ、おい」

太一を岩に降ろしながら、私は言った。心の底のどこかに、楽天的なものが漂っている。太一を背負って歩きはじめた時から、そうだったのかもしれない。

「みろ、ちゃんと林は途切れて、海が見えるところまで出たじゃないか」

足の下の崖を見ると、実際のところそんなことは言っていられなかった。岩場の急な斜面で、垂直に近いところも何か所かありそうだ。

「この崖を降りるのは、骨だ。ロープがあってよかったよ。こんなこともあるかもしれないと思って、ロープを持ってきたんだが」

ほんとうはザイルと登山靴が欲しいところだったのだが、N市の隣り街には運動具店すらもなかった。ロープが手に入っただけでも、幸運だったと思うしかない。

「降りられる？」

「そう思おうじゃないか。絶対に降りられるってな」

「ひとりだけなら、大丈夫かもしれない。ぼくをしょってなかったら」

「預けたんじゃないのか、おまえ。預けたんなら、余計なことは言うな」

かすかに、太一が頷いた。

私は、崖のふちに座りこんで下を見降ろし、ルートを探った。ロープは二十メートルだが、十メートルとしてしか使えない。二重にするからだ。ロープのかけられそうな岩や木。足場になりそうなところ。やはり、降りることはかなり無謀だ。それでも、私は決めていた。落ちて死ねば、太一は最後までどうしようもない父親を持ったということになる。それだけのことだ。

「行くぞ、太一。愚図愚図していても、腹が減るだけだ」

「きれいになったよ」

「なに？」

「顔の痣《あざ》。きれいに消えたね。そして、髭《ひげ》がよく似合ってる」

「そうか、消えたか」

私は笑い、太一に背中をむけた。太一の手が首に巻きついてくる。

軍手をし、ロープの束をベルトに挟んだ。

岩肌にとりつく。少しずつ、足場を決めながら降りていく。一メートル。それが長かった。五メートルほど降りたところで、足場がなくなった。汗が顎《あご》から滴り落ちていく。横。そうやって動いていくしかない。子供の頭ほどの岩が、三メートルほど横にいったところにあるはずだ。あった。ロープの端はベルトに縛りつけてある。岩にロープをかけ、少しずつ、少しずつ繰り出していく。ロープが下がっていく。なんのことはない。自分に言い聞かせ続けた。腹が、岩肌に擦《こす》りつけられる。躰が下がっていく。腕が、ほとんど感覚をなくしていた。ロープを端まで繰り出す前に、別の岩を見つけた。足場を固め、私は二重になったロープの、ベルトに縛りつけた側を引いた。落ちてきたロープを、新しい岩にかける。ちょっと傾斜が緩くなり、ロープにかかる力が弱まった。ロープの端まで繰り出す。そこからしばらく、ロープをかける岩が見つからなかった。岩肌に張りつき、靴のさきで足場を探りながら降りていく。いま、どのあたりなのか。五分の一は降りただろうか。

躰が滑った。一メートル近く、滑り落ちた。そこで止まった。私は息を吐き、しばらくじっとしていた。それからまた、靴さきで足場を探る。くり返した。ロープをかけられる岩が、ようやく見つかった。しかしそこから、傾斜はほとんど垂直に近くなっている。

躰を丸め、足で岩肌をひっかけやすいようにした。ロープ。掌《て》の中を滑っていく。それを止める。呻き声。他人のもののようだ。私と太一の、ほとんど全体重が、ロープにかかっていた。三メートル。足は、岩肌を蹴るだけだ。視界が、一瞬白くなった。意識が遠くなったのか。手の力は抜けていない。呻き。叫びに近くなった。五メートル。まだ、足をひっかけることができない。六メートル。足がついた。いくらか傾斜が緩くなった。それでも軍手も、掌の皮も破れていた。痛みなどはない。

ロープなしでは危険だ。それからまた、垂直に近い壁。渾身《こんしん》の力をこめた。呻きも、叫びも出なかった。声。かすかに聞えた。置いていかないでくれ。頼むから、行かないでくれ。汗が眼に入った。置いていかないでくれ。足がついた。

岩肌にへばりついたまま、私はしばらくじっとしていた。声は、もう聞えない。ようやく半分降りたというところだろうか。別の声が、聞えてきた。

「飛びたいね、パパ。あの岩礁の鳥みたいに、飛びたいね」

ああ、と言ったつもりだったが、声は出なかった。パパ。太一は、十歳の時まで私をそう呼んでいた。パパではなく、お父さんと呼ばせようと和子がうるさく言ったが、私と二人きりになると、必ずパパと呼んだものだ。

「パパに、いま翼をあげたいよ」

私は、新しい岩にロープをかけた。降りていく。翼など、いるものか。俺の腕だけで、おまえを下まで降ろしてやる。頭の中で、言葉が交錯した。

半分、意識が失《う》せかかっていたのかもしれない。それでも、腕に力は入っていた。足の爪《つま》さきでは、たえずひっかかりを探っていた。傾斜が、いくらか緩くなってきた。ロープ。切れた。いや、岩からはずれたのだ。躰が滑っていく。落ちてしまうのか。

眼を開いた。顔の前の岩肌は、動いていない。止まった。いや、落ちようのないところまで、崖の下まで、滑ってきていた。

太一を降ろした。それから、仰むけになった。空が、眼に飛びこんでくる。二人とも、しばらくなにも言わなかった。空を見ていただけだ。

私が躰を起こすと、太一も上体を起こした。

「鳥か」

「そう言ったね、ぼく」

「よく、俺の背中で我慢してくれたよ」

「預けたんだから」

「それにしてもさ」

躰は、汗すらかいていなかった。岩肌に擦りつけたせいか、ジャンパーの前の部分は、ボロ布のようになっていた。軍手も腕時計もない。それでも、命はあった。

「背中に来い。行くぞ」

太一を背負って、私は立ちあがった。

林の中を数十メートル進むと、林道にぶつかった。そこを歩いていった。躰も、なにもかもが、軽くなったような気がする。体力の限界は、とうに超えているだろう。それでも足は動いている。ほんとうの体力の限界は、死でしかないのだ。

「言っておかなくちゃならないことがあるんだ、パパに」

「なんだ？」

「土地の権利証は、学校のぼくのロッカーに入ってるよ」

「学校のロッカーだって」

「そう」

「そいつはいい。頭がいいぞ、おまえ」

「驚かないの?」

「変だな。ただ感心しちまった。それにしても、権利証をどうする気だった?」

「わからない。ただ、ぼくに預ける時に、おやじさんが言ったよ。男には死んでも守らなくちゃいけないものがあるんだって。そして、殺された」

「なにが、守らなくちゃいけないものなんだ?」

「約束」

「おやじさんが、そう教えてくれたのか」

「野村のおじいさんと、おやじさんは約束したんだよ。ぼくの前でね。あの土地を絶対に守るって」

「おまえまでが、約束したわけじゃなかったんだろう?」

「ぼくは、おやじさんと約束したよ。権利証のことは、絶対に信頼できるとぼくが思った人間にしか、話さないって」

「そうか」

足は勝手に動いていた。

強張《こわば》っていた腕に、いくらか感覚が戻りはじめていた。心にも、なにかが戻りはじめている。それを、あえて確かめようと、私は思わなかった。

「いい人だったんだ、おやじさんは」

「会った時から、なんとなく嫌いじゃなかった。夢みたいなことばかり言って、どうしようもない人だったけど。おやじさんも、ぼくを嫌ってなかったよ」

「馬が合ったんだ。男同士ってのは、そんなものなんだ」

車のエンジン音がした。

警戒する気持が起きたが、足は勝手に動いて止まろうとしなかった。ほとんど、自分の足ではないような感じだ。

トラックだった。運転手が、私たちの姿を見て、驚いて降りてきた。

「脚を折っちまってね、こいつが」

言いながらも、私は歩き続けていた。

「待ちなよ。乗ってけ。病院まで連れてってやる」

「ありがたいな」

「だからあんた、もう歩くのはやめな。坊主は、俺が抱っこしたからよ」

気づくと、背中に太一はいなかった。

24　海鳥

長い時間、トラックに揺られていることはなかった。

村へ入ったところで、サスペンションのやわらかな、乗り心地のいい車を見つけたのだ。シトロエンCXパラス。淡いブルーが、陽の光を照り返して眩《まぶ》しかった。

キドニーは、ちょっと恭《うやうや》しい仕草で、後部座席のドアを開けた。運転しているのは、下村だった。太一と私は、並んで後部座席に腰を落ち着けた。

「悪いことをした。車を山の上に置いてきちまったよ」

「そんなこと」

「こいつが、太一の居場所をおまえに教えたんだそうだな。人の思いってやつを、最初《はな》から疑ってかかるやつでね。そのくせ、心配して、俺まで引っ張り出したりする。性格の二重性を、自分でも持て余してるのさ」

シトロエンは、快く揺れながら走った。

「なかなか、いいな」

キドニーが、含み笑いをした。

「なにが?」

「なにかをなし遂げたって顔をしてないところがいい。ハイキングから戻ってきましたって感じでな」

「なにも、なし遂げちゃいない」

これからだ、という言葉を私は呑《の》みこんだ。

「そうさ。人間がなにかをなし遂げることなんて、ありはしない。なし遂げたやつなんてのは、信用しないことだ」

「ところで、街はどうなった」

「あの大騒動も知らずに、ハイキングしてたってのは、幸せだよ」

「ヘリが飛びました。山の上に応援を送って、上と下から立野さんたちを挟み撃ちにしようってわけだったんでしょう。同時に、爆発物をホテル・キーラーゴやうちの店に仕掛けましてね。立野さんの部屋の上下が、吹っ飛んじまいましたよ」

「秋山が、おまえの代りに吹っ飛んだ。といっても、上と下での爆発だからな。しばらく耳が聴えなくなったぐらいだ。ほかに、従業員が二人ばかり怪我《けが》をした。川中の店は、跡かたもなく吹っ飛ぶことを俺は期待したがね。なんと、トイレのドアが吹っ飛んだだけだ。ただ、ドアを開けたペンキ屋が、何針か縫う怪我をしたよ」

「大騒動だな、まったく」

「それからが、もっとさ。坂井が、二十人ほどを連れて、山へ行った連中を追い落としたのはいい。川中が、大河内を殺しに行っちまったんだ。それもひとりで」

「それで？」

「別荘には、留守居の老夫婦がいただけだ。大河内は東京さ。騒動が起きる前に、車で東京にむかったらしい。そういう男さ。もっとも、東京で、いまごろ取材攻勢に遭ってるだろうがね」

「よかったですよ、いなくて。いれば社長は確実に大河内を殺してますね。宇野さんだって、ほっとしたでしょう」

「殺人犯になった川中の弁護にも、捨て難い魅力はあるな」

車は、海沿いの街道に入っていた。街は静かになったのだろう。

「いろんな場所に、爆発物を仕掛けられた可能性がありましてね。ホテル・キーラーゴは勿論、宇野さんの事務所やうちの会社まで、総がかりで探しましたよ。宇野さんは、自分の事務所もって気があったんで、車で出てきたんでしょう？」

「俺は、ハイキングの父子《おやこ》を迎えに来ただけさ。さきに、慌てて駈け回ってるおまえを見つけたが」

「とにかく、ホテル・キーラーゴへ行きますよ、立野さん。桜内さんもそこにいますから。爆発物探しは、ほぼ終ったはずです」

私は頷いた。疲れたのか、太一は首を横にむけて、うつらうつらとしていた。私も眼を閉じた。浮かんでくるものはなにもない。そして、眠ったようだった。

車の揺れで眼を開いた時、ホテル・キーラーゴの玄関の車寄せに到着していた。

私は太一を抱きかかえて車を降り、秋山の部屋へ運んだ。桜内が看護婦と一緒に立ちあがった。まず、太一の脚に触れた。

「応急処置がいいね。折れたままにしておくと、筋肉をのばすのが大変なところだった」

「無理矢理、引っ張られたんですよ」

笑いながら太一が言う。

「もっと無理に、引っ張らなきゃならないところだったさ。とにかく、副え木を替えよう。それから病院でギプスを付けて貰えばいい。見た感じでは、手術は必要ないな」

「歩けますか？」

「歩きたいのか？」

「学校へ行かなくっちゃならないんです。いますぐ。勿論、勉強に行くわけじゃありません」

「片脚を使わなけりゃ、いくら歩いても構わんよ。そういえば、ホテルの客が脚を捻挫《ねんざ》した時、貸した松葉杖《まつばづえ》がそのままだ。それを借りるといい」

川中が、部屋へ入ってきた。私を見て、にやりと笑う。

「俺の方は、結着をつけそこなったよ。逃げ足の速いやつってのはいるもんだ」

私は、看護婦に繃帯《ほうたい》を巻かれていた。ボクサーのバンデージのような感じだ。右手が終ると、左手だった。左肩の肉が少し抉《えぐ》られたようになっている。弾が掠《かす》めたところだ。そこは、最初にガーゼを当て、テーピングされていた。

秋山の服を借りた。秋山は私よりちょっと大柄で、着ているには楽な服だった。

「行こうよ。パパ。いま、先生が松葉杖を持ってきてくれるから」

「もう、おんぶはうんざりだからな」

太一が、学校へ行きたい気持は、わからないではなかった。学校へ行って、それから病院に回ればいい。

桜内が、アルミ製の松葉杖を持ってきて、長さを調節している間、私は砂糖をたっぷり入れたコーヒーを飲んでいた。ホテル・キーラーゴのコーヒーも、悪くない。

太一が、松葉杖を使って歩きはじめた。すぐに要領は呑みこんだようだ。秋山の部屋から玄関まで、かなりの速さで歩いていく。

「権利証を持ってくる。学校にあるそうだ。あとはおまえにお任せだな」

玄関で秋山と立話をしていた、キドニーに言った。驚いたような表情も見せず、キドニーはただ頷いた。

ホテルには、まだ騒然とした気配が残っていた。

「車、誰かに出させよう」

「いや、二人で行くよ。駐車場に、俺の車が置きっ放しだ」

私の手からキーをとった太一が、器用に松葉杖を使いながら歩いていく。白いカローラ。ちゃんと憶えているようだ。

太一は、キーを差してドアのロックを解こうとした。

肚に響く音がした。白いカローラが、炎に包まれている。私は走りはじめた。吹き飛ばされたドアに打たれた太一は、倒れたまま立ちあがろうともしない。

抱き起こした。手も足も、ダラリとしていた。何人かが、駈け寄ってくる。

「動かすな、立野」

桜内の声だった。あとは、なにがどうなったのか、私にはわからなかった。

「駄目だ」

桜内が、低い声で言った。私は、駐車場のコンクリートに横たえられた太一の躰を、ぼんやりと見降ろしていた。

「車まで、手が回らなかった」

誰かが言っていた。太一は、まったく躰を動かさない。車は、まだ燃えているようだ。

桜内が、立ちあがった。

「死んだのか？」

「爆発のショックに、首の骨が耐えられなかった」

「そうか」

横たわった太一は、死んだようには見えなかった。私は、それ以上近づかないようにした。一歩でも近づけば、死んでいる太一がはっきり見えるかもしれない。

キドニーも川中も秋山も、ただ黙って立っていた。下村が、自分の上着を脱いで、太一の躰にかけた。

「眠ってるようにしか、見えないのにな」

誰にともなく、私は呟いた。

「大河内が現われたら、俺はおまえと同じことをすると思う、川中」

川中は返事をしなかった。

「こんなもんかな」

また、私は呟いた。下村がかけた上着で、太一の顔はもう見えなかった。

「煙草、あるかな?」

「ああ」

川中が一本差し出してきた。ライターの火。煙を吐く。二度、三度と、私は煙を吐いた。

煙草の味はしなかった。視界が、一瞬白っぽくなっただけだ。

「車を、貸してくれないか、キドニー」

「どこへ?」

「学校さ。太一は、病院よりもさきに学校に行きたがった。それで、やっと子供に戻れたんだ」

「俺が、運転しよう」

「いや、ひとりで行くよ。太一が、ひとりでやったことだ」

キドニーが、私の手にキーを握らせた。

歩きはじめた。ふりかえりはしなかった。キドニーのシトロエンは、玄関の車寄せに停められたままだ。

私は、車に乗りこみ、エンジンをかけた。

ゆらりと揺れて、シトロエンは発進した。

海沿いの街道。シトロエンは、静かな、気持を押し包むような走り方をした。夕方が近い。海が輝いている。

「こんなものか」

私は呟いた。他人の声のように聞えた。海鳥が数羽、波打際の近くで舞っていた。思わず、私はアクセルを放した。車のスピードが落ちていく。

「鳥になって、飛べよ」

相変らず、他人の声だった。

「飛んでっちまえ。おまえのおふくろも、鳥になって飛んでるかもしれないぜ」

車が、ほとんど停止しそうになっていた。クラッチを切り、ローに落とすと、回転をあげてクラッチを繋いだ。ホイールスピンの音。セカンドにあげた。ミラーの中を、一瞬、海鳥の一羽がよぎったような気がした。

それだけだった。海は、光を浴びてまだ輝き続けている。

本書は平成五年一月に刊行された角川文庫を底本としました。

Haruki Bunko
ハルキ文庫

き3-30

鳥影《ちょうえい》 ブラディ・ドール❽

著者 北方謙三《きたかたけんぞう》

2017年11月18日第一刷発行

発行者 角川春樹

発行所 株式会社角川春樹事務所
〒102-0074 東京都千代田区九段南2-1-30 イタリア文化会館

電話 03(3263)5247(編集)
03(3263)5881(営業)

印刷・製本 中央精版印刷株式会社

フォーマット・デザイン 芦澤泰偉
表紙イラストレーション 門坂 流

ISBN978-4-7584-4130-8 C0193 ©2017 Kenzô Kitakata Printed in Japan
http://www.kadokawaharuki.co.jp/[営業]
fanmail@kadokawaharuki.co.jp[編集]　ご意見・ご感想をお寄せください。

北方謙三

三国志 三の巻 玄戈の星

混迷深める乱世に、ひときわ異彩を放つ豪傑・呂布《りょふ》。劉備が自ら手放した徐州を制した呂布は、急速に力を付けていく。圧倒的な袁術《えんじゅつ》軍十五万の侵攻に対し、僅か五万の軍勢で退けてみせ、群雄たちを怖れさす。呂布の脅威に晒され、屈辱を胸に秘めながらも曹操を頼り、客将となる道を選ぶ劉備。公孫瓚《こうそんさん》を孤立させ、河北四州統一を目指す袁紹《えんしょう》。そして、曹操は、万全の大軍を擁して宿敵呂布に闘いを挑む。戦乱を駈けぬける男たちの生き様を描く、北方〈三国志〉第三巻。

（全13巻）

北方謙三

三国志 四の巻 列肆の星

宿敵・呂布《りょふ》を倒した曹操は、中原での勢力を揺るぎないものとした。兵力を拡大した曹操に、河北四州を統一した袁紹《えんしょう》の三十万の軍と決戦の時が迫る。だが、朝廷内での造反、さらには帝の信頼厚い劉備の存在が、曹操を悩ます。袁術軍の北上に乗じ、ついに曹操に反旗を翻す劉備。父の仇敵黄祖《こうそ》を討つべく、江夏《こうか》を攻める孫策と周瑜。あらゆる謀略を巡らせ、圧倒的な兵力で曹操を追いつめる袁紹。戦国の両雄が激突する官渡《かんと》の戦いを描く、北方〈三国志〉待望の第四巻。

（全13巻）

時代小説文庫

北方謙三

史記 武帝紀 ◆一◆

匈奴の侵攻に脅かされた前漢の時代。武帝劉徹《ぶていりゅうてつ》の寵愛を受ける衛子夫《えいしふ》の弟・衛青《えいせい》は、大長公主《だいちょうこうしゅ》(先帝の姉)の嫉妬により、屋敷に拉致され、拷問を受けていた。脱出の機会を窺っていた衛青は、仲間の助けを得て、巧みな作戦で八十人の兵をかわし、その場を切り抜ける。後日、屋敷からの脱出を帝に認められた衛青は、軍人として生きる道を与えられた。奴僕として生きてきた男に訪れた千載一遇の機会。匈奴との熾烈な戦いを宿命づけられた男は、時代に新たな風を起こす。

(全7巻)

北方謙三

史記 武帝紀 ◆二◆

中国前漢の時代。若き武帝・劉徹《りゅうてつ》は、匈奴の脅威に対し、侵攻することで活路を見出そうとしていた。戦果を挙げ、その武才を揮う衛青《えいせい》は、騎馬隊を率いて匈奴を撃ち破り、念願の河南を奪還することに成功する。一方、劉徹の命で西域を旅する張《ちょう》騫《けん》は、匈奴の地で囚われの身になっていた——。若き眼差しで国を旅する司馬遷《しばせん》。そして、類希なる武才で頭角を現わす霍去病《かくきょへい》。激動の時代が今、動きはじめる。北方版『史記』、待望の第二巻。

(全7巻)

時代小説文庫

北方謙三

史記 武帝紀（三）

中国・前漢の時代。武帝・劉徹《りゅうてつ》の下、奴僕同然の身から大将軍へと昇りつめた衛《えい》青《せい》の活躍により、漢軍は河南の地に跋扈《ばっこ》する匈奴を放逐する。さらに、その甥にあたる若き霍去病《かくきょへい》の猛攻で、匈奴に壊滅的な打撃を与えるのだった。一方、虎視眈々と反攻の期を待つ、匈奴の武将・頭屠《とと》。漢飛将軍と称えられながら、悲運に抗いきれぬ李広《りこう》。英傑去りしとき、新たなる武才の輝きが増す――。北方版『史記』、風雲の第三巻。（全7巻）

北方謙三

史記 武帝紀（四）

前漢の中国。匈奴より河南を奪還し、さらに西域へ勢力を伸ばそうと目論む武帝・劉徹《りゅうてつ》は、その矢先に霍去病《かくきょへい》を病で失う。喪失感から、心に闇を抱える劉徹。一方、そんな天子の下、若き才が芽吹く。泰山封禅に参列できず憤死した父の遺志を継ぐ司馬遷《しばせん》。名将・李広《りこう》の孫にして、大将軍の衛青《えいせい》がその才を認めるほどの逞しい成長を見せる李陵《りりょう》。そして、李陵の友・蘇武《そぶ》は文官となり、劉徹より賜りし短剣を胸に匈奴へ向かう――。北方版『史記』、激動の第四巻。（全7巻）